아메리칸 엔드 게임

지금 반드시 읽어야 할 미국

아메리칸 엔드 게임
- 지금 반드시 읽어야 할 미국

초판 1쇄 발행 2020년 10월 30일

지은이 | 김광기
펴낸이 | 조미현

펴낸곳 | (주)현암사
등록 | 1951년 12월 24일 제10-126호
주소 | 04029 서울시 마포구 동교로12안길 35
전화 | 02-365-5051 · 팩스 | 02-313-2729
전자우편 | editor@hyeonamsa.com
홈페이지 | www.hyeonamsa.com

ISBN 978-89-323-2047-2 03300

아메리칸 엔드 게임

지금 반드시 읽어야 할 미국

김광기 지음

현암사

아마존의 베조스

아마존의 대표 제프 베조스[Jeff Bezos]는 2020년 2월 중순 미디어 황제로 알려진 데이비드 게펀[David Geffen]의 로스앤젤레스 주택을 1억 6,500만 달러(약 2,000억 원)에 구입했다. 일단 어마어마해 보인다. 2,000억 원이라니. 대지 9에이커(약 1,118평)에 자리 잡은 베벌리힐스[Beverly Hills]의 그 집에는 두 개의 게스트하우스, 보육원, 세 개의 온실, 테니스코트, 수영장, 그리고 9홀 골프 코스도 있다. 그런데 베조스가 매입한 그 주택 가격은 베조스에겐 정말 얼마 안 되는 조족지혈과 같은 돈이다. 왜냐하면 베조스는 구입 당시 1,319억 달러(약 158조 원)의 순자산을 가진 거부였기 때문이다. 저 주택 가격은 그의 전 자산에서 고작 1퍼센트의 8분의 1에 해당하는 얼마 안 되는 푼돈이다.[1] 2020년 7월 19일 현재 그의 순자산은 1,760억 달러(약 211조 2,000억 원)이니 그 주택 가격은 점점 더 왜소해 보인다.[2]

그 집값이 그에겐 얼마나 하찮은 것인지는 미국 서민들의 재산을 생각해보면 단박에 알 수 있다. 미국의 한국은행 격인 연준Federal Reserve Bank이 제시하는 미국인의 중간 순자산은 9만 7,300달러(약 1억 1,700만 원)이다.[3] 이 중간 순자산이 베조스의 자산이라고 치고 그가 구입한 주택 가격을 매겨보면 고작 121달러(약 15만 원)가 안 되는 돈이다. 우리와 미국 서민들이 베조스의 집과 가격을 보고 입이 벌어져 안 다물어질 때 베조스는 고개를 갸우뚱거릴 것이 뻔하다. '이게 뭐?(대수야?)' 하면서 말이다. 그런데 놀라지 마시라. 그에겐 이 집 하나만 있는 게 아니다. 시애틀, 뉴욕 맨해튼, 워싱턴 D.C., 텍사스 등 미국 전역에 걸쳐 막대한 부동산을 소유하고 있다.[4]

우리가 여기서 간파할 수 있는 냉혹한 현실이란 무엇인가? 그것은 바로 극심한 미국 사회의 불평등이다. 누구는 재산은커녕 집도 절도 없이 길거리로 내몰려 찬 이슬을 맞고 잠을 청해야 할 때, 누구는 약 2,000억 원짜리 집을 보통 사람들이 껌을 하나 사는 것마냥 사서 떵떵거리고 살 수 있는 이해하기 힘든 부조리……. 현재 미국의 학생 중에 길거리에서 노숙하는 아이들의 수는 150만 명으로 현대사에서 유래가 없는 신기록을 경신[5]하고 있는 이때 다른 한편에선 여봐란듯이 돈 자랑을 하고 있으니 얼마나 대조가 되는가.

트럼프는 2020년 1월 그의 소유지인 플로리다의 마럴라고Mar-a-Lago 리조트에서 열린 정치 후원금 모금 행사에서 "(미국에서) 누가 내년 예산안에 신경이나 쓰느냐?"라고 비아냥거렸다. 마치 국가 일에 자신만이 '올인'을 하고 있다는 듯.

그런데 그의 말은 분명 헛소리다. 세금 꼬박꼬박 내는 서민들은 신경을 쓴다. 특히나 그 세금의 혜택을 받는 이들이라면 더더욱 그렇다. 왜냐하면 트럼프의 비뚤어진 감세 정책에 자신들의 운명이 달려 있기 때문이다. 아니 이 말도 틀렸다. 트럼프의 세금 정책엔 베조스 같은 대부호나 월가도 촉각을 곤두세운다. 왜 그럴까? 트럼프는 이른바 2017년부터 2027년까지 10년간의 감세 정책 기조하에 다음 회계연도의 예산안을 짰다. 그런데 향후 10년간 감세 정책으로 득을 보는 이는 누구일까? 베조스 같은 대부호들과 아마존 같은 거대 공룡 회사가 바로 그 수혜자다.

왜 그럴까? 아마존은 2018년에 단 한 푼의 세금도 내지 않았다.[6] 바로 그 망할 놈의 감세 정책 때문이다. 세상의 돈이란 돈은 다 갈퀴로 긁어모으며 막대한 부를 쌓으면서도 그와 그의 회사는 미국 정부에 세금 한 푼을 내지 않았다. 다음 해인 2019년엔 1억 6200만 달러(약 1,944억 원)의 세금을 냈다. 아마존에 적용된 실질 세율은 고작 1.2퍼센트다.[7] 이런 식으로 트럼프가 시행 중인 10년간의 감세 정책으로 무려 1조 9,000억 달러(약 2,280조 원)의 공돈이 부자들에게 돌아간다.[8] 세금을 안 내면 그것은 그들의 호주머니에 차곡차곡 쌓이는 것이니까, 내야 할 의무를 면제해주는 트럼프는 이들에겐 크리스마스에 굴뚝 속으로 기어 들어와 선물 꾸러미를 안기고 가는 산타클로스와 별반 다를 바 없다. 원래 그 공돈은 트럼프의 저런 망령된 정책이 아니라면 고스란히 세수로 확보될 것들이다.

그런데 이 대목에서 독자들은 오해하지 마시길. 돈이 많아 좋은 집, 비싼 집 사는 거 누가 뭐라 하겠는가. 그런 것을 가지고 하는 말이 아니다. 그렇게 살아도 괜찮다. 자본주의 사회가 원래 그런 것이니까. 남들이야(거지들이야. 그들 눈에는 남들은 다 거지들로 보일 테니까) 지지리 궁상을 떨며 살든 말든 신경 안 쓴다고 해도 뭐라 할 수 없다. 그들의 인성이 그런 것이라면 어찌하겠나. 그러나 여기서 문제 삼아야 할 것은 그들이 여태껏 쌓을 수 있는 막대한 재산에 덧붙여 더 많은 재산을 또 계속해서 쌓게 하는 것이다. 그것도 온갖 변칙, 반칙, 편법, 불법, 특혜 등을 통해서 말이다. 나는 바로 그것을 묻고 있는 것이다.

고삐 풀린 미국의 자본주의

한마디로 말해 미국의 자본주의는 고삐 풀린 망아지다. 모두를 이롭게 하는 자본주의는 전혀 작동을 안 하고 있다. 그 결과는 참혹하다. 앞서 말한 극심한 불평등과 양극화다. 고삐 풀린 망아지 같은 자본주의는 극소수의 부자들만 더욱 살찌게 만들고 나머지 사람들은 갈수록 야위게 한다. 편애의 자본주의, 그것은 재앙이다.

그것을 해결할 것은 양심, 양식, 그리고 이것에 기반한 적절한 제도적 규제이다. 그것은 국가가 해야 한다. 그런데 국가의 권력을 잡은 위정자들이 그 고삐를 더 풀어버린다면? 그 결과가 바로 파국 직전의 현재의 미국이다.

트럼프 정권이 이전 정권과 궤를 같이해 부자와 빈자 중 부자의 편에 섰다면 그 결과는 불평등 심화의 가속화다. 트럼프는 원래 대통령 선거에 나서며 국가 위상과 중산층의 추락이 과거 정권(특히, 민주당)의 위선과 실정에 기인했다며 그것들을 원래 자리로 되돌리겠다고 약속해 대통령이 되었다. 그러나 임기 중에 한 일은 그가 비난했던 과거 민주당 정권과 공화당 정권(트럼프는 공화당에서도 아웃사이더였던 것을 기억하길 바란다.)이 했던 것을 그대로 답습하는 것이었다. 속은 것은 결국 그를 믿었던 미국의 중산층이고 미국 자체이다. 그러면서 미국의 국격과 국민은 더 망가졌고 심하게 훼손되었다.

퍼펙트 스톰

그리고 코로나19가 닥쳤다. 코로나는 미국에게 퍼펙트 스톰^{perfect storm}(가장 파괴력이 큰 태풍)이다. 강력한 태풍이 불면 모든 것이 날아가고 감추어졌던 흉물들이 드러난다. 그렇게 코로나로 인해 미국의 감추어졌던 민낯, 즉 분식했던 맨얼굴이 여지없이 드러났다. '미국이 이 정도일 줄은 몰랐다!' 이게 현재의 미국을 단 한마디로 묘사하는 가장 적절한 표현이라고 해도 과언이 아닐 것이다. 미국을 선망하던 외국인의 입에서, 그리고 무엇보다 미국인의 입에서 저런 말들이 쉽사리 터져 나왔다. 공포, 불안, 분노, 그리고 절망의 유령이 미국 전역을 휘감고 있다.

N95 마스크를 비롯한 보호 장구 없이 무방비 상태에서 코로나 환자를 받는 의료진과 밀려드는 환자들로 아비규환이 되어버린 병원, 그리고 냉동 트레일러에 쌓이는 시신들. 그런데 코로나가 드러낸 것은 단지 엉망진창의 미국 의료 시스템만이 아니었다. 그것은 심각하게 기저질환을 앓고 있던 미국 경제의 민낯도 여실히 들추어냈다. 2008년 금융위기 발발 이후 미국 홀로 제일 잘나간다고 자랑하던 경제가 사실은 저금리와 돈을 풀어 주식과 부동산의 활황을 이끈 왜곡된 경제, 즉 실물경제와는 동떨어진 눈 가리고 아웅 식의 파행의 경제라는 것도 보여주었다. 코로나가 터지자마자 폭증한 실업률이 그것을 증명해주었다. 코로나 창궐 후 수 주 만에, 2008년 이후 늘었던 일자리가 감쪽같이 자취를 감췄다. 그것은 튼실한 일자리가 아닌 허드레 일자리였음이 드러난 것이다.

코로나는 이렇게 심각한 기저질환을 앓고 있던 미국 경제의 최대 피해자인 중산층의 몰락도 여지없이 보여줬다. 직장을 잃자마자 빈곤층으로 전락해 실업수당을 신청하며 무료 급식을 받으려 줄을 서는 서민들의 모습에서, 그리고 당장 다음 달 임대료 낼 걱정에 밤잠을 설치며 트럼프가 준다는 1,200달러의 긴급구호자금의 당도를 오매불망 기다리는 서민들의 모습에서 2008년 이후의 미국 중산층의 삶이 결코 나아지지 않았음이 드러났다. 오히려 지금 중산층의 삶이 2008년 이전보다도 더 피폐해졌다는 것을 까발렸다. 그것은 주식시장과 부동산 붐 뒤에 가려진 또 하나의 미국의 민낯이었다. 코로나라는 퍼펙트 스톰이 안 불었다면 좀체 드러나지도 또 드러났다 해도 세간의 눈길조차 받지 못했던 그런 진실 말이다.

이와 아울러, 한쪽에선 서민들이 저렇게 말할 수 없이 야위어가는 동안, 다른 한편에선 그것을 전혀 아랑곳하지 않고 자신들의 탐욕을 마음껏 채우며 잔뜩 배를 불린 극소수 부자들이 존재한다는 것도 코로나는 보여주었다. 일반 국민들의 등을 쳐 먹으면서 그들의 삶과는 완전히 괴리된 광란의 질주를 말이다. 그것으로 인해 능력사회에서 귀족사회로 변모된 미국의 모습, 즉 사회적 이동이 불가능하게 된 세습사회의 출현을 코로나는 생생하게 보여주고 있다. 또한 극소수의 부자들과 야합하여 그들이 계속해서 승승장구할 수 있게 하는 데는 발군의 힘을 발휘하고 있으나 정작 국가 위기 상황에서 국민을 위해서는 한없이 무능하고 무기력하기만 한 정치권의 민낯도 코로나는 가차 없이 들추어냈다.

그러나 코로나가 단지 이런 미국의 민낯을 드러내는 데만 퍼펙트 스톰 역할을 한 것이 아니다. 그것은 그 이상의 완벽한 파괴력을 가진다. 우선, 극심한 불평등의 피해자로서 중산층의 몰락이라는 기저질환을 앓아왔던 미국 대다수의 서민들에게 코로나는 엎친 데 덮친 격의 둔중한 타격을 가한다. 그동안 비틀거렸던 불안정한 삶에 쐐기를 박는, 그래서 그들을 완전히 빈곤의 나락으로 떨어지게 하는 완벽한 파괴력을 지닌 퍼펙트 스톰으로 작동하고 있는 중이다. 결국 퍼펙트 스톰, 코로나19는 미국 중산층의 몰락을 더욱 가속화시킬 뿐 아니라 공고화하고 있다.

둘째로 극소수 기득권층에게도 역시 코로나19는 퍼펙트 스톰이나. 그러나 이들에게 코로나는 서민들과 달리 둘도 없는 기회를 제공하는 또 하나의 완벽한 계기다. 우선 이들은 자신들의 무한 탐욕으로 인해 빚어지는 모든 참상(대부분 그 나머지 국민들이 입는 불평등의 피해)을 자신들이 아닌 코로나 탓으로 돌릴 절호의 기회를 코로나로 인해 부여받았다. 말하자면 코로나는 이들에겐 구세주나 다름없다. 또한 이들은 악재마저도 호재로 만드는 데 귀재다. 다른 이들에게 재앙인 것이 이들에겐 축복인 것이다. 극소수 기득권층은 코로나로 파괴된 경제의 폐허 속에서 모든 것을 거머쥐는 불사조로 거듭날 것이기에 그들에게 코로나는 긍정적인 의미의 퍼펙트 스톰이다.

결론적으로 코로나19는 미국의 서민이나 극소수 부자들에게나 모두 공히 그들의 현재까지의 삶을 더 극단으로 몰아붙일 수 있는 퍼펙트 스톰으로 작동할 것이다. 문제는 서민들이 더 이상 물러설 곳이 없다는 사실이다. 그들의 삶은 이미 마른 수건에서 물기를 짜낼 대로 짜낸 것처럼 거덜이 나 있다. 더 이상 버틸 재간이 없다. 임계점에 도달했다. 그러나 극소수 부자들은 대다수 국민들에게서 그들에게 남은 단 한 점의 물기마저 탈취하려는 것이다. 그러기 위해 그들은 지금도 모든 시장의 버블을 계속해서 키우고 있다.

누구를 위한 나라인가

미국은 과연 누구를 위한 나라인가? 국가는 무엇을 위해 존재하는가? 만일 국가가 극소수 부자들만을 위해 복무하는 그런 것이라면 차라리

나라가 없는 편이 낫지 않을까? 그런 진지한 물음이 제기되는 요즘의 미국이다.

애초에 극소수 부자(기득권층)들의 안중엔 국가가 없었다. 나머지 국민들도 없었다. 그들의 눈에 있는 것이라곤 오로지 돈, 돈, 돈. 돈뿐이다. 황금이 신이 되어버리고, 그 제단 앞에 희생제물로 놓여 피를 흘리고 있는 나머지 국민들. 그들의 살점 타는 냄새와 피 냄새가 천지를 진동하는 미국의 자본주의. 그것이 원래의 자본주의는 아닐 터. 어쩌다 미국이 저 모양이 되었나.

그런데 왜 국가는 그들은 제외하고 나머지 국민들에게만 의무를 다하라 강요하는가? 국가와 극소수 부자들은 국민들을 위해 아무것도 해주지 않으면서. 코로나라는 역병에도 그렇게 많은 국민들이 죽어나가게 하면서. 그 많은 사람들이 집을 잃고 길거리에 풍찬노숙을 하게 만들면서. 그러나 국가는 나머지 극소수 부자들에겐 의무는 뺀 권리만을 부여한다. 돈을 더 많이 벌 수 있는 권리, 더 많은 재산을 불릴 수 있는 권리. 그 편향된 자본주의가 미국을 아메리칸 드림의 나라가 아닌 아메리칸 나이트메어(악몽)의 나라로 만들어버렸다. 그리고 그렇게 극소수 부자들만을 위해 복무한 미국이라는 국가엔 이제 과거의 영화, 그 화려한 껍데기만 남게 되었다. 영화를 보여주었던 것이 다름 아닌 중산층의 번영이었으니 그들이 사라지고 있다는 것은 변태한 미국을 말함이다. 이제 변태한 미국에 빛나는 것은 오직 극소수 부호들의 탐욕과 위선뿐이다. 이것이 온전한 나라라고 보기는 어려울 터.

월가와 실리콘밸리의 적, 샌더스

민주당 후보 샌더스는 시종일관 월가와 실리콘밸리의 억만상사들에게 미운털이 박혀 갖은 공격을 받고 결국엔 중도에 하차했다.[9] 소위 미국의 진보 언론들도 샌더스 공세에 막강한 화력을 보탰다. 크루그먼 같은 진보학자들도 공격했다. 왜 그랬을까? 샌더스는 늘 '억만장자가 존재해선 안 된다billionaires should not exist'는 말을 입에 달고 다녔기 때문이다. 바로 그것 때문에 미운털이 박힌 것이다. 미국이란 나라가 그들을 위해, 그들에 의해 돌아가는 그들의 나라가 되었기에 그렇다.

대부분의 사람들은 억만장자들이 자선사업을 하는 데 무슨 키다리 아저씨가 선행을 베푼 것처럼 입이 닳도록 칭송한다. 그런데 샌더스는 그러는 이들에게 냉정하게 현실을 볼 것을 권유한다. 억만장자가 돈 몇 푼 기부로 선행을 베푸는 것에 혹하지 말고, 억만장자가 억만장자로서 그 많은 부를 소유할 수 있게 된 시스템이 잘못되었다는 것을 직시하라는 것이다. 그래서 샌더스는 반노동자적인 구글을 비판하고 구글이 분해될 것을 주장하며, 세금을 제대로 내지 않는 애플과 아마존의 양심 불량을 꼬집으며, 법인세를 35퍼센트로 상향할 것을 공약으로 내세웠다.[10]

이러니 샌더스가 월가와 실리콘밸리의 억만장자들에게 공공의 적이 될 수밖에 없다. 그리고 그들 하수인과 홍위병 노릇을 하는 언론과 학자들의 집중 공격을 받았던 것이다. 그가 되면 그들이 누리는 모든 기득권을 내려놓아야 하므로. 하지만 여기에 아이러니가 있다. 억만장자들이 존경하고 칭송해 마지않는 이들이 있다. 바로 미국의 국부들founding fathers이다. 그들의 모험심과 자유 때문이다. 그런데 아이러니가 무엇인지 아는가? 그들이 존경해 마지않는다고 입이 닳도록 떠벌리고 있는 국부들이 바로 평등(경제적 평등)을 추구했던 사람들이란 것이다. 실제로 초기의 미국은 세상에서 가장 평등한 나라였다.[11] 미국의 국부들은 유럽의 경제적·사회적 불평등에 염증을 내고 그것을 타파하기 위해 평등의 세상을 '신대륙'에 건설하고자 했다. 그러나 그들을 존경한다는 이들에 의해 지금 미국은 가장 불평등하고 가장 신분제적인 사회가 되어버렸다. 그것을 국부들의 원래 이상대로 되돌려놓겠다는 것이 바로 샌더스였다. 그리고 샌더스는 그들에 의해 사장되었다.

결국 그들의 바람대로 바이든이 민주당 후보로, 그리고 트럼프가 상대당의 후보로 이번 대선에서 맞붙게 되었다. 모든 게 극소수 부호들의 뜻대로다. 되어야 될 사람은 되지 못하고 되지 말아야 할 인사가 되는 저 부조리. 저 아이러니.

이 책은

이렇게 악화가 양화를 계속해서 구축해가는 미국, 그래서 계속해서 파멸의 늪 속으로 빠져들어 가고 있는 미국의 모습을 적나라하게 까발리기 위해 기획된 책이다. 마치 최종 단계(엔드 게임)에 접어든 듯한 모습을 보이는 미국, 즉 거의 막장에 진입한 것으로 보이는 미국을 촘촘히 들여다보는 책이다.

이 책에서 미국을 저 모양으로 만들고 있는 주범으로 지목된 것은 사모펀드다. 월가의 위성 금융회사 사모펀드. 그것들은 아무 규제 없이 정치권의 비호 아래 날로 활개를 치며 득의양양하다. 지금은 가히 사모펀드의 세상이다. 그래서 이 책은 새로운 제국으로 등극한 월가의 사모펀드를 톺아보는 데 많은 지면을 할애했다.

아무리 이야기해도 듣지 않는 우리나라 사람들에게 실망한 나머지

(이제는 내 말에 귀를 좀 귀울이려나?) 다시는 미국과 관련된 책은 내지 않으리라 마음먹었던 나였지만 할 수 없이 또다시 손을 대게 되었다. 사보썬드의 난동도 난동이지만 무엇보다 《다른백년》의 이래경 이사장의 강압적(?) 요청이 나를 움직였다. 해서 작년 늦여름부터 시작된 글은 《프레시안》에 동시 게재되어 올여름까지 계속되었다. 마침 코로나19 사태가 터져서 쓸거리가 늘어나 글쓰기에 속도가 붙었으나, 덕분에 나의 체력은 소진되었고 안식년도 절반이 뭉텅 속절없이 날아가 버렸다. 이제 1년간의 긴 여정을 이 책으로 일단락하고자 한다.

여기에 실린 글들은 위의 매체에 기고한 글들이지만 원고를 책에 맞게 전체적으로 구석구석 손봤다. 그 과정이 간단할 것으로 생각했는데 하다 보니 꽤 많은 시간과 정력이 소비되었다. 적지 않은 부분들에서 새로운 자료들이 추가되고 편집되었다. 그러나 기고가 발행된 후 시차가 좀 나는 것은 본문에 바로 수정해 녹여내기가 어려워서 '그 이후의 이야기'라는 꼭지를 만들어 새로운 자료와 후일담을 추가로 실었다.

끝으로, 《다른백년》의 이래경 이사장과 박형섭 국장, 그리고 《프레시안》의 박인규 대표와 이명선 기자에게 고마움의 뜻을 전하고 싶다. 또한 현암사의 조미현 대표에게도 감사의 뜻을 전한다.

모쪼록 미국의 이야기로 우리를 되돌아보는 계기가 되기를 바라면서……

2020년 10월

1

아이티를 '봉'으로 삼은
클린턴 재단의 민낯

천사의 얼굴을 한 제국

이른바 거대 제국이 칼과 총으로만 겁박해가면서 자신들의 배를 불릴까? 그렇게만 생각한다면 그것은 오산이다. 특히나 현대 사회는 이른바 문명화를 자랑해야만 하는 것이 필수인바, 지금과 같은 시대에 칼과 총을 수단으로 피해국을 수탈하는 방식을 써먹으려 한다면 그것은 반드시 야만으로 간주될 것이 분명하다.

그렇다면, 현대의 제국은 어떤 식으로 그들의 배를 불리고 있는 것일까? 먼저, 겉으로 보면 흉포한 야만보다는 선량한 모습으로 교묘하게 피해국에 접근한다. 이른바 분식粉飾이다. 예를 들면 여러 형태의 원조나 지원 등의 형태를 통해 칼과 총이라는 포악한 모습과는 상반되게 접근한다. 그러나 그 뒤엔 간악한 흉계가 있다. 그것이 간악한 이유는 그러한 원조가 단순하게 인도적 지원으로 끝나지 않기 때문이다. 비유적으로 표현하면 제국은 약소국에 푼돈을 쥐여주고 그것의 수백 아니 수천 배를 도로 가져간다. 그것도 단 한두 번으로 끝나는 것이 아니다. 일단 이런 관계가 형성되면 피해국은 제국의 영원한 갈취의 대상이 되어 제국의 욕심을 채우는 화수분으로 전락한다.

다음으로 눈여겨볼 특징은 이렇게 피해국에 빨대를 꽂아 자신들의 배를 불릴 때 반드시 피해국 내에서 조력자를 양성한다는 것이다. 이것은 일종의 '디바이드 앤드 룰divide and rule(분할 통치)'에 의거한 제국의 전략이다. 제국의 말을 잘 듣는 딸랑이에게 사탕 하나 던져주고 제국의 앞잡이 노릇을 하게 하는 것이다. 그러면 피해국은 앞잡이 대 일반인으로 분열되어 제국에 합심해서 저항할 힘을 잃게 된다.

제국 또는 제국적 엘리트

그런데 현대의 제국을 단지 국가에만 국한해 생각해서는 결코 안 된다. 엄밀히 이야기하면 이제는 국가보다는 이른바 '제국질'을 통해서 자신의 탐욕을 극대화하길 염원하는 극소수 세력을 제국으로 보아야 한다. 그래서 나는 작금의 제국을 '제국적 엘리트The imperial elite'라고 조심스럽게 명명해보고 싶다. 이러한 이유 때문에, 그리고 나와 같은 시각에서 어떤 이는 내가 명명한 '제국적 엘리트'들이 활보하는 지금의 사회를 '엘리트 독식 사회'[12]라 칭하기도 한다. 여기서 엘리트란 '모든 것을 독식하는 자들winners take all'이란 의미다. 이렇게 말하는 데에는 또 다른 이유가 있다. 제국질을 통해 가장 큰 이익을 편취하는 자들은 이미 언급한 극소수 엘리트다. 그들이 속한 국가는 이익을 전혀 같이 공유하지 못한다. 따라서 어떤 엘리트가 속한 국가의 대부분의 사람들은 제국질로 얻은 전리품

향유와 거리가 아주 멀다.

그러나 전리품을 수주하는 주체에는 제국적 엘리트 외에도 다른 존재들이 있다. 바로 그들 주위에 어슬렁거리며 콩고물로 사익을 채우는 하이에나 같은 족속들이다. 즉, 엘리트 사단(패거리)이다. 최근의 이런 하이에나들은 다국적이라는 특징이 있다(소속된 국적과 국경을 초월해 제국질에 동참한다는 의미에서 다국적이다). 시쳇말로 이야기하면 글로벌화되었다는 것이 과거와는 다르다. 물론 이런 하이에나들도 그들의 몸집이 불어나면 거물급 제국적 엘리트로 거듭날 수도 있다. 그래서 더욱더 맹렬히 거대 제국들의 제국질에 앞장서서 주구 노릇을 하고 거물급으로 등극하기 위해 호시탐탐 기회를 엿본다.

클린턴 재단 - 제국적 엘리트의 전형

이번 장에서는 내가 이름 붙인 '제국적 엘리트'의 단적인 예로 미국의 클린턴 전 대통령 일가를 거론하고자 한다. 그들 가족이 주축이 된 클린턴 재단The Clinton Foundation을 자세히 살펴보자. 이 재단은 미국에선 손에 꼽히는 매우 유명한 자선 단체 중 하나이다. 클린턴 재단의 홈페이지에 가보면 그 설립 취지가 다음과 같이 뚜렷이 천명되어 있다. "클린턴 재단은 모든 이가 성공할 자격이 있고, 모든 이가 행동할 책임이 있으며, 모든 이가 함께 일할 때 우리 모두는 더 잘 해낼 수 있다는 단순한 신념에 기초해 설립되었다. 재단은 지난 20여 년 동안 갖은 난관을 극복해오면서 미국과 전 세계의 모든 이들의 삶의 향상을 위해 애써왔다."[13]

클린턴 재단의 민낯

얼마나 훌륭해 보이는가? 그런데 2015년 1월, 뉴욕시의 클린턴 재단 앞에서 아이티인들의 성난 목소리가 울려 퍼졌다. 그들이 내건 항의 시위의 슬로건은 빌 클린턴과 힐러리가 아이티인들에게 돌아가야 할 수십억 달러의 돈을 강탈했다는 것이었다. 이 시위가 있은 지 두 달 후 그들은 또다시 모여 클린턴 부부가 재단을 통해 사기, 배임 및 절도를 저질렀다고 맹비난했다. 겉으론 아이티를 돕는다 하면서 자신들을 희생 삼아 배를 불렸다며 클린턴 재단의 이중성을 성토한 것이다.

이들은 2015년 5월 뉴욕시의 유명 식당 시프리아니^{Cipriani} 앞에서 또다시 모였다. 거기에는 당일 클린턴 전 대통령이 그간의 공적에 대한 상과 50만 달러(약 6억 원)의 기부금을 받으러 오기로 되어 있었다.[14] 시위대는 클린턴을 향해, "클린턴! 아이티인들을 위해 쓰라고 한 돈들은 다 어디에 있는가?", "누구의 호주머니로 갔는가?"라는 팻말을 들고 시위했다. 그날 시위대 중 한 사람은 "우리는 아이티에서 저지른 클린턴 부부의 만행을 전 세계에 알려야 할 필요가 있다."라고 소리쳤다.

클린턴 재단 홈페이지 화면 부분 캡처
"사람이 먼저다(Putting People First)"라는 구호를 전면에 내세웠다.
〈출처 : 클린턴재단〉

아이티를 봉으로 삼은 클린턴 재단 – 모금의 90퍼센트를 클린턴 패거리가 탈취

그렇다면 클린턴 부부는 과연 어떤 일을 행했기에 이렇게 아이티인들의 분노를 사게 되었을까? 사건은 2010년으로 거슬러 올라간다. 그해 1월 아이티엔 진도 7.0의 강진이 덮쳤다. 이로 인해 아이티는 모든 것이 파괴되고 쑥대밭이 되었다. 빌 클린턴은 유엔 사무총장이 파견한 특사 자격으로, 힐러리는 국무장관으로 각기 아이티를 방문했고 아이티의 피해 복구 지원과 재건을 약속했다. 그리고 미국을 포함해 세계 각지로부터 성금이 재단으로 답지했다. 그렇다면 아이티인들에게 했던 이들 부부의 약속은 지켜졌을까? 결론부터 말하자면 결코 아니다. 그래서 아이티인들의 분노가 하늘을 찌를 듯 높은 것이다.

아이티 정부의 경제개발국 국장이자 동시에 '경제 및 사회 지원 펀드 Fonds d'assistance économique et social' 소장이었던 클라우스 에버윈 Klaus Eberwein 은 2010년 1월부터 2012년 6월까지 전 세계로부터 클린턴 재단에 답지한 기부금 총 90억 4,000만 달러(약 11조 원) 중 해외의 양자 및 다자간 기부자로부터 받은 기부금 60억 4,000만 달러(약 7조 2,000억 원)에서 단지 0.6퍼센트(3,600만 달러, 약 430억 원)만이 아이티인을 직접적으로 돕는 데 사용되었다고 폭로했다. 나머지는 어떻게 되었을까? 9.6퍼센트인 5억 8,000만 달러(약 7,000억 원)는 아이티 정부로, 나머지 89.8퍼센트인 54억 달러(약 6조 5,000억 원)는 아이티와는 아무 상관이 없는 전혀 엉뚱한 곳으로 흘러 들어 갔다.[15]

그곳은 바로 클린턴 부부의 사단(친한 이들)이다. 그리고 그 돈의 일부는 클린턴 부부에게 도로 흘러들어 갔다. 그런데 클린턴 사단은 이미 진작부터 클린턴 부부에게 직접적으로 혹은 재단에 돈을 갖다 바친 사람들로 구성되었다. 이들은 전 세계로부터 답지한 성금을 자신들의 사익

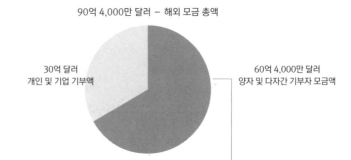

아이티 지진 성금 사용처(2010년 1월~2012년 6월)

90억 4,000만 달러 – 해외 모금 총액

30억 달러
개인 및 기업 기부액

60억 4,000만 달러
양자 및 다자간 기부자 모금액

89.8% 54억 달러 – 아이티 이외에 소요된 금액   **9.6%**

5억 8,000만 달러 – 아이티 정부에 소요된 금액
0.6%
3,600만 달러 – 아이티 비정부 조직에 소요된 금액

출처 : BBC News

추구, 즉 대박 사업의 수단과 자원으로 이용했다. 그리고 돈방석에 앉았다. 이것을 나는 이미 2016년 9월《경향신문》국제 칼럼에 박근혜·최순실의 미르·K스포츠재단과 연결 지어 소개한 적이 있다.[16] 여기선 그때 한정된 지면 때문에 생략했던 대박 사업의 수혜자들의 이야기들을 좀 더 상세히 소개하겠다. 왜냐하면 이것이 바로 최근의 '제국적 엘리트'들이 자신들의 탐욕을 한없이 채우는 전형적인 방식의 한 예이기 때문이다.

클린턴 사단

워런 버핏과 방태풍 트레일러

먼저 워런 버핏Warren Buffett이다. 클린턴 재단은 이재민을 위해 제공될 임시 대피소 건설에 워런 버핏 소유의 클레이턴 홈스Clayton Homes를 선정했다. 이 선정은 원래 UN의 주관하에 공개 입찰하는 것이 원칙이었지만 클레이턴 홈스만이 입찰에 응했고 낙찰됐다. 클레이턴 홈스는 이재민에게 임시 대피소로 '방태풍 트레일러hurricane-proof trailers'를 만들어주겠다고 호언장담했으나 실제로 이재민들에게 그 트레일러가 배달되었을 땐 그것은 또 하나의 재난이었을 뿐이다. 왜냐하면 그 트레일러는 구조적으로 매우 취약했을 뿐 아니라, 고농도의 포름알데히드가 배출되는 벽에선 설상가상으로 단열재까지 흘러나왔기 때문이다. 또한 실내가 푹푹 찌는 듯해서 아이티인들은 그것을 외면했고, 결국 쓰레기가 되었다. 이와 같은 부실 임시 대피소 건설로 워런 버핏이 남긴 이득은 실로 엄청난 것이었다. 그리고 그것은 바로 그가 클린턴의 충실한 돈 줄이었다는 사실 때문에 가능했다.[17]

오소리오

다음으로 대박을 친 사업가는 클린턴 재단의 또 다른 기부자 클라우디오 오소리오Claudio Osorio다. 그가 회장인 이노비다InnoVida는 이재민을 위한 주택 건설 명목으로 1,000만 달러(약 120억 원)의 정부 융자를 받는다. 그 보답으로 오소리오는 클린턴 부부의 오랜 지인들인 웨슬리 클라크Wesley Clark 장군, 조너선 맨츠Jonathan Mantz(힐러리의 2008년 금고지기) 같은 이들을 이사진으로 앉힌다. 정부 융자를 받으려면 까다로운 검증 절차 때문에 수

년이 걸리는데 이노비다는 단 2주 만에 융자를 따냈다. 어떻게? 물론 클린턴 부부의 입김에 힘입어……. 정부 관계자에 따르면, 클린턴 전 대통령은 이노비다의 물류 및 지원 요구를 파악하기 위해 회사와 직접 접촉했으며, 당시 오바마 행정부의 국무장관 힐러리도 이노비다의 지원을 위해 국무부 자원을 십분 활용했다. 더 가관인 것은 이노비다가 정부 융자를 따내기 위해 필수적으로 제출해야 할 감사보고서조차도 면제받았다는 것이다. 참으로 경천동지할 일이다. 무자격자가 무일푼으로 갖은 특혜를 받고 아이티에서의 대박 사업권을 따냈으니 말이다. 클린턴 일가와 관련 없는 이들이라면 이런 일이 가능할까?[18]

물론 오소리오는 클린턴가하고만 연을 맺고 있지 않다. 자기 집에서 버락 오바마의 정치 후원금 모금도 했으며, 이런 행태는 민주당을 넘어 공화당의 주요 인사에게도 향한다. 이익을 위해서 양다리를 놓은 저 치밀함을 보라. 오소리오는 부시 대통령의 동생인 플로리다 전 주지사 젭 부시Jeb Bush와도 각별한 관계다. 젭 부시는 2008년 이노비다의 이사진에 이름을 올렸다. 그리고 그 이전에는 비상근 자문으로 매달 1만 5,000달러(약 1,800만 원), 총 47만 달러(약 5억 6,000만 원)와 스톡옵션을 받았다.[19] 이사진에 오르기 전 그는 오소리오의 이노비다에서 만들어 재해 지역에 공급하는 간이 주거지 제조 공장이 있다는 마이애미와 두바이를 방문했다.[20]

그런데, 이 모든 게 오소리오의 사기였다. 최첨단 건물 패널을 개발해 건물을 짓는다고 속이고 투자자들의 돈을 모아 그 돈을 모두 케이만 제도(조세 회피처)의 은행으로 빼돌렸다. 2006년부터 2011년 사이 10명의 투자자로부터 4,000만 달러, 그리고 아이티에 주택 지어주겠다고 해서 받은 나랏돈 1,000만 달러, 도합 5,000만 달러(약 600억 원)가 공중으로 사라졌다. 이 사기 혐의로 2013년 그는 12년 형을 선고받았다.[21] 말하자면, 오소리오가 벌인 투자 사기 혐의에 클린턴, 젭 부시[22] 등이 일조한 것이다.

브라질 패거리와 밀정 프레발

이런 일엔 미국 이외의 외국인도 빠질 수 없다. 클린턴 사단은 국경을 초월해 연대한다. 아! '연대'라는 말의 무색함이여! 브라질의 건설회사 OAS와 미주개발은행[IDB, InterAmerican Development Bank]도 도로 건설 명목으로 지원금을 받았다. 그런데 IDB 감사관인 마리엘라 앤티가[Mariela Antiga]에 따르면, 건설비는 필요 없는 곳에까지 과도하게 상정되었고, 하라는 도로 건설은 안 하고 아이티 전 대통령 르네 프레발[René Préval]과 그 패거리인 몇몇 사람의 사유지에 건물을 지었다. 왜 그랬을까? 프레발은 아이티 내 클린턴의 조력자이고, OAS는 클린턴 재단의 기부자다. 프레발은 아이티 전 대통령이라는 막중한 책임보다는 미국의 클린턴과 결탁해 사적 이익을 탐한 것이다. 아이티에서 돈 빼먹을 수 있는 정보란 정보는 이 자로부터 클린턴에게 넘어갔을 것은 매우 뻔한 일이다.[23] 물론 자국민의 눈물은 외면하면서……. 매국노 프레발! 그러나 클린턴에겐 충실한 개!

아일랜드 조력자, 오브라이언

다음은 디지셀[Digicel]이다. 디지셀은 아일랜드인 데니스 오브라이언[Denis O'Brien]의 사업체이다. 클린턴 부부는 국민 세금 수백만 달러까지 그에게 제공해주며 아이티의 무선전화사업권을 허락한다. 오브라이언은 클린턴 재단에 2010~2011년 사이 500만 달러(약 60억 원)의 기부금을 냈을 뿐만 아니라 클린턴 전 대통령이 아일랜드에서 행한 세 차례의 강연료 60

만 달러(약 7억 2,000만 원)도 제공했다. 그런데 이 강연이 행해졌을 때는 바로 디지셀이 힐러리가 상관으로 있는 미 국무부로부터 아이티의 무선 전화사업권 허가를 따내느냐 마느냐의 기로에 있던 매우 중요한 시점이었다. 주고받는 기막힌 사업 센스! 그의 기부금과 강연료 대납이 공짜일 리가 전혀 없다.[24]

힐러리 동생, 휴 로댐

여기에 클린턴의 친인척이 빠지면 서운한 게 당연지사. 힐러리의 동생 휴 로댐[Hugh Rodham]은 아이티에서 50년 금광채굴권을 따냈다. 미국의 광산회사 VCS의 고문단에 이름을 올리고 나서인데, 정말로 이상한 것은 경력이라곤 전직 사립탐정과 교도관이 고작인 휴 로댐이 무슨 자격으로 광산회사의 고문 자리를 꿰찼느냐는 것이다. 돈 냄새를 맡으면 수단과 방법을 가리지 않는, 자본에 눈이 먼 기업가가 이제 막 아이티의 재해를 기회로 노다지 삼으려 하는 힐러리의 동생을 찾아낸 것이다. 그러니 그에게 줄을 댈 수밖에. 클린턴의 친인척이 바로 돈맥임을 본능적으로 알아챈 것이다.[25]

이를 두고 아이티의 양심적 국회의원들은 "빌 클린턴과 힐러리의 동생은 아이티 국민들과 이익을 공유할 사람들이 전혀 아니다."라며 분노했다. 또한 아이티 광산 대표자 새뮤얼 네즈너[Samuel Nesner]는 "그들은 (클린턴 일가와 그 조력자) 아이티 국민들을 착취하는 엘리트 집단의 일부분일 뿐"이라며 맹비난했다.[26] 힐러리를 오랫동안 추적해온 디네시 디수자 [Dinesh D'Souza]는 아이티 재건 사업권이 "클린턴 집안의 돈궤를 채우는 대가로 주어진 것"이라고 한마디로 요약한다.[27] 아이티를 도와주라고 미국을 비롯해 전 세계에서 거둬들인 돈은 클린턴 사단이 거의 다 빼먹었으니 말이다. 아이티에는 일절 국물도 없이, 클린턴의 조력자(즉, 아이티의 전직 대통령 같은 매국노)들에게 약간의 콩고물 던져주고 각종 이권을 챙겼으니 말이다. 그러한 이권에는 금광채굴권 같은 국부도 포함된다. 도움은커녕 강도질을 한 것이다. 한마디로 고양이에게 생선을 맡긴 격이다.

내부고발자의 운명

그렇다면, 아이티 재건 사업과 관련해 내부고발자로 용기를 냈던 두 사람은 어떻게 되었을까? 클라우스 에버윈은 아이티 상원 윤리 및 반부패 위원회에서 클린턴 재단과 관련된 증언을 1주 앞두고 미국 마이애미의 한 호텔에서 머리에 총을 맞고 사망했다.[28] 물론 언론은 자살이라고 발표했다. 그러나 썩 개운하지는 않다(짐짓 음모론 같아 보이겠지만, 클린턴 일가의 추문과 관련된 측근들 여러 명이 자살이나 사고사로 비명횡사했다. 요즘 우리식으로 이야기하면 '자살당했다'라는 표현이 적절하다). 감사관인 마리엘라 앤티가는 폭로 직후 IDB의 지시로 짐을 싸서 아이티를 떠났다.[29] 내부고발자의 운명은 어딜 가나 똑같다. 죽든지 사라지든지.

자선이란 미명하에 펼쳐진 제국질로 신음하는 아이티

약소국 아이티는 이렇게 선량한 자선 재단의 탈을 쓴 제국에 의해 영원한 빨대로 전락해버렸다. 제국적 엘리트들은 과거와는 상이한 모습으로 먹잇감에 접근하고, 그와 함께하는 하이에나와 조력자들은 국적을 초월해 탐욕의 배를 채우기 위해 전 세계를 배회하고 있다. 여기엔 그들 나름의 '기브 앤드 테이크(주고받음)'와 '대가에 대한 보상quid pro quo'이 존재하고 그것을 통해 더 큰 이익을 먹잇감으로부터 강탈해 간다. 거기엔 어떠한 애국도 애향도 애민도 존재하지 않는다. 오직 "돈, 돈, 돈!", 즉 사적 이익의 추구만 있을 뿐이다. 이것이 바로 현대의 제국이, 제국적 엘리트들이 그들의 배를 불리는 방식이다. 그 모습을 천사의 모습[30]으로 아이티에 접근한 클린턴 일가의 재단에서 고스란히 찾아볼 수 있다.

2
기울어진 운동장
– 미국의 대학입시

월가에서 각광받는 수학자들

분명, 쥐구멍에도 볕 들 날이 있다. 수학 전공자는 원래 미국에서 크게 주목을 받지 못했다. 번듯한 취직은커녕 우리나라처럼 수학 과외라도 해서 먹고살 수 있는 나라도 아니니 더더군다나 그러했다. 그러나 지금 수학 전공자가 때아닌 특수다. 왜냐하면 고액 연봉을 주는 월가에서 수학 전공자들을 대거 빨아들이고 있기 때문이다.[31] 그 대표적 예를 보자. 르네상스 테크놀로지스 Renaissance Technologies라는 헤지펀드 회사가 있다. 그 회사의 대표는 제임스 사이먼스 James Simons로 유명한 수학자인데, 그는 또한 세계에서 가장 부자인 수학자로도 알려져 있다. 순자산은 무려 100억 달러(약 12조 원). 200여 명의 사원 중 약 3분의 1이 박사학위 소지자이다. 그런데 전공은 재무·금융이 아닌 수학·통계학·물리학이다. 그래서 그 회사를 일컬어 '세계 최강의 물리학·수학과'라고도 한다. 이 회사 이외에

도 지금 월가에는 약 1,000여 명의 수학자들이 맹활약을 하고 있다.[32]

그렇다면 수학자들이 헤지펀드와 월가에서 왜 이토록 각광을 받고 있는 것일까? 그들이 복잡한 알고리듬(연산)을 통해 상품을 개발하여 높은 수익을 내고 있기 때문이다. 그 대표적인 것이 바로 월가의 파생금융상품financial derivatives이다. 수학으로 보통의 사람들은 이해할 수 없는 상품을 만들어내고 세상의 모든 돈을 진공청소기처럼 파생상품으로 빨아들이고 있는 것이다. "고수익 올려주마! 자세히 알려고도 하지 말고 닥치고 투자!" 그들을 고용한 월가의 슬로건이다.

수학자가 개발한 대량살상 무기 – 불투명성의 화신 파생금융상품

그러나 이들의 혁혁한 공으로 미증유의 부동산 거품이 일어났고, 그 결과 2008년 금융위기가 터졌다. 그리고 미국은 물론, 전 세계가 그 충격의 여파에서 아직도 헤어나지 못하고 있다. 그래서 유명한 헤지펀드 D. E. 쇼D. E. Shaw에서 분석가로 일했던 하버드대 수학 박사 출신 캐시 오닐Cathy O'neil 같은 이는 금융위기 발발에 치명적으로 일조한 수학을 가리켜 '대량살상 수학무기weapons of math destruction(이 말은 '대량살상 무기'weapons of mass destruction에서 따왔다.)'라 부르며 자신의 과오를 깊이 반성하고 있다.[33]

파생금융상품에서 수학자들이 만든 공식의 요지는 무엇일까? 고수익은 당연히 고위험을 동반한다. 그런데 그들이 복잡한 수식을 통해 개발한 파생금융상품은 구매자로 하여금 고위험의 가능성을 간과하고 안전 상품으로 보이게 교묘히 속인다. 예를 들면, 불량 채권과 우량 채권을 섞는 식이다. 그러면 위험이 없는 것처럼 위장된다. 월가는 훤히 아는데 대중은 모르는 불투명성. 그 와중 월가의 판매자는 수수료를 챙기고 돈방석에 앉는다. 그리고 거품이 꺼지면 고위험의 폐해는 고스란히 구매자와 일반 시민이 떠안는다. 왜냐하면 거품이 꺼질 때 판매자가 망하면 미국이 망한다는 협박으로 구제금융을 받아내고 구제금융은 결국 그 판에 끼어들지 않은 순진무구한 시민들의 호주머니에서 나와야 하기 때문이다.

거품이 일게 할 때 '눈 가리고 아웅 하는' 전략, 그게 바로 불투명성 전략이다. 탐욕에 눈먼 자들이 취하는 전략 중 하나가 바로 그것이다. 그들은 늘 경쟁과 시장의 투명성을 입에 달고 산다. 그러나 그들이 말하는 경쟁은 자신들만 모든 열매를 독식할 수 있는 기울어진 운동장 내에서의 특혜를 말한다. 또한 그들이 내세우는 투명성은 실은 자신들한테만 투명하고 타인(대중)들은 도저히 이해할 수 없는 불투명성을 의미한다. 불투명성 전략이 일단 채택되면 게임은 해보나 마나. 서민은 백전백패, 탐욕에 전 극소수는 승승장구! 이 때문에 버니 샌더스는 월가의 사업 비법이 사기로 시작해서 사기로 끝난다고 일갈했던 것이다.[34] 확실히, 제국질에 이력이 난 이들이 택하는 방법 중 하나가 바로 이 불투명성의 전략이다.

제국질의 수단으로 전락한 불투명한 미국의 대입 시스템

이 불투명성 전략이 단지 월가에만 통용될까? 결코 아니다. 왜냐하면 탐욕에 눈먼 제국은 사회 요소요소에서 발군의 힘을 발휘하기 때문이다. 그중 여기서 눈여겨볼 것이 하나 있다. 월가가 불투명성 전략으로 승승장구하며 미국의 인재들을 월가로 빨아들이면서, 거기에 입성하고 싶어 안달하는 젊은이들과 부모들이 악용한 것이 바로 미국의 불투명한 입시

시스템이다.

미국은 표준시험 점수로만 대학에 들어가지 않는다. 소위 다면적 평가를 한다는 것인데, 그런 면에서 매우 불투명하다. 쉽게 말해 왜 대학에 붙었는지 혹은 떨어졌는지 당사자는 그 분명한 이유를 모른다. 그런데 위에서 언급한 성공에 눈이 먼 학생과 학부모들이 어찌 보면 이상적 시스템으로 보이는 대입 시스템을 지금 난장판으로 만들고 있다. 갖은 탈법, 위법, 편법을 동원해서. 그 결과, 미국이 과거에는 볼 수 없었던 학벌사회로 변모하고 있다. 학벌사회로의 변모는 월가에서 소위 아이비리그를 포함한 명문대 출신을 뽑아 간다는 것을 알고 나서 더 팽배해진 현상이다. 월가는 이제 입성하기만 하면 일반 직장에서는 상상할 수도 없는 돈방석에 앉을 확률이 높은 곳으로 인식되어 선망의 대상이 되고 있다.

일률적 잣대(즉, 시험 하나로)로 줄 세워 신입생을 뽑지 않는다는 미국의 대입 시스템(즉, '수시'로 불리는)이 돈 많고 권세 있는 부모들을 둔 자식들이 과거보다 더 수월하게 소위 명문 대학에 갈 수 있는 수단으로 악용된다는 것은 어찌 보면 매우 당연한 수순이다. 생각해보라. 입학사정관을 통한 정성적 평가란 코에 걸면 코걸이, 귀에 걸면 귀걸이 식의 불투명성을 전제로 하고 있기 때문이다. 학벌사회로의 변모는 미국이란 특수한 상황(땅덩어리의 넓음, 교육과정의 비표준화, 그리고 낮은 대학진학률 등) 때문에 애초에 그런대로 문제없이 굴러가는 듯 보이던 기존의 대입 제도를 확실히 변질시켰다. 가진 자와 권세 있는 자들의 탐욕이 공정해야 할 대학입시에 제국질을 가미해버렸기 때문이다. 이런 제국질은 이상적인 제도조차 제국에 일조하는 썩은 냄새가 진동하는 시궁창으로 만들어버린다. 왜냐하면 불투명성을 투명하게 해주는 것은 바로 돈이며, 그 돈으로 갖은 정보와 기회를 얻은 자들에게만 유통되고 돌아가기 때문이다. 결국, 있는 자들에게만 대학입시의 불투명성이 투명성으로 바뀐다. 본격적인 이야기는 다음 장에서 하고 여기서는 다음 이야기 하나를 소개한다.

504 플랜

'504 플랜'이라는 것이 있다. 1973년의 재활법 제504조에서 이름을 딴 이것은 신체적 혹은 정신적 한계 substantially limits 를 지닌 학생들을 위해 제정됐다. 즉, 학습장애 학생들을 위한 제도이다. 여기에 선정되면 교실의 맨 앞자리라든가, 시험을 볼 때 아무런 방해를 받지 않도록 개인 공간을 제공받는다. 또 내신뿐 아니라 수능(SAT나 ACT)에서 더 많은 초과 시간이 허용된다. 이 얼마나 이상적인가? 소위 정상인들과의 경쟁에서 약자에게 편의를 제공하고 특혜를 줌으로써 십중팔구 벌어질 수 있는 격차를 감소시켜주는 것을 목적으로 하고 있으니 말이다.[35]

그러나 이런 이상적인 제도를 이른바 제국이 가증스럽게 가로채고 있다.[36] 어떻게? 먼저, 이런 플랜이 있다는 정보를 일반 서민 부모를 둔 학생들은 접하기가 매우 어렵다. 이런 정보의 빠꼼이들은 고액의 수업료를 내는 사립학교, 과외 교사, 입시 컨설턴트 등이다. 그들은 서민들이 접근 불가능한 존재들이다. 둘째, 설사 공립학교에서 이런 정보를 들었다 해도 '504 학생'으로 되기 위해서는 '주의력 결핍 과잉 행동 장애 ADHD' 같은 학습장애 판정을 정신과 의사에게 받아야 하는데 거의 대부분의 학생들이 이런 진료를 받을 돈이 없다. 그 돈은 7,000~1만 달러(약 840만 원~1,200만 원)가 들어간다.[37] 독자들은 현재 미국에서 위급한 일이 있을 때 쓸 돈 50만 원을 마련하지 못하는 사람이 미국 성인의 거의 절반에 가깝다는 사실만 상기하길 바란다.[38] 이런 마당에 무슨 사립학교며,

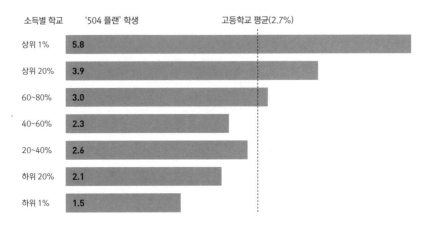

미국 공립 고등학교의 학군별 '504 학생' 선정 분포(2015~2016년도)

소득별 학교	'504 플랜' 학생	고등학교 평균(2.7%)
상위 1%	5.8	
상위 20%	3.9	
60~80%	3.0	
40~60%	2.3	
20~40%	2.6	
하위 20%	2.1	
하위 1%	1.5	

미국에서 부유한 지역 학군의 공립학교에서 '504 학생'이 더 많은 것으로 나타남.

출처 : 뉴욕 타임스

과외며, 입시 컨설팅이며, 정신과 의사를 찾아갈 수 있겠는가? 그 틈을 누군가가 파고들어 가 분탕질을 치고 있는 것이다.

돈으로 따낸 학습장애 판정

그럼 과연 누가 '504 학생'이 되는가? 2015~2016년 시기 동안 미국 전체 1만 1,000개 공립 고등학교를 전수 조사한 결과, 그 수치는 예상 그대로다. 즉, 제국질이 '504 학생'이 되는 데도 매우 유효하다. 부유층이 거주하는 학군의 고등학교에서 많은 수의 학생이 선정되는 것으로 나타났다.

미국 인구조사국 소득 집계 통계자료에 의해 측정된 상위 1퍼센트의 가장 부유한 학군 고등학교에서 '504 학생'은 5.8퍼센트이다. 전국 평균 2.7퍼센트의 두 배가 넘는 수치다. 소득 60퍼센트 아래로는 전국 평균값에도 턱없이 모자란다. 일부 부유한 학군 고등학교에서의 비율은 18퍼센트에 이르기도 한다. 코네티컷주 웨스턴^{Weston}의 중간 가계소득은 22만 달러(약 2억 6,400만 원)인데 여기가 18퍼센트에 달한다. 거기서 30분 떨어진 못사는 동네 댄버리^{Danbury}라는 지역보다 8배 높다. 워싱턴주의 머서 아일랜드^{Mercer Island}의 중간 가계소득은 13만 7,000달러(약 1억 6,400만 원)인데 중간 가계소득이 6만 5,000달러(약 7,800만 원)인 페더럴 웨이^{Federal Way}보다 504 학생 비율이 6배가 더 높다.[39]

로스앤젤레스의 예는 더욱 충격적이다. 가장 부유한 지역의 공립학교와 빈곤한 지역의 공립학교의 차이가 무려 77배에 이르는 것으로 나타난다. 팰리세이드 차터 고등학교^{Palisades Charter High School}의 504 플랜 학생 비율은 8.5퍼센트, 엘 몬테 고등학교^{El Monte High School}는 0.11퍼센트이다. 팰리세이드 지역은 로스앤젤레스 지역 중에서 부동산 가격이 가장 비싼 곳인데 이 지역의 주택 중간 가격^{median home value}은, 로스앤젤레스 지역 중간 가격의 거의 5배에 달하는 300만 달러(약 36억 원)다. 팰리세이드의 가구 중간 소득^{median income}은 18만 962달러(약 2억 2,000만 원), 팰리세이드 차터 고등학교의 무료 급식 학생 비율은 29.6퍼센트다. 반면, 여기서 약 48킬로미터 떨어진 빈곤 지역 엘 몬테 지역의 가구 중간 소득은 3만 6,344달러(약 4,400만 원), 그리고 엘 몬테 고등학교의 무료 급식 비율은 95.2퍼센트다. 팰리세이드 차터 고등학교에서 504 플랜 특혜를 본 학생 수는 12명 중 1명인 반면, 엘 몬테 고등학교는 900명 중 1명꼴이다.[40]

동부는 어떨까? 뉴욕시의 스카스데일 고등학교^{Scarsdale High School}는 5명 중 1명이, 코네티컷주의 웨스턴 고등학교^{Weston High School}는 4명 중 1명이,

보스턴 외곽 뉴턴 노스 고등학교Newton North High School는 3명 중 1명이 504 플랜 학생이다. 뉴턴시 장학사 데이비드 플레시먼David Fleishman의 말이 정 곡을 찌른다. "정말로 우리 학생들의 30퍼센트가 학습장애 학생이라고 생각하는가? 결코 아니다. 이 학군에서 확실히 문제가 되는 것은 바로 학습장애 판정의 남용이다. 그리고 그것은 증가일로에 있다."[41]

지금은 문을 닫은 필라델피아 소재 펜실베이니아 센터 아카데미Penn Center Academy의 전 학장 마크 스클라로Mark Sklarow는 "(원래는 학습장애 학생을 위해 마련된) 편의 제공이 가진 자(부유한 학군의 학생)들에 의해 악용된다는 것은 우리 시스템의 커다란 불공정성을 보여준다."라고 토로한다.[42]

이처럼 공립학교마저도 부유한 지역과 빈곤한 지역의 차이가 극심한 미국이란 점을 감안해보면, 부모의 사회경제적 지위가 높은 학생들이 다니는 사립학교와 특목고, 그리고 전국에서 학생을 유치하는 자사고에서 어떠한 일이 벌어질지가 충분히 그려질 것이다. 아쉽게도 이것들의 통계치는 알려진 바가 없다. 개중 진짜도 있겠지만 대개는 돈 주고 산 거짓 학습장애 판정서이다.

《뉴욕 타임스》는 캘리포니아 고등학교의 한 진로 담당 교사의 한탄

점점 더 많은 학생들이, 특히 부유한 집 자식들이 수능시험을 치를 때
추가 시간의 혜택을 누리고 있다는 《월스트리트저널》 기사 화면

을 전했다. "돈 1만 달러(약 1,200만 원)로 당신이 원하는 그것을 가질 수 있는 게 지금 입시다. 완전 개판, 엉망진창이다."[43] 이런 틈을 타 돈 있는 자들은 남들보다 앞서 나가고 이른바 소위 명문대로 진격한다. 그리고 학벌사회로 급격히 변모되고 있는 이때 그 학벌로 월가를 포함해 좋은 직장으로 입성할 길이 활짝 열린다. 남들보다 내신과 수능에서 시간을 더 갖고 시험을 치른다면 높은 성적을 얻는 것은 자명한 이치. 돈 주고 산 것이 어디 수능시험 초과 시간뿐이랴. 어쨌든 이 와중에 정작 학습장애가 있지만 돈이 없는 서민층 학생들은 이 제도의 수혜를 전혀 받지 못한다. 제국질에 능한 이들은 비장애 학생은 물론 이들 학습장애 학생들의 것까지 탈취해 경쟁에서 앞서 나간다. 그리고 그들의 수는 계속해서 늘어나고 있는 추세다. 물론 관련 제도 적용 기준이 과거에 비해 엄격해지긴 했으나 그러면 그럴수록 그것을 뚫고 나갈 여력은 소위 제국들에게 더 많다. 따라서 역설적이게도 앞으로도 이들의 선정 수치는 계속해서 늘어날 것이 뻔하다.

이상적 제도마저 자신들의 탐욕을 위해 철저하게 이용하는 그 치밀함! 그러니 이들을 제국이라 일컫지 않을 수 없다. 비록 그들이 앞서 다룬 클린턴과 같은 제국적 엘리트의 반열에는 미치지 못한다 할지라도 충분히 제국질에 이력이 난 이들로 보이기 때문이다. 그래서 리처드 리브스 Richard Reeves 같은 이는 미국의 상위 20퍼센트를 '야망 축적자 Dream Hoarders'라고 부르며 그들이 나머지 서민들의 꿈과 기회까지 박탈해 자신들의 탐욕을 채우는 데 매진하고 있음을 신랄하게 비판하고 있는 것이다.[44] 그는 이들 상위 계층의 이런 행태를 '기회 축적질 opportunity hoarding'이라고 부른다. 그것을 나는 '제국질'이라 부른다.

단언컨대 이 시대 걸신들린 탐욕주의자들은 모두 제국이다. 월가란 제국이 불투명성을 십분 활용해 그들의 배를 잔뜩 불린 결과는 미국 사회의 극심한 양극화다. 그리고 그것은 교육에서도 그대로 재현되고 있다. 대입시의 불투명함 속에서 가진 자들이 득세한 결과, 양극화는 심화되고 있다. 부와 지위의 대물림을 통해.

다음 장에서는 학벌주의로 질주하는 미국 사회에서 벌어지는 입시와 관련된 각종 탈법, 편법, 위법의 요지경과 그것들을 우리나라 수시와 관련해 살펴보기로 한다.

3

미국 대학입시와 우리

입시 컨설턴트 혹은 브로커, 싱어가 쏘아 올린 신호탄

이번 장에선 가진 자들의 돈놀이 분탕질로 변질된 미국의 대입시에 대해 더 살펴보기로 하자. 앞 장에서 소개했던 '504 플랜'이 정작 보통의 미국 일반 시민들에게 본격적으로 널리 알려지게 된 것은 입시 컨설턴트이자 브로커인 윌리엄 싱어 William Singer 때문이다. 그는 2019년 3월 미국을 발칵 뒤집어놓았던 역사상 최대의 대학입시 부정 사태의 주범이다.[45] 싱어는 고객 중 하나인 코네티컷주의 한 변호사에게 로스앤젤레스의 정신과 의사 한 명을 콕 찍어주며 딸을 보내 '504 플랜'을 위한 진단을 받으라고 했다. 물론 학습장애 진단을 받는 동안은 딸이 "멍청하게" 보여야 한다는 말과 함께. 그렇게 해서 학습장애 판정을 받은 변호사 딸은 수능 시험을 별도의 공간에서 추가 시간을 갖고 치렀을 뿐만 아니라 싱어가 고용한 시험 감독관이 틀린 답안지를 즉각적으로 수정해주었다.

연방수사국^{FBI}이 공개한 녹취에 따르면, 싱어는 발각을 우려한 의뢰인에게 "모든 부유층이 다 그렇게 진단서를 사고 있다"며, "입시 판 자체가 기울어진 운동장 the playing field is not fair"이니 걱정할 것 없다고 안심시켰다.⁴⁶

싱어, 가진 자들에게 '옆문'을 열어주다

그러나 이건(504 플랜) 약과다. 소위 일류 대학의 체육 코치를 매수해, 축구의 '축' 자도 모르는 여학생을 축구 특기자로 예일대에 들여보내는 데 그 부모가 싱어에게 지불한 돈은 무려 120만 달러(약 14억 4,000만 원)이다. 그깟 예일대가 뭐라고. 코치에게 돌아간 뇌물은 40만 달러(약 4억 8,000만 원). 이를 포함해 FBI가 발표한 수사 결과에 따르면, 싱어가 일류대 체육 코치, 입학사정관을 동원해 유명 연예인과 변호사, 기업 대표 등 부유층을 상대로 벌인 입시 부정에 기소된 사람은 50여 명, 뇌물액은 총 2,500만 달러(약 300억 원)이다. 입시 부정이란 부정은 총망라했다. 예를 들어, 하버드대 출신의 학원 강사가 수능을 대리로 치게 하거나 시험 감독관이 답안지를 바꿔치기하게 함으로써 높은 성적을 얻는 데 7만 5,000달러(9,000만 원)를 받았다. 증빙 자료 서류 위조는 애교다. 그러나 이번에 기소된 것은 싱어가 벌인 입시 부정에서 빙산의 일각일 뿐이다. 왜냐하면 2011년부터 2018년까지 761건의 부정 입학을 저질렀다고 싱어가 시인했기 때문이다. 의뢰자들에게 많게는 650만 달러(약 78억 원)까지 받아 확실하게 일류 대학에 꽂아 넣었다. 실로 제국(가진 자)들의 돈 지랄로 썩은 내가 진동하는 미국 대학입니다.⁴⁷ FBI의 조사 과정에서 싱어가 한 말이 난장판이 된 미국의 입시 운동장의 실태를 적나라하게 드러낸다.

자기 실력으로 대학에 들어가는 것을 굳이 '정문front door'으로 들어가는 것이라 한다면, 일반고보다 더 나은 학교 출신이기에, 그리고 기부금을 통해 들어가는 것은 '뒷구멍back door' 입학이라 할 수 있다. 그러나 뒷구멍도 입학을 확실하게 보장해주지는 못한다. 확실한 입학을 보장받길 원하는 사람들이 혹할 수밖에 없었던 것이 바로 내가 새로 뚫은 '옆문side door'이다."[48]

뒷구멍이건 옆문이건, 그런 편법과 불법을 통해 피를 보는 최대 피해자는 누구인가. 바로 돈 없는 가난한 집 학생들이다. 이런 입시 부정 사기질에 주범과 공범은 "돈 있는 집 부모들"이고, 이들의 농단으로 "열심히 공부만 한 가난한 집 아이들은 가장 큰 피해를 본다. 즉, 자기보다 실력이 형편없는 아이들에게 대학 진학의 기회를 뺏기기 때문"이라고 이 사건의 기소를 맡은 앤드루 렐링Andrew E. Lelling 연방검사가 뼈 때리는 말을 남겼다.[49]

뒷구멍 – 자사고

겉으로 보이는 것과 실체에 괴리가 있는 것을 우리는 흔히 본다. '안전 제일'을 써 붙인 공사장엔 안전이 없다. 보스턴 북쪽으로 약 40킬로미터 떨어진 앤도버Andover란 곳에 필립스 아카데미Philips Academy Andover라는 자사고가 있다. "우리는 학생의 성취, 능력, 인성, 그리고 잠재적 가능성을 보고 학생을 뽑는다. 그래서 들어온 학생들은 우리가 끝까지 보살필 것을 보장한다." 학교 홈페이지에 떡하니 박아놓은 슬로건이다. 나아가 이 학교는 '블라인드'라는 단어가 들어간 "need-blind admission" 입학 정

미국의 유명 자사고, 필립스 아카데미 앤도버 홈페이지 화면의 교정 전경

책을 쓴다고 홈페이지 첫 화면에 대문짝만 하게 공지해놓고 있다. 그것은 '장학금이 필요하다는 ^{need} 사람도 마다하지 않겠다.^{blind}'는, 즉 부모의 재력과는 상관없이 신입생을 뽑겠다는 것을 가리킨다.[50]

과연 그럴까? 이 학교 등록금이 얼마인지 알면 그 답이 나온다. 기숙학생의 경우 연 5만 7,800달러(약 7,000만 원), 아닌 경우가 4만 4,800달러(약 5,400만 원)이다. 재학생 중 47퍼센트가 장학금 조로 보조를 받는다지만 (이것은 따지고 보면 눈 가리고 아웅 격이다. 애초에 받을 등록금보다 더 많이 책정한 등록금 고지서를 내고, 지원 학생들에게 장학금 명목으로 깎아주는 것이니까. 학생들은 그것도 모르고 자기가 우수해서 장학금을 받았다고 착각한다. 학생과 부모의 허영심을 이용한 교묘한 상술인 줄도 모르고 말이다.) 등록금이 비싼 사립대학에 버금가는 이런 명문 자사고는 일반 서민들에겐 그야말로 언감생심이다. 한 학급에 고작 13명, 400여 개의 각종 입시를 위한 스펙용 프로그램을 돌리는 이 학교에 약 1,100명이 재학 중이다. 졸업생 중에는 부시^{Bush} 부자^{父子} 대통령 등과 같은 명사가 수두룩하다. 그런데 등록금 비싼 이 학교에 왜 부자들이 몰리는 것일까? 그것은 바로 거기에 가야 그들 자식들에게 좋은 일이 생기기 때문이다. 싱어가 말한 '뒷구멍'이다. 그리고 그 역사는 매우 길다.

WASP 패권

미국의 고등학교는 대입을 위한 준비 기관, 일종의 입시학원으로 전락하지 않는 품격이 있었다. 말하자면 고등학교가 대학의 전 단계로 간주되지 않는, 그 나름의 독립된 교육기관으로 인식되어왔던 것이다. 학벌사회가 아니었으니 가능했던 것이다. 그러나 소수의 상류층(제국)은 서민이야 그러든 말든, 뭔가 우월한 존재로 자신의 존재감을 드러내고 싶어 했다. 그 구미를 맞추어준 것이 바로 미국 동부의 명문 사립대학들이다. 일명 아이비리그 학교가 그것들이다. 그리고 그 학교들에 신입생을 대거 공급해준 곳이 바로 앞서 언급된 필립스 아카데미와 같은 자사고이다. 이들은 아이비리그처럼 '8개교 연합Eight Schools Association'을 결성해 여전히 아이비리그 절대 공급처feeder schools로 승승장구하고 있다.[51]

그런데 이들 학교는 '대입 준비 기관(프렙 스쿨)college-preparatory'을 표방했다. 즉, 일반 고등학교와는 달리 대학을 보내기 위해 더 나은 수월성秀越性 교육을 한다는 것이다. 아이비리그 중 특히 '빅 3'라 불리는 하버드, 예일, 프린스턴 대학교는 이들 학교에서 대거 학생들을 뽑았다. 1930년대엔 예일대의 신입생 3분의 1이 이 8개교 출신들이었다. 그 결과는? 'WASP 패권ascendancy'이다. 백인White, 영국계Anglo Saxon, 개신교Protestant 출신의 상류층의 패권이다.[52] 말하자면 당시 미국의 제국들을 위해 만들어놓은 것이 아이비리그이고, 거기에 대거 WASP 출신의 상류층을 입학시키기 위한 합법을 가장한 대입 시스템이 바로 자사고이다. 수월성 교육이란 미명하에, 그러나 속내는 가진 자들이 패권을 영속시키기 위해 만들고 이용한 것이 바로 자사고인 것이다.

시간이 지나 이제는 이미지 세탁을 위해 백인 이외의 사람들도 간간이 받아들이곤 있으나 여전히 이런 유명 자사고는 제국질을 위한 중요한 수단으로 작용하고 있음은 물론이다. 이제 WASP보다는 가진 자들로 방점이 옮겨 갔을 뿐이다. 더군다나 미국이 유례없는 학벌사회로 향하고 있는 이때, 이들 유명 자사고에 대한 영향력과 수요는 날로 급증하고 있다. 그래서 이것을 흉내 낸 프렙 스쿨들이 우후죽순처럼 전국적으로 성업 중이다.

심지어 일류 대학을 가기 위해서는 입시 컨설턴트 자문은 필수, 게다가 자사고를 가야 한다는 팁을 공공연히 언급하는 정도가 되었으니 학벌사회로의 변모가 얼마나 진척되었는지 충분히 가늠할 수 있다.[53] 《마켓워치》에 따르면 현재 아이비리그의 최대 공급처 100개교 중 94개교가 이런 자사고들이다.[54] 그런데 이것의 요체를 바로 인식해야 한다. 그것은 싱어가 말한 '뒷구멍'이다. 이런 뒷구멍은 오직 가진 자들의 전용 문이다. 또 다른 전용 문인 기부 입학은 여기서 더 이상 자세히 언급하지 않겠다. 다만 트럼프의 사위 재러드 쿠슈너^{Jared Kushner}가 하버드대에 250만 달러(약 30억 원)의 기부금을 내고 들어갔다는 것만 살짝 흘리고 넘어가겠다.[55] 결론적으로 이러한 뒷구멍 입학이 가능한 것은 미국 입시제도 자체의 불투명성 때문이라는 점을 강조하고 싶다.

자식 사랑이라는 이름의 불(편)법, 그리고 부와 지위의 대물림
- 구멍투성이 입시의 불투명성

다시 말하지만, 싱어가 말한 옆문과 뒷구멍은 과연 누가 누릴 수 있는가? 가진 자들이다. 일반 서민들의 삶과는 괴리된 부를 갖고 있는 자들이다. 미국의 대학입시는 애초부터 이들을 위해 만들어져 기울어진 상태에서 시작됐고, 그 기울기는 시간이 가면 갈수록 더욱더 가팔라지고 있다. 가끔 구색을 맞추기 위해 저 밑바닥에서 몇 명을 끼워줄 뿐. 극소수의 가진 자들만이 저런 뒷구멍을 통해 슬쩍 입학했던 것이지만, 이제는 웬만큼 살 만한 자들이라면 너도나도 이런 제국질(뒷구멍과 심지어는 옆문까지 이용한)에 가담하려 드는 것이 현재의 미국이다(이에 대해서는 이미 내가 2009년에 각종 입시 부정이 난무한 것에 대해 상세히 보고한 적이 있다).[56]

그리고 이 모든 게 표준 시험 하나로 측정하지 않는 불투명한 입시 때문이다. 입학사정관에 의한 정성 평가定性評價의 구멍, 그 틈새를 갖고 벌어지는 만화경이다. 그 최대 수혜자는 가진 자들이며, 수혜에서 비켜난 이들은 '빽(?)'도 없고 돈도 없는 자들이다. 그러면 이것이 한 세대로 끝나는가? 결코 아니다. 그 구멍 난 입시는 세대를 이어서 봉사한다. 그 결과, 교육을 통한 계층의 이동, 즉 사회이동은 불가능한 사회가 된다. 세습사회의 출현이다(이에 대해서는 18장에서 논의할 기회가 있을 것이다).

SKY캐슬, 드라마는 감상하면서 분노하지 않는

이렇듯 미국의 입시는 애초부터 구멍을 용인하는 데서 시작했다. 그러나 우리나라는 아니다. 입시에 있어 단 1건의 부정 사례도 나오면 안 되는 형편과 구조다. 그런 면에서 공정했다. 그러나 우리나라도 어느 시점부터 구멍이 숭숭 뚫리기 시작했고, 이제는 정시를 빼고서는 왜 자신이 대학에 붙고 떨어졌는지를 모르는 상황이 되어버렸다. 국적 불명의 입시 컨설턴트와 입학사정관이 새 직종으로 떠오르고, 논술이네 자소서네 경시네 봉사네 독서 이력이네 추천서네(대부분이 거짓투성이), 아이들이 학과 공부도 따라가기 힘든데 저런 것들로 동분서주하게 만들었다(그러니 거짓투성이다). 그리고 그것들을 위해 스펙을 쌓아야 하는 스펙공화국이 되어

버렸다.[57]

그러나 착각하지 마시라. 아무나 그런 구멍을 이용할 수는 없는 것. 감히 어느 안전이라고 없는 것들이 고개를 내밀 수 있는가? 구멍을 이용해 소위 일류대에 자식을 집어넣을 수 있는 자들은 고액의 컨설턴트를 고용하고 범접할 수 없는 스펙(고도의 마사지를 통해 만들어진 거짓)을 만들어줄 수 있는 부와 지위를 가진 자들일 가능성이 높다. 자기들끼리 서로 상부상조, 품앗이하는 방법도 있다. '돈도 근본도 없는 것들은 그저 일반고나 다녀라. 우리는 우리의 길을 갈 테니 너희는 너희 길을 가라. 세상이 원래 그런 것!' 소위 행세하는 자들과 부자들의 속내다. 그러나 곰곰이 생각해보라. 과장해 말하면 온 나라가 대학 입학 경쟁에 혈안이 된 우리나라에서 프렙 스쿨(대입 준비 기관)이 아닌 곳이 특성화고 빼고 어디 있었는가? 그런데 어디서 난데없이 수월성 교육이란 미명하에 특목고와 자사고가 튀어나왔는가? 학력고사 하나면 깔끔하게 해결되던 대입이 어쩌다 수시 등으로 불투명하게 변질되었는가? 이런 의문이 들면 당연히 분노가 일어나야 할 터.

교육부 관리와 얼치기 교육학자들의 짬짜미 – 현실을 이기는 이상은 없다

온갖 거짓투성이로 범벅된 수시를 도입하고 기존의 프렙 스쿨에 옥상옥격인 또 다른 프렙 스쿨 자사고와 특목고를 올린 것은 교육부 관리와 교육학자들이다. 그들이 획일화된 표준 점수로만 선발하는 것이 옳지 않다는 이상론에 빠져 눈을 돌린 곳이 미국의 시스템이다. 그러나 그 이상이 과연 이상적인가? 제국들의 현실적 이기심과 탐욕을 이상이 이길 방법은 없다.

우리도 마찬가지. 이상으로 미국의 시스템을 도입한 결과, 승리는 결국 가진 자와 명망가들의 몫. 그들은 강력한 그들만의 연줄과 부를 갖고 미국의 제국들과 똑같은 일을 벌이고 있다. 요약하면 입시의 불투명성 가운데 승자는 사교육 시장, 특목고와 자사고, 그것을 십분 활용할 수 있는 가진 자들이다(대부분의 교육부 관리와 교육학자들은 여기에 속한다). 소위 일류대가 자사고와 특목고에서 대거 선발을 하고 있기 때문이다. 패자는 이미 정해져 있었다. 그런 가운데서도 일류 대학에 발을 들여놓기 위해 갖은 애를 쓰는 애처로움이란……. 어떨 땐 척박한 일반고에서조차 일류대에 한두 명 보내기 위해 반교육적 불법이 스스럼없이 자행되는 이 처절함.[58] 교육 현장에 더 이상 교육이 없는 가증스러움!

아이들은 모르모트가 아니다! – 공정과 정의를 위해서라면 차라리 차악을 택해야

이런 입시 시스템이 존재하는 이상 그것을 충분히 이용할 처지에 있는 자가 그것을 활용하지 않는다면 바보로 취급받는 이 부조리함을 언제까지 방치할 것인가? 그러나 우리가 반드시 기억할 것은 우리의 아이들은 그 알량한 지식을 갖고 자신들에게 유리한 방향으로 판을 짜버리려는(결으론 이상에 맞추었다 하지만, 세상에 대한 탐욕에 절어 자행한) 교육부 관리와 교육학자들의 모르모트가 아니라는 점이다. 그들은 고귀한 인격체들이다.

그래서 감히 제안한다. 기존의 판을 완전히 뒤집고 갈아엎는 교육개혁을 해보자. 아예 무시험으로 학생들을 선발하자. 이를 위해 우선적으로 서열화된 대학 구조를 획기적으로 바꾸자. 이것만 된다면 내가 생각하는 이상은 당장이라도 실현 가능하다. 그러려면 기존의 특혜를 누리던 소위 명문 대학이 기득권을 내려놓아야 한다. 방법은 딱 하나, 법인화된 서울대학교를 다시 국립으로 전환시키고(굳이 그런 절차 안 밟아도 된다. 형식만 법인이지 정부 지원은 그대로이니) 지방의 국립대학과 통합해 운영하고 동일 졸업장을 주면 된다. 이를테면 전부 서울대 졸업장을 주면 된다. 그렇다면 유명 사립대가 서울대 자리로 간다고? 천만의 말씀, 그것들도 무늬만 사립대학이지 엄청난 정부 지원금을 받는다. 그것을 끊어버린다면 사립대도 통합 대열에 합류할 수밖에 없다.

새로운 변혁의 시대가 오는 이 마당에 고리타분한 시대착오적 대학 입시 제도를 그대로 답습하다니 말이 안 된다. 소위 4차 혁명의 시대가 다가오고 무엇보다 갈수록 학령 인구가 줄고 있다. 현재 있는 대학 정원에도 모자라는 학령 인구의 감소가 코앞이다. 이런 판국에 우리나라는 외려 교육 때문에 온 나라가 골병이 들고 있다. 사교육에 부모의 등골이 뽑히고, 아이들은 골병이 들고 있다.

이런 시스템에서 무슨 창의력 향상인가? 현실에서도 모자라 꿈속에 조차 문제 풀다가 세월 다 보내는 상황인데……. 교육에서 시작된 모든 문제는 거기서 끝나지 않고 부동산, 결혼과 출산에 이르기까지 악성 종양을 계속해서 퍼뜨린다. 이제는 그 신물 나는 지긋지긋한 악순환의 고리를 과감히 끊어야 할 때라고 생각한다.[59] 아이들을 시대착오적 구태의 입시로부터 해방시키자. 마음대로 책 읽게 하고, 마음대로 운동하게 하고, 마음대로 그리고 노래하고 만들게 하자. 그래야 걸물들이 나온다. 그래야 우리나라의 미래가 있다. 이러기 위해서는 일단 기성세대들의 뇌 세척이 시급하다. 자신들이 잘 먹고 잘살기 위해 걸어왔던 길(소위 좋은 대학 가는 것이 최고)이 더 이상 유효하지 않는다는 것을 모르는 이 기성세대 (586세대) '갑갑'이들의 문화 지체 현상cultural lag(세상은 변하는데 정신이 변하지 않고 지체한 현상)이 온 나라, 그리고 우리 자식들의 미래를 어둡게 하고 있다.

만일 이것이 당장에 실현 불가능한 이상이라고 생각한다면(나는 결코 그게 이상적이라고 생각하지 않는다. 그런 합의를 당장이라도 이끌어내야 한다고 생각한다.) 일단은 수능과 수시를 완전히 없애고 학력고사 체제로 돌아가자. 횟수가 문제라면 학력고사를 여러 번 치르게 하자.[60] 물론 이것은 당장에 패러 다임이 바뀐 교육개혁에 대한 합의 도출이 불가능하다는 전제하에 제시 하는 임시적 제안일 뿐이다. 공정과 정의를 위해 차라리 차악을 채택하 는 것이 낫다. 모든 특목고, 자사고는 폐지해야 한다. 옥상옥은 허락하지 말자.

어차피 나이 들면 때가 묻고 더러워지기 십상이다. 그러나 인생에 서 한창일 나이 10~20대에 물불 안 가리며 이상을 추구할 기회를 청소 년들에게 주어야 한다. 그리고 그 추구엔 정의라는 개념도 포함시켜줘 야 한다. 어차피 공정과 정의는 이 타락한 속세에서는 완전히 실현하기 가 불가능하다. 그러나 그런 개념조차 품지 못한다는 것은 얼마나 서글 픈 일인가. 그런데 우리는 지금 우리의 자녀들에게 그것을 빼앗고 있는 것은 아닌가? 작금에 벌어지는 입시와 관련된 만화경을 보며 교육을 이 지경으로 만든 기성세대는 반성하고 반성해야 한다. 공정과 정의에 도달 못 한다 해서 결코 포기할 수는 없다. 더더군다나 공정과 정의를 밥 먹듯 주창했던 이들이라면 더더욱 그러하다.

그 이후의 이야기

교육부는 수시 입시에 대한 비난 여론이 들끓자 돌연 정시를 확대하기 로 발표했다.[61] 여태껏 정시를 축소하라고 갖은 채찍과 당근을 사용해 밀어붙이던 교육부가 갑자기 태도를 바꾸자 대학들은 처음엔 난색을 표명했다. 그러자 이번에도 역시 채찍과 당근이 동원되었다. 바로 '돈'이다. 지난 5월 말 교육부는 이른바 '고교 교육 기여 대학'이라며 선정된 SKY 등 학교에 700억 원을 주고 정시 비율을 30퍼센트 이상 늘리게 했다. 돈으로 쥐락펴락하는 교육부의 농간에 대학들은 아무런 교육 철학도 없이 마냥 휘둘리고 있고, 갈팡질팡 교육부는 아무런 사죄도 없다. 그래서 교육부는 폐지가 답이다. 우리나라 교육을 엉망진창으로 만드는 곳은 다름 아닌 교육부다. 여전히 교육부와 대학들에게 있어 우리의 미래 학생들은 모르모트일 뿐이고 장삿속 대상일 뿐이다. 이렇게 우리나라 교육은 망했고, 아이들의 미래도 암울하다. 남은 것은 사교육 시장의 득세와 돈 지랄, 사학들의 은행 잔고 증가, 갖은 교육정책을 설계하는 교육학자들의 명예와 연구비, 그들을 지휘해 재세하는 교육부 관료, 그리고 허명의 대학 간판뿐이다. 실력 없는 자들이 내세울 것은 돈과 간판뿐이니까.

4

미국의 도시들이 사라지고 있다

도시가 사라지고 있다

미국의 도시들이 사라지고 있다. 이렇게 말하면 대번에 헛소리하지 말라는 이야기가 터져 나올 것이다. 지금도 물론 전 세계에서 비행기가 미국의 도시를 향해 뜨고 있고 건물들이 멀쩡히 건재하며 수많은 사람들이 오가고 있는데 무슨 소리냐며. 그러나 마천루 빌딩과 사람만 있다고 그게 정말 도시일까? 여기선 적어도 사람이 살 수 있는 전통적 의미의 도시를 말한다.

기능성과 효율성에 기반한 쾌적한 주거 환경, 양질의 그리고 다수의 일자리, 문화적 풍요 등이 시골로부터 많은 사람들을 쭉쭉 끌어들이는 도시의 매력이다. 그것이 바로 전통적인 의미에서 도시의 현대성이다. 물론 내가 여기서 거론한 것은 이른바 현대 도시의 좋은 측면들만 과도하게 부각시켰다는 것은 부인할 수 없다. 현대 도시가 눈살을 찌푸리게 하는 측면들도 분명 갖고 있기에 그렇다. 이를테면 끈끈한 정에 기초한 인간미의 상실(흔히 비정함으로 묘사된다.)과 옆집에 누가 사는지조차 모르는 과도한 익명성이 그것들이다. 그런데 흥미로운 점은 위에서 언급한 전통적 도시의 좋은 측면은 물론 나쁜 측면조차도 모두 사람들을 현대 도시로 꼬여들게 했다는 사실이다. 현대 과학 문명 기술과 문화를 동경하는 사람들, 그리고 이웃의 눈과 과도한 간섭에서 벗어나고 싶어 하는 사람들에겐 현대 도시가 갖는 익명성과 비정함이 나쁜 것이라기보다는 오히려 혜택으로 받아들일 공산이 크기 때문이다.

그러나 지금 미국에서 그런 전통(전형)적 의미의 현대적 도시가 사라지고 있다. 현대 도시가 지닌 장점과 단점으로 무장해 사람들을 유인하기는커녕 점점 더 사람들을 도시 밖으로 밀어내고 있는 것이 현실이다. 심지어 이제 미국의 몇몇 대도시는 거주자들은 물론 관광객마저도 고개를 절레절레 흔들게 만들어 더 이상 방문하고픈 생각이 들지 않을 정도로 덧정을 떼고 있다. 도대체 무슨 말일까? 이를 살피기 위해선 다음을 살펴봐야 한다. 도시가 사라진다는 것은 한마디로 도시다운 도시가 사라진다는 것을 말한다. 그리고 그것은 그동안 우리가 봐왔던 기존의 도시에서 사라지는 것들과 함께 새로 생기는 것들이 있다는 것을 의미한다. 이 두 가지를 함께 고려하면 내가 왜 도시가 사라진다는 이야기를 하는지를 납득할 수 있을 것이다.

웨이터가 사라지고 있다

맥도날드 같은 패스트푸드점을 빼고 고급 식당에서 깔끔한 유니폼을 입은 웨이터들이 분주히 돌아다니는 모습이 전통적인 미국 도시에서 볼 수 있는 모습이다. 그러나 이제 고급 식당에서 그런 종업원들을 더 이상 찾아보기 힘들게 변모하고 있다. 대표적 예가 샌프란시스코의 고급 식당들이다. 종업원이 없는 대신 모든 일을 손님들이 손수 해야 한다. 컵과 물을 포함해 심지어 와인까지도 카운터에 가서 직접 가져와야 한다. 우리식으로 말하면 고급 식당에서 '셀프'로 해야 하는 것이다. 고급 식당이라면 으레 식탁 옆에서 주문도 받고 손님 옆에 대기하면서 와인을 따라주는 등의 잔심부름을 도맡아 하는 종업원이 있어야 하나 그들이 싹 사라져버렸다. 어쩌다 이런 일이?

《뉴욕 타임스》는 그 이유로 임대료와 인건비의 상승을 들었다.[62] 그러나 그보다 더 큰 이유는 주거비가 터무니없이 올라 종업원들이 하릴없이 도시를 떠나고 있기 때문이다. 이에 대해서는 뒤에 가서 좀 더 자세히 살펴보겠다.

똥 더미로 뒤덮이고 있는 샌프란시스코

그렇다면 어느 정도나 엉망이 되었으면 도시가 사라지고 있다는 말까지 하겠는가? 그 이야기를 본격적으로 하기 전에 잠깐 다른 이야기부터 꺼내는 것으로 시작하는 것이 좋을 듯하다. 내가 미국에 유학하던 시절 언젠가 하와이에서 한 교민으로부터 이런 말을 들었던 기억이 난다. 그는 한국에 가면 왜 그렇게 똥 냄새가 나는지 그것 때문에 질색이라는 말이었다. 사람들은 자신이 거쳐 간 장소를 흔히 냄새로 기억하는 버릇이 있다. 떠나온 고향조차 냄새로 진하게 기억한다. 새로이 접하는 장소도 마찬가지다. 나도 미국 땅에 첫발을 내딛고 맡은 공항 화장실의 소독내로 미국을 기억하고 있다. 그래서 냄새로 고국을 기억하는 그녀를 마냥 탓하기는 어렵다. 똥 냄새가 난다는데 어찌하랴.

거의 30여 년이 다 돼가는 이 시점에도 그 말이 기억나는 것을 보면 내겐 당시에 그 말이 무척이나 인상적이었던 것이 분명해 보인다. 그 '똥 냄새'라는 말이 하수도가 지나는 골목의 정화조에서 나는 실제 악취를 가리킨 것인지, 혹은 부유한 나라 미국에 살고 있던 교포가 당시에 못사는 나라 모국에 대한 칙칙한 인상에서 유래한 비유였는지는 그때나 지금이나 확실하지 않다. 늘 똥 냄새만 맡고 살다 막 미국에 건너온 어리바리 신참내기여서 그랬는지 모르지만 당시의 나로서는 미국에 오래 산 이들이라면 그런 말을 할 수도 있겠거니 하고 그리 크게 괘념치 않고 넘어갔던 걸로 기억한다.

그러나 이제는 상황이 크게 역전되었다. 아무런 정보 없이, 그것도 미국 서부 여행에 대한 기대를 잔뜩 안고 샌프란시스코를 방문한 이들이라면 똥 냄새가 다가 아니라 아예 이곳저곳에 쉽사리 발견되는 똥 때문에 아연실색하고 말 것이다. 그런데 놀라지 마시라. 그 똥은 개똥이 아니고 인분이다. 샌프란시스코가 어떤 곳인가? 금문교와 짙푸른 태평양, 골든게이트 공원, 버클리대와 스탠포드대 등이 소재한 이른바 미국에서도 손에 꼽히는 명품 도시가 아닌가. 도시 남쪽 외곽엔 인텔, 야후, 애플 등의 회사들이 밀집한 그 유명한 실리콘밸리를 품은 최첨단 기술 도시이다. 그런 샌프란시스코가 지금 똥 덩어리로 골머리를 앓고 있다. 그것도 사람 똥으로 말이다.

'똥 지도'와 '똥 순찰대'

사정이 이렇다 보니, 샌프란시스코에 새로 생겨난 기상천외한 것들이 있

웹사이트 OpenTheBooks.com에서 보여주는 샌프란시스코 도심 '똥 지도(poop map)'
똥 발견 신고가 들어온 곳에 둥근 침 모양으로 좌표를 찍어 지도를 만들었다.
그림으로만 보면 마치 샌프란시스코시 전체가 인분으로 뒤덮인 듯 보이는데 그것은 아니다.

다. 바로 '똥 지도poop map'와 '똥 순찰대poop patrol'이다. '똥 지도'는 시 당
국이 도시 내에서 똥이 발견된 자리를 표시해 만든 지도다(웹사이트 이름은
OpenTheBooks.com). '똥 순찰대'는 그 똥들을 수거하러 도시를 돌아다니
는 신종 직종의 종사자들이다. 마약 사범 같은 범죄자들을 추적하는 순
찰대는 들어봤어도 세상에 '똥 순찰대'라니. 절대 농담이 아니다.[63] 그들
의 공식 명칭이다. 그런데 내가 이 똥 관련 소식을 처음 접한 이래로 상
황은 개선되기는커녕 점점 더 악화되고 있다. 그 대표적 예가 똥 발견 건
수의 지속적인 증가다. 위의 지도와 다음 막대그래프가 그것을 여실히
보여준다.

  '똥 지도'는 지금 거의 샌프란시스코 전역을 똥색으로 뒤덮고 있는
데 5~6년 전만 하더라도 저 정도는 아니었다. 아무리 그래도 지도의 바
탕색이 보이는 정도였으니까(사실 그것조차도 충격적이기는 매한가지이지만). 그
러나 지금은? 독자들이 보는 바와 같다. 빈틈이 없다. 막대그래프는 과거
2011년부터 2018년까지의 똥 발견 건수를 연도별로 정리해놓은 것이

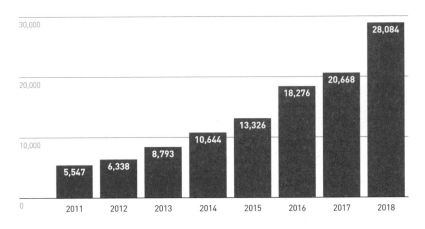

샌프란시스코 인분 발견 건수 증가 추이(2011~2018년)

출처 : 샌프란시스코시 / OpentheBooks.com

다. 샌프란시스코시 공공사업부 Dept. of Public Works가 집계한 공식 통계치이기 때문에 터무니없다고 볼 수 없는, 매우 믿을 만한 것이다. 실제는 저 수치보다 많으면 많았지 적지는 않을 것이 분명하다. 모든 똥을 '똥 순찰대'가 치우는 것은 아니니까.

막대그래프를 보면, 2011년엔 5,500여 건에 달했던 똥 발견 건수가 2018년에는 5배가 넘는 2만 8,000여 건으로 급증하고 있다. 지속적인 증가세는 특히 2016년과 2018년에 각기 가파르게 증가한 것으로 나타난다. 2020년의 통계는 아직 잡히지 않고 있지만 내가 볼 때는 그 증가세가 더하면 더했지 결코 줄지 않았으리라고 본다. 그렇게 보는 이유는 나중에 밝히겠다.

어쨌든 샌프란시스코의 새 시장 런던 브리드 London Breed는 "자신이 어렸을 적 길거리에서 보았던 똥에 비교할 수 없이 많은 똥을 지금 샌프란시스코 길거리에서 보고 있다."라고 〈NBC뉴스〉 인터뷰에서 한탄했다.[64] 또한 그녀가 "살아오면서 목격한 가장 최악 중에 하나가 바로 이 시대에 부유하기로 이름난 도시, 샌프란시스코 도심에 쌓여만 가는 사람 똥 더미"라고 고백했다.[65] 〈폭스뉴스〉 보도에 따르면 샌프란시스코시 공공사업부가 사람 똥을 치우기 위해 2019년 책정한 예산은 약 75만 달러(약 9억 원)이다. 그리고 '똥 순찰대'의 활동은 2019년 4월에나 시작됐으니 2011년부터 이 아름다운 도시는 "샌프란시스코에 가면 머리에 꽃을"이란 팝송 가사의 향기로운 꽃 냄새 대신 똥 냄새가 진동했을 것이 분명하다. 이것을 보면 사람이 살 곳이 전혀 못 된다. 똥 더미와 똥 냄새에 특별한 기호를 갖고 있지 않은 이상 지금 미국에서 도시다운 도시가 사라지고 있다는 것은 누구나 받아들여야만 하는 엄연한 현실이 되고 말았다. 어쩌다 미국이!

제3세계로 전락한 로스앤젤레스

그런데 이건 약과다. 영화 〈조커〉에서는 고담 시티의 암울한 사회경제적 상황이 묘사되어 있다. 쓰레기 더미 속 쥐가 들끓고 노숙자들이 즐비한 도시의 모습이……. 이런 영화의 비현실적 이야기가 현실이라면 믿겠는가? 그것도 세계 최강국 미국에서 벌어지는 일이라면?

캘리포니아의 다른 도시 로스앤젤레스로 가보자. 《로스앤젤레스 타임스》의 칼럼니스트 스티브 로페즈Steve Lopez는 지금 로스앤젤레스의 비현실적인 실제 상황을 다음과 같이 묘사하고 있다.

신체적·정신적 질병으로 피폐해져 가고 있는 수천 명의 노숙자들이 길거리로 쏟아져 나오고 있다. 길거리의 인도는 제3세계에서나 볼 수 있는 노숙자들의 텐트와 임시방편으로 만든 판자때기 거처들로 뒤덮여 사라지고 있고, 장티푸스와 발진티푸스의 발병이 뉴스가 되며 쥐새끼 군단은 노숙자들과 이들이 버린 쓰레기 더미 속을 종횡무진 들락거리며 병을 옮기고 있다. 지금이 도대체 몇 세기인가? 가장 부유한 국가의 ─ 그것도 세계에서 나 홀로 경제가 가장 탄탄하다고 소문난 미국의 ─ 가장 큰 대도시 로스앤젤레스에서 이런 일이 벌어지다니 과연 지금이 21세기가 맞는가? 아니면 누군가 달력을 되돌려 수백 년 전으로 거슬러 가 있는 것일까?[66]

미국 대도시의 제3세계로의 전락에 대해선 한두 개의 언론이 보도하는 게 아니다.[67] 로스앤젤레스의 가장 극빈 지역인 '스키드 로 skid row'에서 구호 활동을 하는 앤디 베일스 목사 Andy Bales 같은 이는 구호 활동 중 살을 파먹는 박테리아에 감염돼 한쪽 다리를 잘랐다. 그 정도로 도시 환경이 최악이다.

2019년 9월 현재, 로스앤젤레스시의 노숙자는 4만 4,000명에 이르고 이들이 길거리에서 먹고, 생활하고, 버리고, 싸질러대는 쓰레기와 용변으로 도시 전체가 쥐 떼로 들끓고, 흑사병 같은 중세의 역병이 돌고 있다. 쓰레기는 온 천지에 산더미처럼 쌓이고 있다. 심지어 전문가들은 콜레라와 나병의 귀환도 내다보며 공포에 떨고 있다고 《포브스》와 《뉴욕포스트》가 보도하고 있을 정도니 미국 대도시의 제3세계로의 전락은 영화에서나 볼 법한 비현실적 이야기가 아닌 이미 엄연한 현실이다.[68]

내가 현지의 지인을 통해 취재해본 결과, 2019년 11월 현재 쓰레기 상황은 노숙자들을 고용해 치우고 있어 조금씩 나아지고 있는 것으로 보인다. 로스앤젤레스 경찰서에 쥐 떼들이 출몰해 경찰관이 장티푸스가 걸렸다는 소문이 돌면서 한동안 손 놓고 방치하고 있던 쓰레기 처치가 시작되었다니 시쳇말로 얼마나 '웃픈(웃기면서 슬픈)' 이야기인가. 반면 로스앤젤레스 시내의 노숙자는 여전히 계속해서 늘고 있는 상태다.

그렇다면 도대체 무엇 때문에 미국의 도시가 이 지경에 이른 것일까? 답은 제국질이다. 제국의 배 불리는 방식이 미국에서 살 만한 도시다운 도시를 사라지게 한 원흉이다. 다음 장에선 그 이야기를 해볼 차례이다.

그 이후의 이야기

이 글이 매체에 실린 것은 2019년 11월이다. 그 이후, 샌프란시스코 길거리의 똥 사정을 좀 나아졌을까? 그 이야기보다 먼저, 위에서 실린 '똥 지도'를 최신판으로 갈기 위해 웹을 방문하니 이상하게도 검색이 되지 않았다. 아마도 샌프란시스코 시민들이 언론에서 이 지도 이야기가 많이 노출되니 해당 사이트에 항의를 해서 정보 제공이 중단된 것으로 추측된다. 그래서 작년에 갈무리해둔 자료를 그냥 사용할 수밖에 없었다.

어쨌든, 샌프란시스코의 길거리 인분 문제에 대해 가장 최근의 언론을 찾아보니 몇 개가 눈에 띄었다. 코로나 이후에 자가 격리로 문을 닫았던 상점과 식당들이 문을 연 것과 관련된 기사를 보니, 샌프란시스코 길거리의 인분 문제는 더했으면 더했지 나아지지는 않은 것 같다. 시내의 한 식당 주인의 말로는 가게 밖 노천에 테이블과 의자, 이동식 화장실 등을 내다 놓고 가게를 열려고 해도 보행자 도로와 칸막이를 설치하는 비용이 매일 1,200달러 이상 드는데, 그 추가 비용도 문세이지만 과연 "길거리의 널브러진 인분과 쌓여 있는 주삿바늘(이에 대해서는 다음 장에서 언급하겠다.) 옆에서 돈을 쓰고 싶어 할 사람이 있겠느냐?"라며 아무리 자신의 가게를 깨끗이 청소해도 속이 메스꺼워지는 도시 전체 상황에 전면적인 개장을 꺼려했다.[69] 그렇게 샌프란시스코의 인분 문제는 해결되기는커녕 더욱 악화되는 모양새다.[70]

5

미국의 집값 폭등과 노숙자 대란

샌프란시스코 도심에 인분이 널린 이유 - 내재적 접근

자, 그럼 한번 곰곰이 생각해보자. 왜 샌프란시스코 도심의 길거리에 사
람 똥이 널렸을까? 그야 사람들이 길거리에서 똥을 싸놓았으니 그렇다.
그럼 왜 사람들이 길거리에서 똥을 쌀까? 답은 간단하다. 용변을 볼 데
가 없어서가 답이다. 공공 화장실이 감당하지 못할 정도로 노숙자들이
길거리로 쏟아져 나오고 있기 때문이다. 공공 화장실은 턱없이 부족하
고, 마천루 빌딩의 화장실은 노숙자들을 반기지 않을뿐더러 출입을 허용
하지 않는다. 백 번 아량을 베풀어 노숙자들이 이용하게 한다고 해도 문
을 닫는 밤이면 화장실 이용이 불가능하다. 그러나 용변은 밤낮을 가리
지 않는다. 그렇다면 우리나라에서 어떤 명사가 애용하는 내재적 접근을
한번 해보자. 노숙자 입장에서.

누구에게나 용변을 보는 행위는 다른 사람들에게는 절대로 보이고

싶지 않은 그런 일이다. 그래서 사람들은 용변을 볼 때 아주 제한된 공간에서 은밀하게 그 일을 치른다. 아무도 보길 원하지 않을 뿐만 아니라 보고 싶어 하지도 않는다. 변태들 빼고는. 그런데 그렇게 수치스러운 일을 길거리에서 버젓이 하고 있다고? 그것도 지상 최고의 문명을 자랑하는 나라 미국, 더군다나 최고 부자 도시 샌프란시스코에서, 사람들이? 여러 사람이 볼 수 있는 그런 대로변에서? 사정이 어느 정도면 그리하겠는가?

안전 마약 투약소 법제화 서두르는 샌프란시스코

제정신을 가진 이들이라면 아무리 급하더라도 수치심을 잃어버릴 정도로 남의 눈을 의식하지 않고 용변을 보는 데는 매번 용기가 필요할 것이다. 그럴진대 길거리에서 정말로 스스럼없이 배변 행위를 할 정도라면 제정신이 아닐 공산이 매우 크다. 그것도 인생의 막장까지 갔다는 자괴감마저도 상실할 정도로. 샌프란시스코와 로스앤젤레스 도심은 이런 노숙자들로 북적인다. 물론 여기엔 실질적으로 공짜로 제공되다시피 하는 마약이 한몫을 한다. 자신이 처한 현실을 부정하고픈 사람들에게, 그래서 전혀 제정신이고 싶지 않을 이들에게 마약만 한 것이 어디 있을까. 똥자루들 곁에 널브러진 마약 주사들을 보면 그것을 대번에 알 수 있다.[71]

오죽했으면 샌프란시스코시는 연방법이 엄격히 금하고 있는 '안전 마약 투약소 safe injection site'까지 만들어낼 궁리까지 했겠는가. 거기다 '안전'이란 수식까지 붙여서.[72] 얼마나 우스꽝스러운 일인가. 세상에 마약만큼 위험한 게 어디 있나. 그러니 아무리 마약에 찌든 마약쟁이라도 자식에게 마약을 권하지는 않을 터. 그런데 그 마약을 공짜로 그것도 깨끗한 주사까지 제공해주고 간호사 앞에서 투약하게 한다고 해서 그게 과연 '안전'한 것일까?

'산송장들의 땅'

그런데 노숙자들의 똥으로 골머리를 앓고 있는 시 당국이 그 문제는 둘째 치고, 돌려쓰는 마약 주사기로 인한 에이즈나 간염의 확산을 방지하기 위해서 일단 이런 조치를 취하려 하고 있다니 말문이 막힌다. 이를 통해 우리는 미국의 대도시가 얼마나 사람 살 곳이 못 되는 곳으로 변하고 있는지를 간파할 수 있다. 또한 우리는 미국 샌프란시스코시의 노숙자 문제가 얼마나 심각한지를 가늠할 수 있다. 수시로 도심 곳곳에서 발견되는 사람 똥과 똥 냄새, 그리고 그 옆에 함께 널브러진 주삿바늘 등, 코를 막고 고개를 젖힐 수밖에 없게 하는 이런 장면들을 매일 목격하며 사는 주민들에겐 그것은 지옥의 장면과도 같다. 오죽했으면 샌프란시스코 도심의 한 주민은 취재 나온《뉴욕 타임스》기자에게 "여기는 산송장들의 땅"이라고까지 말하고 있을까. 산송장들의 땅. 서양식으로 말하면 좀비들의 땅. 그곳에 가면 머리에 꽃보다는, 샌프란시스코시 보건 당국자 레이첼 고든Rachel Gordon이 충고하는 것처럼 길을 걸을 때 똥 냄새 때문에 "숨 쉬는 것을 참아야만 하는 곳"이 되었다.[73] 그러니 도시가 사라진다는 말이 나올 수밖에.

노숙자 증가 원인 – 집값 폭등

결국 노숙자가 문제다. 그럼 그 많은 노숙자들은 대체 어떻게 양산된 것인가? 그 답을 하기 전에 이쯤에서 독자들에게 묻고 싶다. 집값이 오르면 마냥 좋기만 한 것일까? 통상 집을 가진 이들이라면 그렇다고 할 것이다. 그러나 결코 아니다. 집값이 오르면 물가도 덩달아 오르고 물가가 오르면 인건비도 당연히 오른다. 그게 그런 식으로 순환하는데 그냥 순환하는 게 아니고 악순환한다. 결국 이렇게 되면 맨 먼저 저임금 노동자들과 서민들만 피를 보게 된다. 물론 집 가진 자들도 나중에 피해를 보게 된다. 집값 오르면 뭐 하나. 사람 살 곳이 못 되고 있는데…… 저임금 노동자들과 서민들의 경우, 그깟 최저임금 조금 오르면 뭐 할까. 물가 앙등으로 생활비는 더 들고 집값이 천정부지로 오르니 집을 사기는커녕 월세 살기도 빠듯해진다. 월세는 집값 상승 대비 연동되어 함께 오르게 되니 쥐꼬리만 한 월급으로 월세 내고 나면 살길이 막막해진다. 그야말로 생활이 아닌 생존의 문제에 봉착하게 된다. 먹는 건 손가락 빨고 사는가? 그럴 순 없으니 두 가지 중 하나를 고를 수밖에. 월세가 도심에 비해 저렴한 도시 밖으로 나가든지 아니면 도시 안에서 노숙자가 되든지. 도시 밖으로 나가면 그나마 허드레 일자리 구하기도 하늘의 별 따기. 그 경우 출퇴근은 어찌하나? 그렇다면 막장 인생, 그것이 유일한 답.

독자들은 이 대목에서 오해하지 마시라. 노숙자들이 원래부터 배우지도 못하고 게다가 게으르기까지 한 별 볼일 없는 하층민이었지 않겠느냐고. 천만의 말씀. 치솟는 집값과 임대료의 상승은 심지어 동부의 명문 예일대 졸업생까지 한순간에 노숙자로 전락하게 만든다.[74] 그러니 절대로 현재 미국 대도시에 쏟아져 나오는 노숙자들을 평범한 이들과 구분되는 천민 정도로 취급하지 말기 바란다. 그들의 대부분은 집값이 오르기 전엔 그야말로 필부필부였으니까. 결국 노숙자 문제는 서민들의 문제다.

엔리코 모레티 Enrico Moretti 버클리대 경제학과 교수는 집값이 10퍼센트 상승할 때마다 식당 등을 포함한 지역 소비 물가는 6퍼센트 증가한다고 말한다. 그런데 샌프란시스코의 경우 집값의 중간값the median home price(모든 주택을 가격으로 순위를 매겨 일렬로 세웠을 때 가운데 해당하는 가격)이 2012년 이래 두 배 증가했다.[75] 샌프란시스코는 최첨단 IT 기업들이 소재하기에 주택의 수요가 많고 그에 따라 한정된 공급으로 집값이 크게 상승했다. 이것은 집을 소유하지 못하고 임대를 해야만 하는 서민들의 입장에선 내 집 마련 꿈이 점점 더 요원해지는 것을 의미한다. 그리고 집 마련은커녕 현재 사는 월세조차 위협받는 것을 말한다. 왜냐고? 샌프란시스코의 경우 최저임금이 2014년 시간당 10.74달러(약 1만 3,000원)에서 2018년 7월 15달러(약 1만 8,000원)로 상승했다.[76] 그러나 집값 상승에 따른 임대료 상승, 그리고 생활비의 상승은 시급 오른 것을 한껏 비웃을 뿐이다. 부동산을 잡지 않는다면 그깟 소득 얼마 찔끔 오른 것은 아무런 의미가 없다는 것을 샌프란시스코가 여실히 보여주고 있다.

한 명이 집을 구매할 때 세 명이 노숙자 되는 샌프란시스코

샌프란시스코만 지역 사무소 소장인 제이미 알만자Jamie Almanza의 말을 들어보면 이 지역의 주거 불안정성이 어느 정도나 심화되었는지 알 수 있다. 2019년 초까지만 해도 알만자는 샌프란시스코시에서 한 명이 집을 갖는 동안 두 명의 노숙자가 탄생한다고 말했었다. 그러나 2019년 8월에 열린 토론회에서 그것을 수정했다. 한 명이 집을 가지면 이제는 세 명이 길거리 노숙자가 된다.[77] 샌프란시스코시가 기존의 방식으로 집계한 노숙자 수는 2019년 현재 8,011명으로 2017년에 비해 17퍼센트 증가한 것으로 나오지만, 새로운 기법으로 집계해본 결과, 그 두 배인 1만 7,595명에 달해 30퍼센트 증가한 것으로 나타난다.[78]

'비등점'에 이른 로스앤젤레스 노숙자 문제

로스앤젤레스의 노숙자 문제는 한층 더 심각하다. 2019년 현재 전년도 대비 노숙자가 로스앤젤레스 카운티(광역)에서 12퍼센트가 늘어나고 로스앤젤레스시만 보면 16퍼센트 증가했다. 해서 그 수는 각각 5만 8,936명, 3만 6,300명으로 집계되었다.[79] 로스앤젤레스 카운티 인근 오렌지 카운티는 43퍼센트 증가했다.[80] 물론 이것도 공식적 집계이니 실제로는 그 수가 더 늘어난다. 〈폭스뉴스〉는 로스앤젤레스의 노숙자 문제는 이제 "비등점"에 이르렀다고 코멘트를 달았다.

그리고 이렇게 노숙자 문제가 극단적으로 악화된 데에는 이구동성으로 집값 상승을 지목한다. 로스앤젤레스 시민단체 대표 엘리스 뷰익Elis Buik 은 《뉴욕 타임스》 인터뷰에서 "우리의 주택 위기가 곧 노숙자 위기"라고 정곡을 찌른다. 더도 덜도 말고 단도직입적으로 말해서 멀쩡한 서민들을 노숙자로 만드는 주범은 바로 '거주 부담 능력housing affordability'이다. 그런데 착각하지 마시라. 여기서 거주 부담 능력이란 주택 구입 부담 능력이 아니다. 월세 감당력을 말한다. 로스앤젤레스 노숙자 담당국의 분석에 따르면 현재 로스앤젤레스에서 월세 중간값을 내고 방을 얻으려면 적어도 시급 47.52달러(약 5만 7,000원)를 받아야 한다.[81] 그런데 현재 최저 시급은 14.25달러(약 1만 7,000원)이다. 죽었다 깨어나도 살인적 거주 비용을 임금이 따라잡을 수 없다. 이러니 많은 수의 평범한 시민들이 노숙자가 되어 길거리로 나갈 수밖에.

다음의 그림은 2018년 현재 방 2개짜리 월세 임대아파트를 얻으려면 최저 시급을 얼마를 받아야 되는지를 《포춘》이 계상한 것을 그림으로 펼쳐놓은 것이다.[82] 방 2개짜리 아파트는 애가 하나인 가정이 살 수 있는 가장 보편적인 임대아파트다. 그걸 얻으려면 로스앤젤레스에서는 최저 시급이 약 32달러(약 3만 8,000원), 샌프란시스코에서는 60달러(약 7만 2,000원), 시애틀에서는 약 30달러(약 3만 6,000원)를 받아야 가능하다. 동부의 보스턴, 뉴욕, 워싱턴 D. C. 등에서는 34달러(약 4만 1,000원), 플로리다의 먼로 카운티에서는 약 30달러가 되어야 한다. 시카고에서는 약 23달러(약 2만 8,000원), 하와이 호놀룰루에서는 약 40달러(약 4만 8,000원)다. 어디든 현재의 최저 시급은 방 2개짜리 임대아파트 빌리는 데 턱없이 부족하

미국 각 지역에서 방 2개짜리 월세 임대아파트를 얻기 위해 필요한 최저 시급

시애틀
29.40

애스펀 볼더
33.40 28.10
덴버
27.27

시카고
22.69

보스턴
33.46
뉴욕
34.40
워싱턴 D. C.
34.48

샌프란시스코
60.00

로스앤젤레스
31.98

샌디에고
34.92

라스베이거스
18.71

피닉스
19.48

댈러스
20.71

휴스턴
20.50

세인트루이스
17.23

애틀랜타
19.83

올랜도
21.08

먼로
29.12

알래스카

주노
27.42

호놀룰루
39.06

단위 : 달러 / 출처 : 미국저소득주거연합(National Low Income Housing Coalition) / 포춘

다. 길거리 노숙자가 늘어나는 이유다. 현재 연방정부가 정한 최저 시급은 7.25달러(약 8,740원)다.

바보야, 문제는 부동산이야!

이제 미국의 전통적인 대도시가 사라져가는 이유를 어느 정도 파악했으리라 믿는다. 서민이 살지 못하는 도시, 중산층이 몰락하는 도시, 그것은 무늬만 도시지 사실 도시가 아니다. 그저 소수의 몇십 명도 아니고 수많은 사람들이 집을 잃고 임대한 아파트에서도 쫓겨나 길거리에서 노숙해야 하는 곳이 어떻게 사람 사는 도시라고 할 수 있을까? 결국 노숙자의 퇴치(?)를 위해서는 치솟는 집값과 임대료를 내려야 한다. 그것이 아니고서는 미국 대도시의 노숙자 문제는 해결할 방도가 없다. 샌프란시스코처럼 '똥 순찰대'를 고용해 똥 치우고, '안전 마약 투약소'를 설치하는 것으로 노숙자 문제가 해결되는 게 아니다. 그런데 그것이 그리 쉽게 될 것 같지 않다. 왜냐하면 미국 대도시 집값을 상승시킨 주범들이 미국 어딘가에 떡하니 버티고 있기 때문이다. 그에 대한 실마리를 로스앤젤레스 인근의 소도시 라구나 힐스Laguna Hills 시장 돈 세지윅Don Sedgwick의 언급에서 발견할 수 있다.

우리는 우리 앞에 놓인 이 문제를 쟁점화시켜야 한다. 수 킬로미터에 걸친 노숙자 행렬은 얼마나 슬픈 일인가. 더구나 한때는 그들도 그저 평범한 삶을 살아가려 했던 멀쩡한 사람들로 우리의 이웃이었다는 점에서 가슴이 미어진다. 그러나 정말 환장하겠는 것은 그 어느 누구도 이 문제의 근원에 천정부지로 치솟은 캘리포니아의 살인적인 거주 비용에 대해선 말을 하지 않는다는 것이다. 그것을 문제 삼지 않고 외면한 바로 그 자유주의적 정책들이 캘리포니아의 노숙자 문제를 키워온 원흉이다."[83]

자, 그러면 다음 장에서는 그 자유주의적 정책들이라는 것이 무엇인지 알아보자.

그 이후의 이야기

최근의 노숙자 근황에 대해 알아본바, 샌프란시스코의 노숙자 총수에 있어서는 새로 집계된 자료가 없었다.[84] 그러나 코로나19 창궐 이후 샌프란시스코의 노숙자 상황은 매우 악화된 것으로 보였다. 2020년 5월 샌프란시스코 도심의 텐더로인Tenderloin 지역에선 노숙자 텐트가 약 3배(285퍼센트) 늘어 약 500개 이상의 텐트가 길거리에 진을 쳤다.[85] 사회적 거리 두기가 절실히 요구되는 코로나 창궐 시에 이런 상황이 벌어졌으니 난감하다. 영국이 매체《데일리메일》은 8,000명의 노숙자들이 특히나 코로나가 창궐하는 이때 길거리에서 복작대고 있다며 이런 판에 무슨 놈의 '사회적 거리'를 운운하느냐는 기사를 냈다. 한 노숙자 쉼터에서만 90명의 감염자가 나왔다는 보도와 함께.[86]

길거리 노숙자와 이들이 배설한 인분을 더는 견디기 힘들다며 시민들이 시위를 하기도 했다. 노숙자들을 위해 24시간 화장실을 개방하고, 이들을 텅텅 비어 있는 호텔로 유치하라고 요구했다.[87] 가장 최근의 소식을 보니 텐더로인 지역에 진을 치던 노숙자의 65퍼센트를 호텔이나 쉼터로 유치해 2020년 봄보다는 깨끗해졌다는 소식이다.[88] 그러나 집을

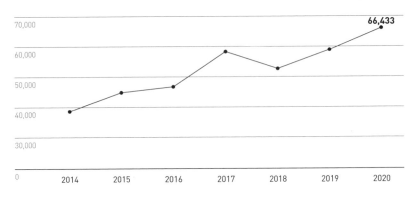

LA 카운티의 연도별 노숙자 증가 추이

66,433

| | 2014 | 2015 | 2016 | 2017 | 2018 | 2019 | 2020 |

매해 초에 집계하는 카운티의 노숙자 수는 전년도에 비해 8,000명이 증가해 2020년 현재 6만 6,433명으로 집계되었다.

출처 : 로스앤젤레스 노숙자 담당국 / 로스앤젤레스 타임스

잃은 이들의 수는 계속해서 늘어나고 있고 또 앞으로도 그럴 것은 분명한 일이다.

샌프란시스코에서 남쪽으로 차로 5시간 거리에 있는 로스앤젤레스의 사정은 어떨까? 2020년 6월 현재, 로스앤젤레스 카운티의 노숙자는 6만 6,433명으로 전년도보다 13퍼센트 증가했고, 로스앤젤레스시는 4만 1,290명으로 집계돼 전년도보다 14퍼센트 증가한 것으로 나타났다.[89] 물론 모든 통계치는 집계하는 데 시차가 있으므로 이것은 올해에 발표가 되었어도 올해 것을 반영한 것이 아니다. 즉, 저 수치는 전년도 것으로 2020년 봄에 미국에서 시작된 코로나19 기간의 노숙자 수는 통계에 잡히지 않았다. 로스앤젤레스는 올해 발표된 통계치에는 2020년 1월 이후의 60만 명에 이르는 실업자들은 전혀 고려가 안 된 것이라고 지적한

다.[90] 실업이 곧 빈곤층으로의 전락을 의미하는 미국에서 실업자 수는 노숙자를 집계하는 데 매우 중요한 변수임을 강조한 것이다. 결론적으로 코로나 이후 사상 최악의 실업을 기록한 2020년 상황의 미국을 고려해 볼 때 내년도(2021년)에 나올 노숙자 통계치는 올해 것보다 더욱 심각한 결과치가 나올 것으로 예상된다. 그야말로 엎친 데 덮친 격이다.

미국 집값 폭등의 주범, 사모펀드

2018년 현재 샌프란시스코의 주택 중간 가격은 100만 달러(약 12억 원)를 훌쩍 넘었다.[91] 흔히 집값 폭등의 탓으로 트위터와 우버 같은 세계적인 기업의 유치가 거론되곤 한다. 그곳엔 일자리가 있고 일자리를 얻는 이들이라면 거주할 곳이 필요하니까. 그러나 지금의 터무니없이 오른 가격은 그것만으로는 충분한 설명이 안 된다. 그렇다면 그 가격을 누가 왜 어떻게 올렸을까? 그 큰 그림을 누가 그렸는가? 그리고 누가 일조했는가? 그 큰 그림의 승자와 패자는 누구인가? 그것을 따져보는 것이 이번 장의 목적이다. 그리고 그것은 곧 미국의 부동산 시장에서 적용된 '자유주의 정책'과 직결되어 있다.

이를 위해 힌트를 주는 장면 하나를 먼저 보자.

임차인과 사모펀드

#장면

2018년 11월 어느 날 일군의 시위대들이 캘리포니아의 산타모니카^{Santa} ^{Monica}의 한 회사 사무실 앞으로 몰려가 격렬한 항의 시위를 벌였다. 그 회사는 뉴욕에 본사를 둔 사모펀드 블랙스톤^{Blackstone}의 지부이다. 이들은 '법률개정안 10^{proposition 10}'(일종의 임대차보호 법안) 통과가 좌절되자 이에 항의하기 위해 여기로 모여든 것이다.[92] 도대체 사모펀드와 임대법이 무슨 관련이 있기에 그럴까?

그 답은 간단하다. 사모펀드 블랙스톤이 바로 주택 임대 사업을 하고 있기에 그렇다. 그런데 보통의 임대업이 아니니까 문제다. 영국의 매체 《가디언》은 캘리포니아주에서의 주택 가격과 임대료가 하늘을 찌를 듯이 올라(매체는 이것을 '성층권 가격^{stratospheric price}'이라고 묘사했다. 얼마나 높이 치솟았으면 성층권이라는 것일까?) 서민들을 길거리로 내몰고 있는데 그 원흉이 바로 블랙스톤을 위시한 사모펀드라고 콕 짚어 지적하고 있다.[93] 도대체 미국의 임대주택 시장에서 어떤 일이 벌어진 것일까? 그것은 블랙스톤을 위시한 사모펀드가 어떻게 서민들의 삶을 작살냈는지를 살펴보는 것을 의미한다.

부동산업계의 최강 제국, 사모펀드 블랙스톤

스티브 슈워츠먼^{Steve Schwarzman} 블랙스톤 회장은 2015년 가을 《비즈니스 인사이더^{Business Insider}》에 "블랙스톤이 현재 세계 제일의 부동산 소유주다."라고 선언했다.[94] 그의 말은 전혀 허튼소리가 아니다. 《파이낸셜 타

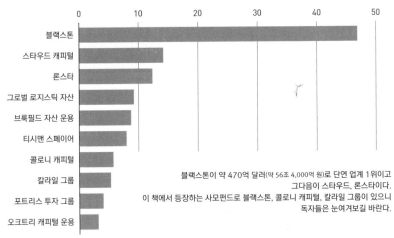

부동산 시장의 선두 그룹 사모펀드 현황(2010~2015년)

부동산 투자 총액으로 본 사모펀드 선두 그룹의 순위(단위, 10억 달러)

블랙스톤이 약 470억 달러(약 56조 4,000억 원)로 단연 업계 1위이고 그다음이 스타우드, 론스타이다. 이 책에서 등장하는 사모펀드로 블랙스톤, 콜로니 캐피털, 칼라일 그룹이 있으니 독자들은 눈여겨보길 바란다.

출처 : 파이낸셜 타임스 / 사모펀드 부동산 뉴스(Private Equity Real Estate News)

임스》가 제시한 위의 도표를 보라. 그야말로 부동산업계의 제국 중 제국이 바로 블랙스톤이다. 도표는 2010년에서 2015년 사이에 부동산업계에서 선두를 달리는 10개의 사모펀드를 보여준다. 블랙스톤은 그중 최강으로서 타의 추종을 불허한다.

어느 정도라 슈워츠먼 회장이 그런 소리를 하는 것일까? 블랙스톤은 2012년 7월 기준 미국 14개 지역에 86억 달러를 들여 4만 4,000채의 단독주택을 구입했고, 2019년 6월 현재 17개 지역에서 8만 채를 보유한 명실상부한 세계 최대 부동산업체다. 그런데 부동산은 원래 블랙스톤의 주력 사업이 아니었다. 했다 해도 상업용만 조금 손댔을 뿐이다. 그러나 2012년부터 전략을 확 바꿨다. 부동산에 주력했고 그것도 상업용보다는 일반 주택에 꽂혔다. 그런데 그것도 주택 매매가 아닌 임대 사업으로.

블랙스톤은 가격이 대폭락한 지역의 은행에 압류된 집들을 대거 매입해서 되팔기보다는 임대 사업으로 전환하는 새로운 사업 아이템을 채택했다. 알다시피 사모펀드는 현금 총알loads of cash이 두둑한 재력가들deep-pocketed investors로 이루어진 자본 제국이다. 게다가 이 제국은 '임대주택증권rental-home-backed security'을 발행해 더 많은 자금을 끌어들여 헐값에 내놓은 주택들을 아귀처럼 쓸어 담았다.

그라운드 제로는 애리조나주 피닉스

그런데 블랙스톤이 맨 처음 임대 사업을 시작한 곳은 캘리포니아가 아닌 애리조나주의 피닉스Phoenix이다. 그렇게 된 이유는 무엇일까? 첫째, 피닉스가 2008년 이후 주택 가격이 정점에 있다가 2011년에 무려 60퍼센트나 떨어진 대폭락 지역이기에 그렇다.[95] 둘째, 막대한 이익을 노리는 사모펀드에겐 그저 수십 채의 주택 매집은 관심사가 아니었다. 대량 매집이 훨씬 남는 장사이니까. 대량 매집의 최적지가 바로 피닉스였다. 왜냐하면 피닉스는 뉴욕과 보스턴 같은 대도시가 아니니 원래부터 주택 가격이 높았던 지역이 아니다. 대도시는 아무리 거품 붕괴로 주택 가격이 떨어졌다고 해도 피닉스처럼 대량 매집이 불가능하다. 바늘 도둑이 소 도둑 되지 반대로 되기는 어렵다. 그처럼 부동산 초짜들이 사업에 손을 대기에는 원래 가격이 낮았던 데다가 거품까지 꺼져 대폭락까지 한 피닉스만 한 데가 없었다.

블랙스톤을 위시한 대형 임대주택 투자자(큰손)들은 피닉스를 발판(그라운드 제로)으로 하여 조지아주 애틀랜타Atlanta와 텍사스주 댈러스Dallas로 뻗어나갔다. 그리고 이제는 미국 전역에서 30만 채 이상을 싹쓸이하고 있다. 물론 캘리포니아도 포함된다. 몸집을 불렸으니 총알은 탄창에 두둑한 터. 그 때문에 로스앤젤레스와 샌프란시스코와 같은 대도시에서 압류된 주택들의 대량 매집도 가능하게 됐다. 게다가 이들은 주택 공급이 부족한 시장을 선택해서 지역 건축업자들과 결탁해 자신들만을 위한 주택을 짓는 이른바 '핀셋 건축'이라는 꼼수를 부리는 것도 잊지 않는다.[96]

네바다주 라스베이거스의 참상

사모펀드가 임대 시장에 뛰어든 후 가장 큰 변화는 바로 단독주택이 임대 시장에 대거 나왔다는 것이다. 그 이전의 임대 시장은 당연히 우리 식으로 이야기하면 아파트나 다세대주택이었다. 단독주택이 임대시장에 나오는 것은 극히 드문 일이었다. 그러나 사모펀드가 이 판도를 완전히 바꿔버렸다. 다음의 그림을 보라.

2008년 금융위기 이후 부동산 거품이 꺼지면서, 주택값은 대폭락했다. 그것을 치고 들어온 것이 바로 사모펀드다. 네바다의 라스베이거스도 부동산 투기가 매우 심했던 곳으로 거품이 꺼지자 압류된 주택들의 지옥이 되었다. 그것을 사모펀드가 싹쓸이해서 주워 담았다.

2008년 라스베이거스의 임대주택은 겨우 32채다. 이것은 미국에서 임대 시장에서 단독주택이 대세가 아닌 것을 그대로 보여준다. 그해 가을 월가발 금융위기가 터졌다. 은행 금리가 갑자기 오르자 열린 헬게이트(지옥문)로 투기 대상이 된 주택들이 은행에 압류되었고 은행은 그것을 떠안고 사망 직전에 이르게 되었다. 은행이 헐값에 내놓은 주택은 살 사람이 없었고, 임대할 사람도 없었다. 엄청난 실업이 가져온 결과다. 살 여력도 임대할 여력도 없었다. 많은 사람이 길거리 노숙자로 전락했다.

2008년 금융위기 후 라스베이거스의 임대 단독주택 시장 변화 추이

2008년 32채

2010년 364채

2014년 5,579채

2018년 7,493채

출처 : 클라크 카운티 감정평가사 / 라스베이거스 리뷰-저널

그 상황을 보여주는 게 2010년도의 그림이다. 해당 연도의 임대 단독주택은 364채였다.

그러나 2014년 5,579채가 임대 단독주택이 된다. 갑자기 수가 늘어난다. 수천 채의 임대 단독주택이 시장에 나온다. 2016년엔 6,507채, 급기야 2018년엔 7,493채의 단독주택이 임대주택이 된다. 2010년과 2014년의 급격한 변화! 도대체 그 안에 무슨 일이 일어났던 것인가?

금융위기 발발 후 10여 년 동안 라스베이거스의 단독주택 7,500여 채가 9개의 사모펀드 손아귀에 들어갔다. 그렇게 그것들은 부동산의 거물이 된다. 블랙스톤의 자회사 인비테이션 홈스Invitation Homes는 2,827채의 압류된 집을 사들여 임대 사업자가 된다.

이렇게 만들어준 조력자가 있었다. 바로 정부와 연준의장 벤 버냉키Ben Bernanke다. 2012년 연방주택기업감독청Federal Housing Finance Agency은 2012년 사모펀드가 압류된 단독주택을 헐값에 대량 매집해서 임대 사업자가 될 수 있는 시험용 프로그램pilot program을 시행한다. 버냉키가 조력함으로써 월가의 사모펀드는 미국 전역에서 35만 채의 집을 매집할 수 있었다.[97] 연방정부와 연준의장 버냉키가 저것만 해준 게 아니다. 인비테이션 홈스가 기업공개를 하기 바로 직전에 국책은행 격인 패니 매Fannie Mae(국책 주택담보금융업체)가 보증하는 10억 달러(약 1조 2,000억 원)짜리 임대주택담보증권rental-home mortgage-backed securities까지 습득한다.[98] 위험에 따른 손해 회피와 기업공개 시의 호재 등으로 따 먹을 수 있는 모든 열매는 다 따 먹는다.

압류된 주택을 헐값에cents on the dollar 대량 매집하게 해주고 그것도 모자라 위험 회피와 자금 동원력까지 높여주면서 동시에 기업공개 때 유리한 조건까지 던져주는 연방정부와 연준의 친절함에 월가의 사모펀드는 임대 시장에서 승승장구할 수 있었던 것이다. 민주당 상원의원 엘리자베스 워런 Elizabeth Warren 은 이것을 '싹쓸이 shopping spree'라고 표현하며 월가의 사모펀드를 맹비난했다.[99] 구멍가게 수준의 기존 임대주 mom and pop landlords 의 푼돈은 이러한 사모펀드의 대규모 차입을 통한 투자에는 상대가 안 된다. 결국 임대 시장의 절대 강자는 라스베이거스의 예에서 보듯 사모펀드가 되었다. 그 결과, 미국의 집값은 천정부지로 솟아올랐고 실수요자들이 살 수 있는 집은 씨가 말라버렸다. 사모펀드와 정부의 규제 완화, 그것을 넘어선 편향된 조력은 결국 실수요자들을 임차인으로 머물러 있게 만들고 있다.[100]

2008년 이후는 사모펀드 세상

이처럼 2008년 이후는 그야말로 사모펀드의 세상이다. 그 이유는 이렇다. 2008년 금융위기 이후 월가의 대형 투자은행은 어느 정도는 감시의 대상이 된 듯 보였다. 적어도 그런 것처럼 시늉을 냈다. 그러나 월가에 기반한 사모펀드는 거기서조차도 완전히 비켜나 있다. 그래서 설사 밑천이 별로 없어도 초저금리 거래가 가능해 얼토당토않은 사업 구상도 현실화할 수 있었다. 수익률에 걸신들린 투자자들이 냄새를 맡고 사모펀드로 마구 유입되었다. 감시와 규제가 없는 곳, 그것은 투기꾼들의 천국이다. 그것은 새로운 월가의 블랙홀이다.

사모펀드의 경영 전략은 매우 단순하다. 사모펀드가 부채를 안고 기업을 인수한 후 값을 최대한 올려 매각해서 수익을 창출하는 것이다. 그것을 투자자에게 배분한다. 수익이 난다는 소문이 나면 날수록 돈은 몰려들게 되어 있다. 이른바 차입매수 Leveraged Buyout. 사모펀드가 매수 대상의 자산과 수익을 담보로 은행에서 자금을 차입하여 매수합병을 하는 것이다. 쉽게 이야기해서 현재 가진 돈이 없어도 인수할 기업을 위해 빚을 지고 기업을 인수한다. 그러나 그 빚은 인수 대상에게 떠넘기고 바이, 바이! 망해가거나 저렴한 기업을 인수한 뒤 분칠 살짝 해서 또 다른 구매자에게 팔아치운다. 거기에 비상장회사가 상장회사를 사서 합병하는 우회상장도 당연히 포함된다. 그러면 이를 주도한 사모펀드는 엄청난 수익을 창출한다. 때로 이것을 넘어 사모펀드는 매수한 회사의 직접 경영에 손을 대서 인수 기업에 '감 놔라 배 놔라'를 하기도 한다. 그러나 인수 기업에 대한 애정을 갖고 그러는 것은 결코 아니다. 오직 목적은 수익 창출. 그것도 막대한 수익 창출. 수익이 나면 곧바로 미련 없이 떠난다. 다른 먹잇감을 찾아서.

블랙스톤의 2인자 존 그레이의 좌우명

앞에서 보듯, 블랙스톤은 임대주택 사업을 자회사 인비테이션 홈스를 통해 시행해 천문학적인 수익을 내고 있다. 그 책임자는 현재 블랙스톤의 2인자, 존 그레이Jon Gray. "절대로 적게는 먹지 않는다. 크게 먹는다. 그것도 상상 이상으로 왕창!"이라는 좌우명을 갖고 사는 월가 사람이다. 《파이낸셜 타임스》가 '신부동산부호the new property barons'라고 칭한 그는 다음과 같이 인터뷰한 바 있다.

> 나는 성공의 취약성을 안다. 그것은 (아버지 다이달로스Daedalus의 경고를 무시하고 밀랍의 날개로 날다 태양에 너무 접근해 밀랍이 녹아 바다에 떨어졌다는 인물) 이카루스Icarus와 같다. 나는 내 무덤에 '그저 상당한 내부 수익률internal rates을

올렸을 뿐'이라는 묘비가 적히길 원치 않는다.[101]

가히 그저 고만고만한 성공은 성에 안 찬다는, 즉 확실한 대박만을 노린다는 거대 탐욕의 노출 선언이다. 그것을 위해 수단과 방법을 가리지 않겠다는 것은 두말할 나위 없다. 물론 거기엔 로비를 통한 정경 유착이 필수다.

존 그레이의 투자 철칙 – 바이[Buy], 픽스[Fix], 앤드 셀[Sell]

금융위기 이후 부동산 거품이 꺼지면서 미국의 단독주택 가격은 절반 이하로(40~70퍼센트) 수직 하강했다. 특히 캘리포니아와 플로리다가 심했다. 부동산 투기 열풍이 불었던 대표적인 곳이기에 그렇다(왜 그곳이 부동산 투기 열풍이 불었는지는 뒤에서 다루기로 한다). 거품이 갑자기 꺼지고 모든 이들이 부동산 시장에서 손을 털 때, 존 그레이는 역발상으로 부동산 시장에 뛰어들었다. 그러나 전혀 다른 방식으로. 즉, 매매가 아닌 임대 사업으로. 돈 버는 데는 가히 천재적이다. 왜냐하면 당시엔 아무리 집이 헐값에 나와도 구매할 사람들이 없었으니까. 투자처로서의 매력이 떨어져서가 아니라 진짜로 사고 싶어도 돈이 없어서, 대출 자격 요건이 안 돼서 못 사는 사람들이 부지기수였으니까 그렇다.

이것을 간파한 자가 블랙스톤의 존 그레이다. 그는 이런 이들이 발걸음을 옮길 곳이 임대주택이라는 것을 간파했다. 자가가 아니면 월세를 살아야 하는 것은 당연지사이니까(미국엔 전세가 없다). 그래서 그간 등한히 해온 부동산 사업에, 그것도 전혀 해본 적 없는 임대주택 사업에 뛰어들었던 것이다. 그리고 뛰어들자마자 바로 압류 주택 시장의 최강자로 등

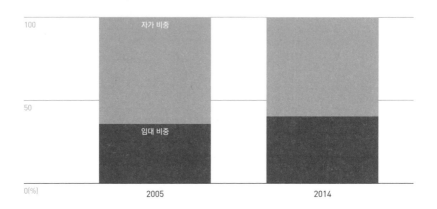

미국 자가 대 임대(월세) 가구 구성 비율 현황

2005년에 임대 가구는 33%인 데 비해 2014년에는 37%로 4%포인트 더 증가했다.

출처 : 파이낸셜타임스 / 미국 인구조사국

극했다. 그의 예감은 적중했다.

그것을 《파이낸셜 타임스》가 제공한 위 도표가 잘 보여준다. 임대주택 비율이 금융위기 이후 대폭 상승했기 때문이다. 2005년 33퍼센트에서 2014년엔 37퍼센트로 증가했다. 2014년 현재 1,500만 가구가 임대하고 있다. 그러면 그 이전에는 왜 임대 사업이 월가 큰손들의 구미를 당기지 못했을까? 그것은 시장 규모가 작았기 때문이다. 2005년 당시에는 1,200만~300만 가구만 임대해 거주했기 때문에 큰손 투자자들의 눈에 들어오지 못했다. 월가의 제국들은 적당히 먹는 것에는 아예 관심이 없다. 탐욕에 찌든 야수들에겐 먹잇감도 덩치가 커야 덤벼들 가치가 있으니까.

그레이의 임대주택 투자 전략도 사모펀드의 기본 경영 방침과 그대로 일치한다. 매수 대상을 헐값에 차입매수해서, 약간 분칠해 매각하듯, 임대주택도 헐값에 대량 매집해서[buy], 2만 5,000달러(약 3,000만 원) 정도 들여 간단히 손보고[fix], 임대[sell]하는 것이 그들의 전략이다. 그렇게 해서 그들은 부동산업계의 절대 강자가 되었다.[102]

규제 없는 곳에 우뚝 선 망나니 제국, 블랙스톤

그런데 임대 가구가 늘어난 것은 이들 사모펀드 제국들이 그린 큰 그림 때문이기도 하다. 일종의 피드백 효과라 할까? 이제 막 붙은 불에 기름을 부은 격이니까. 이들이 주택 가격을 천정부지로 올려놓았기 때문에 그렇다. 대량 매집 자체가 주택 가격을 올려놓는 일차적 효과를 가져온다. 그리고 대량 매집으로 공급도 줄어든다. 그러면 실수요자들의 '내 집 마련' 꿈은 요원해진다. 천정부지로 오른 집은 그림의 떡일 뿐이다. 그러니 임대 가구가 갈수록 늘어날 수밖에. 전 세계에서 미국만이 '나 홀로' 경기가 좋다고 말들을 하는데 앞의 사실이 의미하는 바는 무엇일까? 그것이 전혀 사실이 아니라는 것을 말해준다. 일반 서민들의 삶은 전혀 나아지지 않았다. 그것은 왜일까? 규제 없는 곳에 어김없이 제국이 들어서기 때문이다. 즉, 자유주의 정책은 망나니를 양산할 뿐이다. 이것의 한 가지 예를 지금 캘리포니아를 위시한 미국의 전 지역에서 목도하고 있는 것이다. 사모펀드의 난동으로 미국의 집값이 하늘로 치솟는 폭등을.

내부의 적에게 강탈당한 영토

모든 전쟁은 궁극적으로 영토를 차지하는 것이 최종 목적이다. 미국의 사모펀드는 이 전쟁에서 백전백승의 혁혁한 전과를 올리고 있다. 그런데 곰곰이 따져보자. 사모펀드는 미국 외부의 적인가? 내부의 석인가? 내부의 적이 승승장구하는 곳에서 다음 차례는 자멸이 대기하고 있다. 하긴 서민들의 주거 안정성이 파괴되는 마당에 그런 나라에 무슨 희망이 있을까. 그러니 미국은 더 이상 외부의 적에게 비난의 화살을 돌리는 호들갑은 떨지 말기를⋯⋯.

그렇다면 사모펀드가 집값만 올려 서민들을 괴롭히고 있을까? 결코 아니다. 모든 제국은 하나를 주면 열을 달라 하는 법. 하나에 만족하는 신사 제국은 없다. 다음은 임대업에 뛰어든 사모펀드에 의해 피를 보고 있는 임차인들의 이야기를 하기로 한다. 미리 살짝 결론만 말하고 이 글을 마치고 싶다. 사모펀드가 대량 매집하는 데 아무런 규제가 없듯이, 임대업을 하는 데도 아무런 규제가 없다. 오직 그들이 맘대로 활개를 칠 수 있게 만든 자유주의 정책들만 있을 뿐이다.

7

악덕 집주인, 사모펀드 블랙스톤

앞에서 우리는 미국의 주택 가격 폭등에 사모펀드가 어떻게 일조를 했는지 살펴보았다. 미국의 사모펀드는 규제 당국의 비호 아래 아무런 규제를 받지 않고 주택 시장에서 활개를 치고 있으며 그 와중에 서민들은 갈 곳을 잃고 길거리 노숙자로 전락하고 있다. 이번 장에서는 주택 시장에 뛰어든 사모펀드가 임대 사업자로 변신하면서 임차인이 되어버린 일반 서민들의 눈에서 어떻게 또다시 피눈물을 흘리게 하는지 알아보기로 한다. 단도직입적으로 말하면 사모펀드는 임대 시장에서 악덕 집주인으로 악명을 떨치고 있으며, 그렇게 하는데도 당국의 규제는 어김없이 비켜나가고 있다.

이를 위해 《뉴 리퍼블릭》이 소개하는 어느 임대인의 이야기를 먼저 소개한다.

#장면

자녀 넷을 둔 남衛로스앤젤레스의 어느 싱글 맘은 수택을 월세로 임대했다. 그녀는 임대한 집의 담장이 무너진 것을 보고 주인에게 전화해서 고쳐달라고 요청했다. 돌아온 답은 황당했다. 담장이 임차인의 개 때문에 망가졌으니 이틀 안에 500달러(약 60만 원)를 내라는 통지였다. 그런 법이 어디 있냐고 하니 돌아온 답은 더 황당했다. "싫거든 방 빼!" 그녀가 돈을 낼 유일한 방법은 그녀가 받는 주급을 담보로 대출을 받는 것뿐이었다. 그 일이 있은 뒤 몇 개월이 지나 봉급날이 변경되었다. 그래서 원래 내던 날짜에 당장 월세를 못 낼 것 같으니 며칠만 말미를 봐달라고 요청했다. 그때 집주인에게서 돌아온 답은 "안 돼!"와 "못 내면 당장 방 빼!"였고 할 수 없이 그녀는 또다시 얼마 되지 않는 주급을 담보로 대출을 받아 제날짜에 맞춰 줘야 했다.[103]

"월가가 집주인이 되었을 때"라는 제목을 단《애틀랜틱》기사 화면.
미 연방정부의 비호 아래 기관투자자들(사모펀드)이 투자자와 임차인에게 각각 확실한 수익과 편의를 약속하며
임대 시장의 핵심 주자로 등극했지만, 투자자들만 행복해하고 임차인들은 비참한 지경에 이르러
반쪽만의 약속이 되어버렸다고 요약한다.

악덕 집주인 사모펀드, 블랙스톤

그런데 그 임차인의 집주인은 인근에 살지 않는다(과거 미국에서는 보통 임대 아파트에 관리사무소를 두거나 집주인이 근처에 살고 임차인의 불만이나 편의를 즉시 봐주었다). 그녀의 집주인은 바로 인비테이션 홈스, 월가의 거대 사모펀드 블랙스톤의 자회사이다. 앞에서 살펴보았듯, 2008년 금융위기 후 파괴됐던 주택 시장이 기지개를 조금씩 펴기 시작할 무렵인 2011년부터 월가의 블랙스톤은 임대 사업에 뛰어들었다. 그런데 이들의 개입으로 임차인들의 사정이 좀 나아졌을까? 다시 말해 임차인들의 입장에서 과거 구멍가게 수준의 집주인에 비해 블랙스톤이 더 나은 집주인일까?

이 질문에 블랙스톤의 대답은 "물론 그렇다."이다. 그들이 내세운 이유는 일견 그럴듯해 보인다. 자신들을 필두로 월가의 사모펀드가 주택을 대량 매집해서 임대 사업에 뛰어들었기 때문에 그만큼 주택 공급이 늘어났고 그 결과, 임대료를 낮추는 효과가 있었다는 것이다. 그래서 단연코 임차인들의 입장에선 좋은 것이라며 설레발을 쳐댄다. 그 말은 맞는 말일까? 결코 아니다. 임차인들의 사정이 절대로 나아지지 않았다. 왜냐하면 블랙스톤은 과거의 악덕 집주인slumlord도 울고 갈 정도로 더 악독하고 냉혈이기 때문이다. 그렇다면 사모펀드 집주인이 도대체 어느 정도로 악질적이기에 이런 말이 나오는 것일까?

악덕 영세 임대업자도 울고 가게 할 블랙스톤

이것에 대해 자세히 살펴보기 전에 먼저 《뉴 리퍼블릭》의 보도를 보자.

임대업자 블랙스톤은 악덕 집주인을 능가한다. 그들은 결정적 하자가 있는 물건들을 시장에 스스럼없이 내놓아 임대했고 불만을 토로하는 임차인들과의 접촉을 기피했으며 주^州법과 지자체법을 위반했다.[104]

그런데 현행법을 위반하며 임차인들을 괴롭히는 신종 임대업체 사모펀드에 대한 규제는 전혀 없다. 있는 것이라곤 오직 그들에 대한 자유방임뿐이다. 반면 거기엔 임차인 보호를 위한 어떠한 제도적 장치도 작동하지 않았다. 이것을 증명하는 여론조사가 있다.

경제정의 시민단체인 '공정경제를 위한 전략 행동^{SAJE, Strategic Actions for a Just Economy}'과 '도시동맹 권리^{RCA, The Right to the City Alliance}'는 캘리포니아주의 남^南로스앤젤레스와 리버사이드의 292개 거주지에서 임차인들을 상대로 조사를 벌였다. 실제로 조사에는 51개의 가구가 응했는데 응답자의 85~95퍼센트가 흑인이었고 그들 중 대부분은 이전에 집을 소유했던 평범한 소시민들이었다.

설문조사 결과, 인비테이션 홈스는 임차인들을 계약 당사자로 정당하게 다루지 않고 함부로 대했다. 임대 회사가 2만 5,000달러(약 3,000만 원) 정도 들여 손을 보고 집을 임대했다지만 너무나 많은 하자가 발견되었다. 설문 응답자의 46퍼센트가 배관 문제를 거론했으며, 39퍼센트는 바퀴벌레를 비롯한 해충을, 그리고 20퍼센트가 에어컨, 곰팡이 또는 물이 새는 천장 때문에 속 터져 했다.[105]

로스앤젤레스의 한 임차인은 곰팡이 때문에 몸까지 아파지자 인비테이션 홈스를 상대로 소송을 제기했다. 그런데 가장 큰 문제는 과거와 같이 집주인을 만나 불만을 제기하고 문제를 해결할 수 없다는 것이다. 집주인의 코빼기는커녕 말조차 건넬 수가 없다. 왜냐하면 인비테이션 홈스 사무실은 임대주택에서 35마일(약 56킬로미터) 떨어진 아주 먼 곳에 자리 잡고 있기 때문이다. 차가 없으면 사무실 직원을 만나는 것조차 불가능하다.[106] 불만 제기를 위해 전화를 해도 안 받는다. 그러나 월세가 밀릴 때면 사정은 완전히 달라진다. 어림 반 푼어치도 없다. 그들은 시도 때도 없이 집요하게 전화를 걸어 임차인을 괴롭히고 문에다 메모를 남기고 전자메일을 쏟아붓는다. 자신들의 의무는 철저히 외면하면서 돈은 꼬박꼬박 챙기는 악덕 업자! 과거의 집주인들은 아무리 악덕 집주인이었다 하더라도 이 정도로 뻔뻔한 철면피는 아니었다. 그런데 사모펀드 임대업체가 훨씬 점잖은 임차인 친화적인 집주인이라니 지나던 개가 웃을 일이다.[107] 이것은 로스앤젤레스뿐만 아니고 미국 전역에서 벌어지는 일이다. 월가가 채 간 단독주택을 임대할 때면 어김없이 어디에서든 벌어지는 현상이다.[108]

터진 봇물, 엑스트라 피[extra fee] – "임차인님 여기 추가 비용 추가요~"

그런데 과연 이것뿐일까? 통상적인 렌트비(임대료)도 이들 사모펀드가 임대업을 하면서 과거보다 상당히 올랐다. 주택 가격이 오르면 그것과 동조해서 임대료도 덩달아 오르니까 그렇다. 사모펀드 임대업주들로서는 '꿩 먹고 알 먹고'다. 집값 올라 재산 늘고 임대료 높게 받고. 그런데 그게 다가 아니다. 거기에 덧붙여 과거에 집주인이 원래 관행상 내왔던(임대료에 포함되어 있던) 수도요금, 조경비(건물 유지비), 주차비, 쓰레기 처리 비용까지 따로 더 내야 하니 어떻게 사나. 그 모든 것이 이른바 '엑스트라 피(추가 비용)'란 명목으로 주인이 내야 할 몫까지 임차인에게 떠넘겨진다. 물론, 이러는 데에 아무런 규제도 없다.[109]

또 이것만으로 끝나는 게 아니다. 애완동물 키우면 돈을 더 내야 하고, 전기료도 평상시보다 많이 나오면 추가에 추가를 더해 왕창 뜯어 간다. 이것에 동의해야 월세방을 임대해준다.[110] 심지어 임대 계약 시 애초에 있지도 않았던 비용들도 임대 기간 중간에 느닷없이 집어넣어 더 내게 하는 경우도 있다. 예를 들면 TV가 없어 볼 수도 없는 케이블 채널 시청료를 어느 날 갑자기 강제로 부과하는 것이다. 거기에 응하지 않으면 국물도 없다. 어떤 경우에는 월세 내기 전날인데도 세 안 내면 내쫓겠다고 메모를 남기기도 한다. 회사 자체 온라인을 통해 임대료를 낼 때 회사 서버가 서버려서 1분을 늦게 내더라도 95달러(약 11만 원)의 벌금을 내야 한다.[111]

이들은 피도 눈물도 없는 AI와 같다. 사람이 아니다. 혹여 관계자를 만나면 사람하고 대면하는 게 아니고 마치 차가운 기계와 대면하는 듯이 느낄 정도다. 그들은 자신들이 하고 싶은 말만 하고 임차인의 말에는 귀를 닫고 얼굴을 돌린다. 마치 자동응답기의 기계처럼. 그렇게 월가의 신종 임대업자들은 철옹성과 같은 제국이 되었다. 과거의 악덕 집주인이 최악의 경우 날강도였다면, 월가의 제국들은 과거의 악덕 집주인들마저도 두 손 두 발 들고 나가떨어질 냉혈의 로봇들이다. 아무리 날강도였다고 해도 과거의 악덕 집주인들은 적어도 그들을 향해 임차인들이 말은 할 수 있었으니까. 분통이라도 터뜨릴 수 있었으니까. "월세 못 내, 방 못 빼." 하며 배 째라 식으로 뻗댈 수 있었으니까. 그러나 법 위에 군림하는 제국들은 임대업자라는 두터운 갑옷을 입고 곤경에 처한 서민들을 도끼와 칼과 창으로 난도질하고 있다. 내슈빌 Nashville에 사는 인비테이션 홈스의 임차인들은 이 회사가 "내 생애 만나본 최악의 악덕 주인"이라고 분통을 터뜨렸다.[112]

신종 월세(임대료) 개념을 탄생시킨 사모펀드

그래서 과거의 임차인들이 냈던 월세의 개념은 저리 가고 신종 월세 개념이 탄생했다. 그것은 바로 배보다 배꼽이 더 큰 '엑스트라 피'가 덧붙여진 임대료다. 쉽게 이야기하면, 예를 들어 대도시의 경우 방 하나 빌리는 데 과거의 렌트비 명목 임대료가 1,700달러(약 200만 원)라면 거기에 덧붙여 이런저런 명목으로 뜯어 가는 '엑스트라 피'가 1,000달러(약 120만 원)에 달해 도합 2,700달러(약 320만 원)가 된다. 그래서 온라인 오프라인할 것 없이 표면에 제시된 임대료를 보고 방을 얻는다면 추가되는 비용 때문에 시쳇말로 대략난감(?)하게 되는 것이다. 이러면서 지갑이 얇아지는 서민들은 임대주택과 임대아파트에서조차 밀리는 형국이 되고 만다.

이를 두고 임차인들은 이렇게 토로한다.

> 추가 비용 부가가 얼토당토않다고 항의하면 신종 집주인들은 이렇게 말할 뿐이다. "난 신경 안 써. 그것은(추가 비용)은 필수 사항이야." 그들은 우리에게 더 뜯어 가기 위해서 혈안이 되어 있으며 그쪽 방면에는 가히 천부적이다. …… 아마도 이들은 하려고 든다면 임차인들이 죽을 때까지 추가 비용을 내게 할 수 있다. 저들이 정말로 원한다면 임대료(과거 개념의 임대료)가 0원이 되어도 모든 것을 추가 비용으로 걷어 충당할 수 있다.[113]

> 우린 간신히 버티고 있을 뿐 더 이상 여력이 없다.[114]

무소불위 사모펀드

왜 주택(임대) 시장을 월가의 큰손들이 좌지우지하게 놔두고 규제하지 않는가? 그리고 왜 임차인들을 보호하지 않는가? 이 질문에 답하기 전에 월가의 신종 임대업자들에게 규제라는 것은 어떤 의미인지 먼저 알아보자. 규제는커녕 그들에게는 있는 규제조차 사문화되었을 뿐 아니라, 나아가 과거에는 상상할 수조차 없는 규제에 반하는 조항들이 신설되고 있다. 한마디로 말해서, 법과 제도는 철저하게 임차인이 아닌 임대업자의 손을 들어주고 있다.

예를 들면, 과거엔 월세를 제때 못 내도 집주인이 임차인을 강제로 쫓아내지도, 집에 발을 들여놓지도 못했으나 이제 경고도 없이 바로 쫓아내고 있다.[115] 또한 다달이 내는 월세 외에 계약 시에 한두 달치를 먼저 내고 나중에 돌려받는 보증금security deposit의 액수도 캘리포니아주법에는 한도를 정해놓았지만 인비테이션 홈스 같은 회사는 이를 무시하고 제 맘대로 부과한다. 미국의 월세는 보통 1년 혹은 2년 단위로 계약을 한다.

그러나 이렇게 장기(혹은 정기) 계약을 하지 못하는 사람들(흔히 경제 사정이 매우 열악한 사람들)은 매달 700~800달러(약 84~96만 원)를 더 내야 월세방을 얻는다. 이것은 주법을 위반한 것이다. 그러나 신종 임대업자들에겐 주법이나 지자체법보다 자신들이 만든 법이 더 상위에 있다. 그들은 "자신들이 정한 규약(주법과 지자체법을 완전히 무시한 법)에 어긋난 짓을 하거나 불평불만을 내보이는 임차인들에게 언제든지 소송해서 감옥에 처넣을 것"이라고 위협을 일삼는다.[116]

나아가 주나 지자체조차도 신종 임대업자들이 유리하게 법을 개정한다. 예를 들어 텍사스주의 경우, 2017년 보일러, 히터, 에어컨, 또는 건물 시스템 등의 유지보수와 관련된 일체의 비용 부가에 한도를 없애버렸다.[117] 이로써 임대인이 임차인에게 부과하는 "추가 비용의 폭발이 일어났으며, 정부가 이들 신종 임대업자들에게 그렇게 할 수 있게 명시적으로 허용한 것"이라고 텍사스주 임차인연맹[Texas Tenants' Union] 회장 샌디 롤린스[Sandy Rollins]는 일갈했다.[118] 이로써 과거 10년 전에는 대부분 임대료에 포함되었던 것들이 이제는 추가 비용이라는 명목으로 따로 임대료에 추가 부과되어 배보다 배꼽이 더 커지는 상황이 연출되게 된 것이다. 이것이 도대체 어느 나라 이야기인가? 선진국 미국에서 벌어지는 일이다. 과거 미국과는 완전히 달라진 세상이다.

통제 불능의 추가 비용이 불러온 비극

롤린스가 이름 붙인 '통제 불능의 추가 비용'의 결과는 무엇인가? 그것은 바로 노숙자의 양산이다. 추가 비용의 통제 불능은 '거주 부담 능력'의 위기를 불러오고 그것은 곧 노숙자 증가의 위험성과 직결된다. 캘리포니아를 비롯한 미국 전역에서 임대료의 대폭 상승엔 바로 이러한 이유가 있었던 것이다. 문제는 집값과 임대료는 하늘을 찌를 듯 폭등하고 있는 데 비해 서민들의 임금은 정체되거나 오히려 줄었다는 것이다. 이런 와중에 월가의 신종 임대업 제국들은 강제 퇴거 조치 및 미지불 월세까지 끝까지 받아내는 탁월한 기술까지 보유하며 가혹하게 서민들의 등골을 짜내서 자신들의 배를 마구 불리고 있다.

이러한 지적에 대해 인비테이션 홈스의 데니즈 던켈[Denise Dunckel] 대변인은 "미국 주택 시장 회복에 커다란 기여를 한 기관투자자들의 공로를 무시한 극도로 왜곡된 비판"이라며 "우리는 캘리포니아 및 연방 임대차법을 준수하고 있다."라고 뻔뻔하게 응수했다.[119]

지역 경제의 황폐화

월가의 신종 임대 사업이 초래한 문제를 요약하면 다음과 같다. 첫째, 월가의 대규모 임대 사업은 주거 안정성을 심대하게 훼손한다. 그 결과, 서민들이 대거 길거리로 내몰리고 있다. 둘째, 월가의 대규모 임대 사업은, 과거의 악덕 집주인은 양반이라 할 정도로, 악질적이고 무도하다. 이들의 목적은 오직 막대한 이윤 창출이며 그것을 위해서는 피도 눈물도 없다.[120]

그러나 신종 임대 사업은 이것들과는 또 다른 차원의 문제를 노정한다. 그것은 바로 임대 사업으로 번 돈이 지역사회로 편입되지 않고 모두 월가 부자들의 호주머니로 흘러들어 간다는 것이다. 신시아 스트래스먼 Cynthia Strathman SAJE 대표는 "사모펀드의 신종 임대 사업의 수익은 지역사회로 안 돌아오기 때문에 지역민들 부의 창출에 전혀 도움이 되지 못한다."라고 지적한다.[121] 한마디로 말하면, 이들은 월가가 빨대를 꽂은 영원한 먹잇감에 불과한 것이다. 그러면 그럴수록 지역 경제는 황폐화되고 그 속의 지역민의 삶은 더욱더 피폐해진다.

여보세요, 거기 (임차인을 위한) 누구 없소?

규제의 사각지대에서 양산되는 것은 노숙자다. 그렇다면 질문이 생긴다. 수많은 사람들이 길거리로 쏟아져 나오면서 노숙자로 전락하는 것을 목도하면서도 왜 규제하지 않는가? 왜 임차인들을 보호하지 않는가? 아니 그보다 왜 월가의 제국들이 주택을 대량 매집하게 허용하는가?[122](이 답은 앞에서 이미 제시했다. 정부와 연준의 버냉키 의장이 온갖 특혜를 덧붙여주면서 허락했다고.) 왜 그들이 임대차보호법을 어겨도 그냥 눈감아주고, 나아가 그들의 배를 무한정 불릴 수 있게 도와주는 법 개정을 하는가? 이러한 모든 규제 철폐들은 바로 월가의 제국들이 주택 시장과 임대 시장에서 마음껏 활개치게 한 자유주의 정책들의 일환이다. 결국, 임차인과 서민들을 위해 필요한 것은 바로 이들 제국들에 대한 규제와 통제이다. 그런데 이들을 위한 조치들은 취해지지 않았다. 도대체 왜일까? 이것을 뒤에서 다루기로 한다.

8

부동산 약탈자들과 정치권의 비호

양의 탈을 쓴 늑대, 스티븐 슈워츠먼

사모펀드 블랙스톤의 회장 슈워츠먼은 자선자본주의자philanthrocapitalist로 그럴듯하게 포장돼 있다. 뉴욕시 도서관에 1억 달러 기증 후 도서관 이사에 등극했고, 맨해튼 소재 미술관인 프릭 컬렉션Frick Collection의 이사, 워싱턴의 케네디 예술센터J.F.K. Center for the Performing Arts의 명예회장 타이틀을 갖고 있다. 최근에는 MIT대에 3억 5,000만 달러(약 4,200억 원)를 기부해 소위 AI 대학인 '스티븐 A. 슈워츠먼 컴퓨터대학Stephen A. Schwarzman College of Computing'을 세우는 데 일조하기도 했다.[123] 이러면서 마치 키다리 아저씨인 양 자신의 이미지를 관리하고 있다. 그러나 그 실체는 어떨까?

　나는 앞 장(6~7장)에서 임대차보호 법안인 '법률개정안 10'의 통과가 좌절되자 캘리포니아의 블랙스톤 사무실에 몰려간 항의 시위대에 대해 언급했다. 이 삽화가 슈워츠먼의 실체를 들여다보는 데 도움을 준다.

블랙스톤은 캘리포니아의 임차인들이 간절히 원했던 '법률개정안 10' 통과가 좌절되는 데 혁혁한 공을 세웠다. 블랙스톤은 개인 주택 임대자 등과 협력하여 임차인들의 요구를 격퇴하는 데 사력을 다했다. 물론 많은 돈을 들여서. 백 보 양보해서 여기까지는 그럴 수 있다고 치자. 그리고 시위에 참여한 이들도 여기까지는 알지도 모른다. 그러나 다음의 사실까지는 아마도 모를 가능성이 높다.

그 돈들이 어디서 나왔는지 아는가? 바로 서민들의 호주머니에서 나온 돈이다. 어떻게? 그들이 연금을 들어놓은 돈이 사모펀드 블랙스톤에 투자되었고, 블랙스톤은 자기들 호주머니가 아닌 바로 그 공적 연기금에서 돈을 빼내어 스스럼없이 '법률개정안 10'의 무력화를 위해 애쓰는 조직에 기부했다. 얼마나 파렴치한가.[124]

캘리포니아 시민연대The Alliance of Californians for Community Empowerment 대표 에이미 슈어Amy Schur는 "법률개정안 10의 반대를 이끈 이들 중 큰손들은 주택 시장 위기에서 수익을 챙긴 월가의 임대 사업자들이다. 노동자 계급

사모펀드 블랙스톤 회장 스티븐 슈워츠먼을 표지에 실은 《포브스》.
그를 '주인(the master)'으로, 그리고 기사에서 "너무 똑똑해서 승승장구만 한다(too smart to fail)."라고 표현한 게 눈에 띈다.
그러나 그의 승승장구 비결은 정정당당한 실력이 아닌 편법과 탈법, 그리고 돈으로 구워삶은 정치권의 비호다.

에게 숨통을 열어줄 중요한 정책을 좌초시키는 데 바로 그 노동자 계급의 연금이 사용되었다는 것은 상처는 물론 모욕감까지 안기는 것으로 노동자들을 두 번 죽이는 셈이다."라며 분통을 터뜨렸다.[125]

블랙스톤의 블라인드 투자?

'법률개정안 10'을 반대하는 조직에 블랙스톤과 그 자회사들은 모두 680만 달러(약 82억 원) 이상을 기부했다. 그중 약 130만 달러(약 15억 6,000만 원)는 자회사 인비테이션 홈스에서, 그리고 약 560만 달러(약 67억 2,000만 원)는 블랙스톤 지주회사와 4개의 펀드에서 출연되었다. 그 펀드의 투자자가 바로 캘리포니아주 연기금, 지자체 연기금, 그리고 공립대학교이다.[126] 그런데 문제는 블랙스톤의 이러한 행위에 대해서 투자자들이 전혀 모른다는 것이다. 만약 알게 되면 말 그대로 환장할 일이다. 한국에서도 이젠 조국 전 법무장관 때문에 어느 정도 귀에 익숙해진 소위 '블라인드 투자blind pools' 때문에 벌어진 일이라는데, 아무리 블라인드 투자라 해도 투자한 돈의 용처가 투자처가 아닌 전혀 다른 엉뚱한 정치적 행위에 쓰였다면, 그것도 자신들에게 해를 입히는 정치적 행위에 자금이 조달되었다면 이건 매우 큰 문제다. 그러나 투자자들은 이런 줄은 까맣게 몰랐다.

이것은 투자 회사가 정치적 기부를 위해 고객의 계좌에서 돈을 인출하는 것과 동일하다. 아니, 슈워츠먼 개인 돈도 아니고 어떻게 투자로 모은 돈으로 정치적 기부 행위를 하는가? 그것도 투자자들의 이익에 반하는 정치적 행위에 투자자들의 돈을 쓰는가? 투자자의 돈은 경찰관, 소방관, 교사 등의 공무원에게서 나온 돈이다. 그들은 대개 미국 제1의 부동산 재벌 블랙스톤의 임차인들이다.

앞에서 살펴본 바와 같이 최근 미국은 주택 가격과 임대료의 터무니 없는 상승으로 자택 구입은 엄두도 못 내고 월세조차 살기 어려워 주거지에서 쫓겨날 지경에 이른 중산층이 대폭 증가하고 있다. 설상가상, 코로나19로 인한 실업으로 그런 상황은 최악으로 치닫고 있는 중이다(코로나로 모기지 및 임대료의 연체를 일시 허용하고 퇴거가 중지되었지만, 두세 달 유예 기간이 지난 후 퇴거 위협에 밤잠을 설치고 있다).[127] 어쨌든, 코로나 이전에도 블랙스톤과 같은 사모펀드의 횡포로 중산층 이하 서민들은 오도 가도 못하는 신세로 전락하고 있었다. 코로나로 상황은 더 악화되고 있고, 따라서 최악의 경우 이들은 노숙자로 길바닥으로 나앉는 것밖에 다른 도리가 없다. 《로스앤젤레스 타임스》에 따르면 코로나19 이전(2019년 12월까지)에도 이미 로스앤젤레스시와 인근 지역의 노숙자는 계속 증가일로였다(전년도 대비 13~14퍼센트 증가). 여기엔 코로나19의 여파는 전혀 포함이 안 되었다. 노숙자의 증가 수치를 두고 로스앤젤레스시 노숙인 관리 당국 책임자인 하이디 마스턴 Heidi Marston은 "그 숫자조차도 차마 볼 수가 없다. 보는 것만으로도 겁이 난다."라고 소회를 밝혔다.[128]

컬럼비아대 경제학자 브렌던 오플레어티 Brendan O'Flaherty는 2020년 안에 전년도 대비 노숙자가 45퍼센트 증가할 것이며, 여름까지 80만 명의 노숙자가 양산될 것으로 전망했다. 그리고 그가 남긴 말 중 가장 충격적인 것은 "작금의 상황이 미국 역사상 전례가 없는 일"이라는 말이다.[129]

코로나라는 재앙을 제외하면 이런 상황이 벌어지게 하는 데 일등공신(?)은 바로 월가의 블랙스톤을 위시한 사모펀드이다.[130] 이들은 헐값에 나온 주택들을 대량으로 매집해 주택 가격을 천정부지로 올렸을 뿐만 아니라 악덕 임대업자로서도 악명을 떨치고 있다. 이들의 피해자가 바로 큰돈 가지지 않은 노동자들이다. 이들은 돈이 없기 때문에 가격이 크게 오른 주택을 구입하지도 못하고 미국 최대 임대 사업자로 등극한 월가의 사모펀드에게 주거지를 임차해 하루하루를 근근이 살아가고 있는 것이다. 그런 고달픈 임차인을 보호해달라며 요구한 법안을 저지하는 데 (즉, 그들을 계속해서 더욱 옥죄는 데) 들어간 돈이 임차인들이 장래를 위해 모으고 있는 연금에서 나온 것이고, 또한 그것이 임차인 자신들을 압살하는 데 사용되었다니 얼마나 기가 막힐 노릇인가. 그것도 자신들을 압살하는 데 사용된다는 그 무도한 일을 블라인드 펀드라는 맹점 때문에 전혀 모르고 있으니 이 얼마나 분통 터지는 일인가. 서민들은 자신들이 낸 돈으로 자신들이 피해를 당한다는 사실도 모르고 그렇게 바보처럼 살고 있는 것이다. 제국이 바로 이런 자들이다. 악질들이다. 사악한 자들 중의 괴수이다. 그 이름만 들어도 소름이 돋는다. 사모펀드! 그런데 무도한 자들의 수괴인 자가 자선자본주의자의 탈을 쓰고 온갖 칭송을 받고 있으니…….

트럼프 동맹 – "너를 위해 모든 규제 없애줄게"

그렇다면 어떻게 월가의 사모펀드 블랙스톤이 미국 주택 시장과 임대 시장의 최강자로 우뚝 설 수 있게 되었는가? 어떻게 약화될 대로 약화된 임대차보호법까지 완전히 깔아뭉갤 정도로 안하무인의 제국으로 등극해 천하를 호령할 수 있게 되었는가? 여태까지의 내 글을 읽어본 독자들이라면 이미 감을 잡았으리라. 답은 정치권의 절대적 비호와 후원 때문이다. 이미 앞 장에서 나는 사모펀드가 은행에 압류된 주택들을 헐값에 대량 매집할 수 있게 2012년 연방정부와 연준의장 버냉키가 특별 임시

프로그램을 만들어서 그 문을 활짝 열어주었다는 것을 언급했다. 당시는 민주당 오바마 정권 때이다. 그런데 이런 정치권의 비호와 조력은 여야 가릴 것 없는 공히 보편화된 문제다. 현재는 공화당의 트럼프가 정권을 잡고 있으니 트럼프에게 알랑거려야 자신의 탐욕을 마음껏 채울 수 있다. 교활한 월가의 양다리 전략!

슈워츠먼은 트럼프의 오랜 동맹이다. 여기서 동맹이라 함은 돈으로 맺어진 관계란 뜻이다. 슈워츠먼은 트럼프에게 정치 후원금을 듬뿍 냈다.[131] 그 덕에 억만장자 민간 기업인이 백악관의 비즈니스 자문위원장 Chair of the White House's Business Advisory Council 으로 임명되어 트럼프에게 온갖 훈수를 두고 있다. 첫 자문회의 뒤 슈워츠먼은 자신의 생일 파티를 플로리다의 팜비치에 있는 트럼프의 리조트 근처에서 2,000만 달러(약 240억 원)를 들여 성대하게 열었다. 트럼프는 그때까지만 해도 취임 후 얼마 안 된 터라 주위의 눈치를 봐서 그랬는지 행사장 근처의 자기 소유 리조트에 머물며 파티에는 직접 가지 않았다. 그러나 그의 아바타인 딸 이방카와 사위 쿠슈너를 비롯해 트럼프 초기 내각 요인 다수가 수행원으로 따라가 트럼프 대신 참석했으니 트럼프가 참석한 것과 진배없다.[132] 참으로 억만장자 비선 실세의 호가호위다. 일개 기업인의 70세 생일에 대통령과 그 수하의 고관대작들을 불러 하룻밤에 240억 원이라는 돈을 흥청망청 써버리다니. 낙타까지 등장했다는 제국들의 돈 지랄을 눈 뜨고 못 보겠다. 그러나 미국은 참으로 조용하다. 우리나라 같으면 난리가 났을 텐데 말이다. 한 달 임대료를 못 내 쫓겨날 처지에 놓여 있는 임차인들이 부지기수인데, 그들의 불안과 좌절, 그리고 원성은 못 본 체하고 악덕 임대업자의 생일 파티에 참석하는 고관대작들, 그리고 대통령을 등에 업고 재세하는 악덕 임대업자의 저 작태!

트럼프의 자문위원장으로 있으면서 슈워츠먼이 한 일은 트럼프를 통해 긁을 수 있는 만큼 최대한 이득을 뽑아낸 것이다. 그중 그가 가장 주력한 것은 사모펀드에 가해진 파생금융상품 거래 규제 및 고객(투자자)의 이익을 최우선으로 해야 한다는 규제를 철폐하는 것이었다. 앞의 것은 도드-프랭크법Dodd-Frank Act의 무력화를 노린 것인데, 이미 그 법은 트럼프 이전, 오바마 정권 때 무늬만 남은 법으로 누더기가 된 상태였다. 슈워츠먼은 이것마저도 성에 차지 않았는지 자신의 사모펀드에 일말의 걸림돌이 될 조항마저 완전히 사문화시킬 것을 원했고 트럼프는 이 요구를 흔쾌히 들어줬다. 뒤의 것도 마찬가지로 트럼프가 나서서 중지시켜줬다.[133] 사모펀드가 원하지 않는(즉, 자신들에게 목줄을 죄는) 규제의 철폐가 그들의 숙원 사업인 것이 분명한데 이런 일의 당사자가 트럼프의 비선 실세로 활동하면서 정부의 모든 정책을 자신이 유리한 대로 요리하는 일이 백주에 벌어지는 게 현재의 미국이다. 트럼프는 자신의 동맹, 슈워츠먼에게 전화를 걸어 이렇게 말했단다. "너를 위해 모든 규제를 다 없애줄게(없애는 중이야)We're getting rid of your regulations."[134] 다음은 시민단체 '공공시민Public Citizen'에 있는 그레이그 홀먼Craig Holman의 말이다.

여태껏 이러한 (공직자)윤리법의 남용을 본 적이 없다. 트럼프는 비공식적 자문위원 자리를 뜬금없이 만들어 윤리강령 준수를 원치도 않고 자신들의 금전적 이해를 고수하고 싶어 하는 억만장자를 데려와서 거기에 떡하니 앉히고는 모든 윤리 규정들을 면제해주고 있다. 그런데 사실 그들은 간간이 어쩌다 한 번 조언을 주는 사람들이 아닌 늘 트럼프 곁에서 자문가 역을 하는 이들이지만 공식적인 연방 자문위원회 소속도 아니다. 정기적으로 만나면서 이들이 하는 말이 대통령에게 직접적으로 먹히는 그런 사람들이다. 따라서 이들은 특별 정부 공무원으로 분류되어야 마땅한데 그렇지 않다.[135]

보다시피 지금 미국은 이런 비선 실세들이 열일하는 중이다. 하긴 어느 법 규정에도 없는 자리를 만들어, 거기에 자기 사람을 앉힌 후 그들이 나랏일을 자신들이 유리하게 농단하게 하는 짓을 하고 있으니 비선^{秘線}이 아닌 현선^{顯線} 실세라고 해야 더 맞을 것이다. 겉으로 드러나게 당당하게 앉혀놓았으니 말이다.

말이 나온 김에 한 사람만 더 소개하기로 한다. 물론 이 자도 트럼프의 동맹 중 하나였다. 톰 버락^{Tom Barrack}이라는 자인데, 로스앤젤레스에 기반을 둔 부동산 투자사 사모펀드 '콜로니 캐피털^{Colony Capital}'의 대표다. 앞장에서 블랙스톤과 함께 주목해야 할 사모펀드로 언급했던 그 펀드다. 버락도 트럼프를 끼고 이익이 있는 곳엔 어김없이 나타나 숟가락을 얹었다. 그렇게 트럼프와의 사적 친분을 이용해 사업을 키웠다고 비난을 받는 자이다. 1980년부터 트럼프와 알고 지낸 버락은 트럼프의 대통령

부동산 투자 회사인 사모펀드 '콜로니 캐피털' 회장 톰 버락의 캐리커처를 실은 《파이낸셜 타임스》 기사 화면. 트럼프를 등에 업고 이권이 있는 곳엔 어디든 달려가 숟가락을 얹는 것이 버락의 사업 비법이라고 묘사했다.

취임식 준비를 위해 1억 달러(약 1,200억 원)를 모금한 그야말로 트럼프의 동맹인 것으로 알려졌다.[136] 그러나 아무리 속된 말로 '절친'이라 하더라도 만일 그것이 돈으로 맺어진 관계라면 돈으로 깨지는 게 당연한 일. 취임 준비에 모금한 돈이 자신에게 한 푼도 오지 않은 것을 알게 된 트럼프가 대로해 결별했다는 후문이다.[137] 어쨌든, 버락의 주택 임대 회사는 곰팡이 등을 포함한 하자 있는 집을 임대하고서는 임차인들에게서 민원이 제기될 때는 나 몰라라 하는 것으로 악명 높은 그런 악덕 임대업주이다.[138] 이런 이들이 이렇게 불법적인 작태를 벌이며 활개를 칠 수 있는 것이 바로 대통령이라는 뒷배가 있기 때문인 것은 이 글을 읽은 독자라면 삼척동자라도 다 알 수 있을 터.

양적 완화와 초저금리가 이끈 부동산 거품
- 위기의 주범 월가, 헐값 부동산 싹쓸이해 돈방석에 앉다

이러한 정치권의 비호 아래 월가의 사모펀드는 주택 시장의 거품을 일게 했다. 물론 여기엔 연준의 양적 완화와 초저금리 정책이 일조했다. 원래 미국은 주택을 우리와 같이 불로소득을 올리기 위한 투기의 대상으로 삼는 그런 나라가 아니었다. 그럴 수 있었던 데에는 핵심적인 이유가 있다. 국민들의 정신이 올발라서가 아니라 제도가 밑받침되었기 때문이다. 그것에 대해서는 조금 뒤에 살펴볼 것이다. 그러기 전에 2008년 금융위기 이후 양적 완화와 초저금리가 어떻게 월가의 사모펀드를 돈방석에 앉게 했는지, 그럼으로써 미국의 불평등이 어떻게 더욱 극에 달하게 되었는지 저간의 사정에 대해 먼저 알아보기로 하자. 결론부터 이야기하자면, 경제를 살리겠다면서 벌인 정부의 정책이 국민을 살리지 못하고 제국의 배만 더욱 불리게 했다는 것이다.

2008년 이후 집을 살 수 있는 요건은 더욱 강화되어 형편이 조금 나아진 이들이라고 할지라도 쉽사리 '내 집 마련'의 꿈을 실현하기가 요원해졌다. 이른바 주택 구매 시 최초 지불액(다운 페이)의 한도가 높아졌고 대출 자격도 한층 강화되었기 때문이다. 그러면 이들이 갈 곳은 임대(월세)뿐이다.

이 틈새를 치고 들어온 것이 월가의 제국, 사모펀드다.

"그래, 돈 벌 곳이 나타났어. 바로 이거야!" 그것은 바로 임대 시장이다. 얼마나 사악한 자들인가. 자기들 때문에 고통당하는 이들을 또다시 자기들의 먹잇감으로 삼는 것이……. 서민들은 월가 때문에 이렇게 2008년 이후 두 번 죽게 되었다.[139] 월가의 사모펀드는 임대 시장에서 아파트는 물론 단독주택에까지 손을 뻗쳤다. 압류된 단독주택들을 싸게 사서 약간 손을 본 뒤 높은 임대료로 열매를 따 먹었다. 사모펀드가 주택을 대량 매집하니 겉으론 부동산 시장 경기가 좋아진 듯 보여, 결국 부동산 가격도 천정부지로 올랐다. 주택을 사고, 임대하면서 막대한 수익을 창출했다. 이 와중에 피를 보는 이들은 이미 정해져 있다. 바로 서민들이다. 주택 공급은 사모펀드에 의해 줄고, 이들의 분탕질에 가격이 올라 '내 집 마련'으로 임대 신세(월세)를 탈출하기가 요원하게 되었다. 이마저도 힘들 경우, 즉 임대료가 감당할 수 없을 정도로 올라 최악의 경우 길거리의 노숙자로 막장의 길을 걷게 되었다.

그래서 2008년 직후의 길거리 노숙자와, 경제 회복되었다고 선언한 이후의 길거리 노숙자는 분명히 차이가 있다. 전자는 부동산 시장에 버블이 꼈다가 그것이 터지며 압류로 노숙자로 전락한 것이고, 후자는 월세 임대료 폭등으로 양산된 노숙자다. 후자는 동시에 또다시 부동산 시장에 거품이 끼는 와중에 생성된 노숙자들이다. 공통점은 모두 월가의 먹잇감이 되었다는 것이다. 그러나 거기에도 차이점이 존재한다. 전자는 월가의 대형 금융회사에 의한 간접적 희생양이 된 것이고, 최근의 노숙자는 월가의 사모펀드에 의한 직접적인 희생양들이다. 악덕 임대업자 사모펀드에 의해 쫓겨난 사람들이 대다수이니까 그렇다. 극소수 제국들에 의해 미국의 중산층 이하 국민들은 철저하게 분쇄되고 있다. 제국들은 현금 동원 능력(물론 차입을 통한)이 타의 추종을 불허하는 자들이며, 막대한 유동성을 가지고 아무런 규제를 받지 않고 지금도 미국 전역의 집들을 깡그리 사재기하고 있다.

불로소득 원천 차단하는 특효약, 재산세(보유세) 강화

지금 미국의 부동산 거품은 자연적인 현상이 아니고 사모펀드에 의한 인위적인 조작의 결과다. 물론 직장과 소득, 인구밀집도 등에 의한 지역적인 편차는 어느 정도 있을 수 있다는 것을 감안한다고 하더라도 지금의 주택 가격과 임대료는 절대로 정상이라 할 수 없다. 양적 완화와 초저금리로 엄청나게 풀린 돈을 손에 쥘 수 있는 자는 극소수다. 다 그들의 장난이며 그 주체는 사모펀드다(2008년 이전에 일었던 부동산 거품은 월가의 대형 금융회사와 그 장난에 부화뇌동해 일확천금을 노린 소수의 일반 국민들도 책임이 있다).

어쨌든, 2000년대 초반부터 일기 시작한 부동산 거품 이전엔 미국에선 부동산에서 재미를 보겠다는 생각 자체가 아예 없었다. 그 이유는 뭘까? 바로 부동산에 붙는 재산세property tax(혹은 보유세) 때문이다. 구체적으로 들어가면 이야기가 복잡해지니까(보유세 산정 방식이 주마다 다르니까 그렇다.) 여기선 단순화해서 핵심만 짚어보자. 재산세율이 높을 때 부동산 가격이 오른다는 것은 곧 주택을 가진 자에게 마냥 좋을 일은 아니다(세금을 더 내야 하기 때문에). 그래서 갑작스러운 부동산 가격 상승을 달가워한 이는 거의 찾아볼 수 없었다. 미국이 대체적으로 부동산 가격이 안정세를 유지했던 이유다.

미국의 재산세율은 지역마다 다르다. 그 재산세율에 맞추어 주택 가격이 높고 낮음이 결정되는 것을 알 수 있다. 2018년 3월 현재 《뉴욕 타임스》가 보도한 것을 보면, 미국에서 현재 최고의 재산세율을 부과하는 곳은 뉴저지주로 2.40퍼센트다. 제일 낮은 곳은 하와이주로 0.27퍼센트다. 중간값은 뉴저지가 약 30만 달러(약 3억 6,000만 원), 하와이가 53만 달러(약 6억 4,000만 원)다. 재산세(보유세)가 가장 낮은 하와이주의 주택 가격이 약 2배가량 높다. 그럼 세금은 얼마를 내나 보자. 30만 달러 집에 대한 세금을 뉴저지주에서는 7,200달러(약 864만 원), 하와이에서는 810달러(약 97만 원)를 낸다. 보유세가 저렇게 적다 보니 대신 집값이 높은 것이다. 많은 경우 시세 차익을 노리고 사고파는 빈도가 상대적으로 높다는 것이다. 다른 주와 비교해볼 때 하와이에서는 상대적으로 주택이 거주가 아니라 투기의 대상이 되었다는 것을 의미한다. 한때 하와이 부동산은 일본 자본이 대거 몰려가 투기의 대상이 되었다.

주택 시장에서 가장 무서운 호환마마는 바로 보유세다. 그것 이외에 부동산 시장의 거품과 투기 세력을 잡을 방법은 없다. 보유세가 가장 낮은 하와이의 집값이 미국 전체와 비교해봤을 때 얼마나 높은지는 미국 전체의 주택 중간값을 보면 대번에 알 수 있다. 2016년 하와이주의 중간값은 53만 8,400달러(약 6억 5,000만 원), 미국 전체의 중간값은 18만 4,700달러(2억 2,000만 원)로 하와이의 주택 가격이 약 3배가량 높다.[140] 2019년 자료는 뉴저지가 재산세 2.13퍼센트에 중간값은 34만 4,000달러(약 4억

미국 50개 주 중 재산세(보유세)율이 가장 높은 5개 주와 가장 낮은 5개 주(2018년)

뉴저지
2.40%
중간값 316,400달러 재산세 7,601달러

일리노이
2.32%
중간값 174,800달러 재산세 4,058달러

뉴햄프셔
2.19%
중간값 239,700달러 재산세 5,241달러

코네티컷
2.02%
중간값 269,300달러 재산세 5,443달러

위스콘신
1.95%
중간값 167,000달러 재산세 3,257달러

워싱턴 D. C.
0.56%
중간값 506,100달러 재산세 2,811달러

델라웨어
0.55%
중간값 233,100달러 재산세 1,274달러

루이지애나
0.51%
중간값 148,300달러 재산세 750달러

앨라배마
0.43%
중간값 128,500달러 재산세 550달러

하와이
0.27%
중간값 538,400달러 재산세 1,459달러

가장 높은 곳은 뉴저지로 2.40%이고 가장 낮은 곳은 하와이로 0.27%이다.

출처 : 뉴욕 타임스

1,200만 원), 하와이가 0.3퍼센트에 63만 1,700달러(약 7억 6,000만 원)로 약간의 변동이 있으나 순위에는 변동이 없다.[141]

어떤 이는 그럴 것이다. '하와이야 누구나 살고 싶어 하는 천국 아닌가. 물 좋고 공기 좋은 그런 곳의 주택 가격이 높은 것은 당연하지 않겠느냐'며. 그러나 생각해보라 그런 천국도 1년에 재산세를 10배 정도 더내게 한다면 하와이로 몰려가 집을 살 사람이 지금처럼 많겠는가? 천만의 말씀이다. 또 어떤 이들은 하와이는 섬이라 재미없다며 뉴저지와 같은 동부를 선호하는 사람도 많다. 그러나 집값은 뉴저지주가 훨씬 저렴하다. 그 이유는 바로 재산세율 때문이다. 집 가격과 재산세율은 확실히 역의 관계다. 따라서 주택 가격을 잡는 방법은 재산세율을 올리는 것밖에 답이 없다. 하와이도 재산세율을 높이면 대번에 집값이 떨어질 것이다. 사고팔 사람들이 지금보다 확 줄어들 테니까. 그래서 주택 가격의 안정과 투기 세력의 차단 방법은 재산세 상향밖에는 없다. 미국에서 주택 투기가 심했던 곳, 캘리포니아(0.77퍼센트)·애리조나(0.72)·네바다(0.69)주 또한 다른 주에 비해 상대적으로 재산세율이 낮은 곳이다(미국 전체 평균 1.08퍼센트보다 한참 낮다). 그런 곳은 어김없이 부동산 투기 붐이 일었고, 거품이 꺼진 후 은행에 압류된 주택들은 모두 사모펀드, 즉 임대 사업자의 먹잇감이 되어 월가의 손아귀에 들어갔다.

왜 다른 것은 다 미국을 따라 하면서 재산(보유)세는 따라 하지 않는가

우리나라의 미친 부동산 가격 상승이 서민들의 울분을 자아내고 있다.[142] 문재인 정부 들어 21차례의 부동산 정책을 시행(김현미 장관은 4차례였다고 강변한다.)했으나 내놓는 대책마다 헛발질이다. 내가 볼 때, 문 정부의 부동산 정책은 '긁어 부스럼 내기'다. 여기 조금 만져서 긁어 부스럼, 저기 조금 만져 긁어 부스럼. 누구는 그런 걸 '핀셋 정책'이라 하던데, 대한민국을 괴사시키는 중증 암 덩어리를 메스를 들고 하는 대대적인 수술이 아닌 핀셋 정도로 해결할 것이라고 생각했다면 아마추어임을 자인하는 꼴밖에 안 된다.

정말로 아마추어인지 아니면 의도적인 것인지, 어쨌든 문재인 정부의 헛발질에 골병이든 사람들은 집값을 잡겠노라고 공언한 정부를 믿었던 사람들이다.[143] 정부의 말을 곧이곧대로 믿었던 사람들은 '그걸 믿은 네가 바보 등신'이라는 소리를 듣게 되었고, 가슴엔 피멍이 들었다. 한국의 불평등은 소득의 불평등보다 재산의 불평등에서 비롯된다. 재산의 불평등, 그게 바로 부동산이다. 그것으로 계급과 계층이 나뉘어 이제나 저제나 집값 내리면 집 사겠다고 생각하는 서민들은 졸지에 불가촉천민 신세로 전락했다. 무주택자가 가구의 절반이라니 대한민국은 불가촉천민들로 넘쳐난다. 그 많은 집들은 다 누구의 것인가?[144]

그럼 주택 가격을 어떻게 잡을까? 어떻게 안정시킬까? 답은 딱 하나다. 위에서 본 미국의 보유세와 집값의 역관계가 힌트다. 다주택자를 잡는 종부세도 물론 필요하지만(현재로선 거의 유명무실하다.) 그것보다는 1가구 1주택에도 보유세를 올려야 잡을 수 있다. 이렇게 하면 부자들에 대한 징벌적 과세라는 오해도 피할 수 있다. 1가구 1주택부터 그렇게 하겠다는 것이니 말이다. 현재 종부세는 공시 가격 9억이라는 상한선을 두고 있지만 그렇게 하는 경우, 그 상한선을 향해 모든 집값이 올라가려 발버둥을 친다. 거기까지는 안전하다고 생각하니 그렇다. 그러니 상한선을 두는 것보다는 1가구 1주택에도 보유세율을 올려 초장부터 잡아야 한다. 다주택은 세율을 누진적으로 적용하면 된다. 다주택 보유자는 죄인이고, 집값이 올라 불로소득을 기대하는 한 채 소유자는 정상이란 말인가. 아예 집으로 돈을 벌려는 생각 자체를 없애는 데는 이 방법밖에 없다. 집은 거주의 공간, 가족 간의 사랑을 나누며 쉬는 공간이지 그것으로 재산을 불리는 공간이 절대 아니다. 그것을 확실하게 각인시켜주는 방법은 딱 하나, 1가구 1주택의 재산세 강화다.

그러나 현재 한국의 부동산 보유세율은 0.16퍼센트다. 지금 장난하는가? 이걸 유지하고는 그 어떤 정책을 내세워도 백약이 무효다. 이것도 손보지 않고 무슨 부동산 정책을 펴겠다고 설레발인가. 보유세가 강화되어 집값이 높다면 생돈 수천만 원씩을 내게 하는데 누가 여러 채의 집을 보유하고 싶어 하며, 누가 감히 단 한 채의 집이라도 값이 오르기를 바랄 자 있겠는가?[145] "똑똑한 한 채?" 그 '똑똑한 한 채' 갖고 있다가 세금 폭탄을 맞는다는 것을 알게 하라. 그렇게 하는데 과연 '똑똑한'이란 소리가 나올 수 있는지 한번 두고 보라.

보유세 강화 이야기가 나오면 늘 나오는 레퍼토리가 있다. '강남에 집 한 채 갖고 있는 소득 없는 노인네는 어쩌란 말이냐'라는 소리다. 그러면 나는 묻고 싶다. 왜 꼭 늙어서도 강남 살아야 하나. 팔면 되잖나. 세금 낼 돈 없으면 팔고 더 싼 데로 가면 될 것을 왜 군이 강남인가. 정 그게 싫다면 죽은 뒤 자식에게 큰 재산을 물려줄 궁리 대신 당장 청와대 앞이든 국회 앞에 가서 집값 내리는 정책 시행하라고 시위를 하는 편이 나을 것이다. 그렇게 따라가기 좋아하는 미국의 은퇴한 노인들은 시골의 아주 싼 집 빼고는 부동산 보유세가 무서워 살던 집 다 팔고 확 줄여서 조그마한 아파트로 들어가거나 아예 거의 무료이다시피 한 노인 아파트로 들어간다. 보유세가 높은 지역들의 고급 맨션들은 보유세 감당이 너무 안 돼서 아예 시나 주에 기부하고 전시관으로 운영하기도 한다.

한국 사회를 서울 대 지방, 서울시 대 경기도, 강북 대 강남으로 찢어발겨서 꼭 분열된 삶을 살아야 하겠는가? 남북이 갈려서 사는 것도 모자라 이젠 남쪽에서조차 누구는 귀족으로 누구는 사람 취급 못 받는 불가촉천민으로 살아야 하나? 그것도 그 알량한 집값 때문에?

다른 것은 다 미국 따라 하지 못해 안달복달하면서 왜 재산세율은 미국을 따라 하지 않는가? 미국에서 제일 낮은 하와이의 보유세율보다도 턱없이 낮으니 한국이 부동산 투기 공화국이 안 되고 배기겠는가 말이다. 관련 공무원들이 이것을 모를까? 천만의 말씀. 그들은 다른 것은 몰라도 이것에 대해선 누구보다 더 잘 꿰고 있을 것이다. 그러니 더더욱 절대로 미국의 보유세율 수준을 한국에 가져오려 하지 않는 것이다. 왜냐하면 자신들이 부동산으로 계속해서 재미를 보고 싶기 때문이다.

그러면 묻고 싶다. 당신들은 복부인으로 나서지 왜 '늘공(정식 공무원)'이 되었느냐고. 정권을 잡아 어쩌다 공무원이 된 '어공'들조차 이때가 기회다 싶어 자신들의 부를 늘리기 위해 "부동산 잡는다! 잡는다!"는 흰소리만 해대면서 결국은 부동산값을 천정부지로 올려놓고 국민들의 복장만 뒤집고 있지 않은가.[146] 거기다 그것도 모자라 이제는 임대 사업자와 법인, 그리고 사모리츠(사모펀드가 운영하는 부동산 투자 회사)들의 부동산 구입에 갖은 특혜(세제 및 대출)를 주면서 부동산 가격을 이렇게 미친 듯이 발작하게 만들지 않았는가.[147] 이 울화통 터지는 꼴을 국민들은 언제까지 보고만 있으란 말인가. 또 일반 국민들에게도 묻고 싶다. 다른 것은 다 미국이라면 사족을 못 쓰면서 보유세 올리자는 말엔 그토록 냉담한가. 무주택자일 땐 집값 내리기를, 유주택자일 땐 집값 오르기를 바라는 놀부 심보가 부끄럽지 않은가?

가진 자들의 탐욕과 공무원들의 농단, 그리고 일확천금의 헛된 꿈을 안고 있는 국민들의 장단에 우리나라는 지금 망조가 들어가고 있다. 무엇보다 부동산을 잡아줄 것이란 국민들의 순진한 마음에 문재인 정부는 찬물을 확 끼얹었다. 아니 불을 질렀다.

다시 한번 강조한다. '지금 안 사면 끝난다'라는 심리를 조장하는 정책이 아닌 '지금 사면 끝난다'라는 심리를 불러올 충격과 공포의 정책을 시행하라. 선무당식 어설픈 규제 아무리 하면 뭐 하나. 복부인(투기 세력)들은 당신들(만일 정말로 순진하게 자신들이 펴는 정책이 먹힐 것이라고 생각하는 공무원들이 있다면 말이다. 나는 이런 순진한 공무원들이 있다고 생각하지 않지만 어쨌든)의 머리 꼭대기에 앉아 있는데 그들이 백기 투항을 하고 당신들의 머리 꼭대기서 내려오게 하는 정책을 시행하라.

그게 바로 1가구 1주택부터 시작하는 보유세 강화다. 1가구 1주택에서부터 형편없이 낮은 현행 세율을 단계적으로 올려라. 목표는 공무원들과 국민 대다수가 따라가고 싶어 안달하는 미국의 보유세율이다. 또한 공시지가도 시세에 맞추어 점진적으로 상향 조정하라. 이렇게 할진대 어디서 감히 집값 담합과 가격 상승 이야기가 나올 수 있을까.

그런데 그것은 안 하고 웬 엉뚱한 짓들만 골라 해서 이 사달을 내는가. 문재인 정부는 부동산 잡는 정책에서 본류는 건드리지 않고 변죽만 울려서 이 모양 이 꼴을 만들었다. 거기다 미국의 부동산 가격을 천정부지로 올려버린 사모펀드에 대한 정책을 흉내 내 임대 사업자와 법인에게 특혜까지 주었으니 부동산이 잡힐 턱이 있겠는가. 이것도 모자라 이제는 한국판 뉴딜정책 재원으로 사모펀드를 활용하겠단다.[148] 이게 과연 진보 정권 맞는가? 오히려 있는 자들에게는 규제 다 풀어주고 현금 가진 자가 주택을 싹쓸이하게 하는데 말이다. 미국을 흉내 낼 것은 내지 않고 내지 말아야 할 것은 흉내 내는 이 청개구리 관료들과 문재인 정부를 어찌해야 하나.

문재인 정부에 거는 국민의 기대는 대단했다. 나부터도 그랬다. 다른 것은 몰라도 교육과 부동산 문제는 어느 정도 해결해줄 거라 믿었다. 왜냐하면 자신들이 할 수 있다고 큰소리를 땅땅 쳤으니까. 그러나 그 높은 지지율에도 문재인 정부가 과연 한 게 뭐 있는가? 그대들의 헛발질에 집값만 올랐을 뿐, 서민들의 내 집 마련의 꿈은 저 멀리 달아나버렸다. 아니면 말만 그렇게 했을 뿐 부동산 잡을 생각이 아예 없었던 것은

아닌가? 여당의 핵심 의원이 그 속내를 드러내었으니 할 말은 없을 것이다.[149]

다 논외로 치고, 이대로라면 미래 세대는 어떻게 하란 말인가?

서울, 그것도 강남의 집 가진 부모를 둔 청년들만 결혼해서 애 낳게 하고 살게 할 것인가?(거기서 집 팔아 많은 시세 차익을 남긴 것으로 말이다.) 세습사회를 그렇게 해서 달성할 것인가? '제발 부동산 문제를 해결해 달라'고 갈망하고 간청을 하는 대다수 국민들을 이렇게 배신하고 있는 현 정부는 석고대죄를 해야 한다. 그와 더불어 남은 기간 당신들이 올려놨던 부동산을 정상화시켜놔야 한다. 그것은 단지 청와대를 비롯한 고위 공직자들의 다주택 집을 내놓는 보여주기 쇼로 해결될 문제가 아니다. 지금은 불로소득으로 부를 축적하는 것을 막는 단호한 법과 제도가 필요한 것이지 고위 공직자이니 다주택 내놓으라는 등의 도덕적 감수성에 호소해서 될 일이 아니라는 것이다. 쇼하지 말고 제대로 일을 하라는 말이다.

거품은 반드시 꺼진다

월가의 사모펀드에 의해 그렇게 끼던 미국의 부동산 거품에 대해서도 이미 코로나가 오기 훨씬 전인 2018년부터 경고음이 울렸고 집값 하강이 시작되고 있었다.[150] 뉴욕 맨해튼의 집값도 이미 그때부터 떨어지고 있었다. 그러나 그런 와중에도 청와대는 물론 고위 공직자들이 솔선수범(?)해서 서울과 강남 등지에 여러 채의 집을 갖고 있는 것을 보며, '아! 공무원들이 저러는 것 보면 우리나라는 절대로 떨어질 리 없어. 이번 정부 말에 쫄지 마! 그냥 말뿐이야. 서울 강남의 집값은 뉴욕의 맨해튼처럼 더 올라야 해!' 하는 투기 세력에게 놀아나 대한민국의 집값은 천정부지로 솟았다. 그러나 이후의 장들에서 다루겠지만, 코로나 사태는 미국을 코로나 이전과 이후로 완전히 갈라놓을 정도로 미국 사회 전반에 걸쳐 많은 것을 바꾸어놓고 있다는 사실을 직시할 필요가 있다. 경제에는 치명타다. 특히 집값 거품 붕괴의 조짐이 여기저기서 목격되고 있다.

가장 큰 요인은 뭐니 뭐니 해도 대량 실업이 주택 거품을 여지없이 빼고 있는 것이다. 그 신호탄은 모기지 및 임대료 연체 급증이다. 거대한 댐도 조그만 균열로 무너진다. 그다음은 실업이 아닌 좋은 직장을 가진 이들조차 대도시를 외면하고 있기 때문이다. 인구가 밀집된 지역에서의 높은 코로나 감염 가능성과 재택근무가 그것을 견인하고 있다. 한마디로 요약하면 대도시가 사람들에게 더 이상 매력적인 곳이 아닌 것이다. 2020년 7월 현재, 뉴욕과 샌프란시스코의 집값이 하락하고 있으며 임대료도 덩달아 수직 하강 중이다. 사람들이 뉴욕을 비롯한 대도시를 탈출하고 있는 것이다.[151] 그런데 이런 와중에 어디서 맨해튼 타령인지 모르겠다. 게다가 서울로만 모이고 있으니 이 무슨 일인지 모르겠다. 내가 볼때 이것은 지금이 어떤 상황인지 모르는, 투기 세력들의 농간에 놀아나는 청맹과니들의 위험한 불장난 그 이상도 그 이하도 아니다. 그런데 정부조차 지금까지의 부동산 정책의 실패를 반성하기는커녕 서울 지역의 그린벨트 해제 카드를 만지작거리고 있다.[152] 제정신인지 모르겠다. 투기 세력들의 난동을 더욱 부추기고 있으니 말이다. 그러면서 말은 부동산으로 얻는 불로소득을 절대로 허용하지 않겠다니 지나가는 개도 웃을 일이다.

이제 코로나다. 아무리 돈이 많이 풀린다 해도 거품은 반드시 꺼진다. 실물경제가 밑바탕이 되지 않는 비동조적 주택 가격 상승은 그것 자체가 위험이다. 거기다 언제 끝날지 모르는 코로나라는 재앙까지 덮쳤다. 그야말로 퍼펙트 스톰이다. 그러나 태풍의 눈은 한없이 조용하기만 해 태풍이 일고 있는 것을 모르듯 지금 우리는 그런 태풍의 눈 속에 있는 듯하다. 그야말로 태평성대다. 투기판에 돈이 흘러넘친다. 불로소득을 향한 탐욕의 눈들이 시뻘겋게 이글거린다. 그러나 명심해야 할 것은 태풍의 눈이었던 장소는 바로 무시무시한 태풍 속으로 휘말려 들어간다는 사실이다. 위기는 그렇게 삽시간에 들이닥친다. 마치 예고 없이 들이닥치는 강도처럼. 하여, 이렇게 하루아침에 거품이 꺼져서 모두가 쪽박을 차기 전에 하루빨리 시행해야 할 것이 보유세 강화다. 그것이 이 나라를, 그리고 청년들을 살리는 길이다.

다음의 사진을 보라. 불평등의 심화는 극소수의 몇 명(제국)을 제외하고는 모든 사람을 빈곤의 나락으로, 비참한 처지로, 노예로 만들어버린다. 특히 위기의 순간엔 그것이 더욱 극명히 드러난다. 조그만 위기에도 대다수의 사람들이 무료 급식을 받기 위해 저 장사진을 치게 만드는 것

2020년 4월 중순 피츠버그시에서 무료 급식을 받기 위해 장사진을 이룬 수천 대의 차량 행렬에 대해 쓴 기사 화면
〈출처 : 피츠버그 포스트-가제트〉

이 자유시장경제는 결코 아니다. 그것은 자유시장경제가 심대하게 망가졌다는 것을 의미한다. 그것을 망가뜨린 주체들은 극소수 탐욕에 전 제국과 그들과 야합한 여야의 정치가들이다. 그들은 국민과 국가 대신 부귀영화와 자신의 영달을 택했다. 자유시장경제를 살리는 길은 극소수가 모든 것을 편취하게 내버려두지 않는 규칙을 엄정히 지키는 것이다. 극소수의 제국만을 위한 자유는 자유가 아니다.

위기가 다가오고 있다. 나는 저런 비참한 미국의 모습[153]이 정녕 내 나라에서 펼쳐지는 것을 결코 보고 싶지 않다. 아니 상상조차 하기 싫다. 그러려면 우리나라는 우선 부동산부터 잡아야 한다. 우리에게 주어진 시간은 얼마 남지 않았다. 그런데 과연 그게 가능할까? 지금 돌아가는 꼴을 봐선 영 아닌 것 같다. 흉통이 몰려온다.

9

코로나19를 대하는 미국의 민낯

국민의 재산과 생명이 제1의 우선순위라는 미국

중국발 치명적인 역병이 전 세계를 공포 속으로 몰아넣고 있다. 이번 장에선 트럼프의 미국이 코로나 사태에 대처하는 법에 대해 알아보고자 한다.

전 세계 국가 중에서 자국민 한 명이라도 위험에 처해 있다면 끝까지 구해내고야 마는 국가가 미국이라고 흔히 알고 있다. 그래서 미국이야말로 국민의 생명과 재산, 그리고 안전을 지키는 데 있어 1등 국가라는 이미지와 자부심이 전 세계인은 물론 미국 시민들에게도 확고하게 굳혀져 있는 것 같다. 그래서 세계가 공포에 벌벌 떨고 있는 이 민감한 시기에조차 미국만은 아무 문제 없다는 트럼프 대통령 말에 절대적 신뢰를 보내는 미국 국민들이 꽤 있다. 이 절체절명의 난국 속에서도 천하태평인 이들은 바로 트럼프를 지지하는 백인 노인들이다. 그들은 대다수의 국민들이, 그것도 동년배의 다른 인종의 노인들이(특히, 트럼프와 척을 진) 코로나에 대해 염려하고 혹시나 올지도 모를 파국에 가슴 졸이며 사태 추이에 촉각을 곤두세우는 것과는 확연히 다른 행보를 보이고 있다.[154] 그런데 그들이 보내는 신뢰는 과연 타당한 것일까? 이것에 답하기 위해 두 가지 에피소드를 소개한다.

우한에서 온 부녀

중국인 여자와 결혼해 세 살배기 딸 하나를 둔 미국인 남성은 우한에서 근무하다가 2020년 2월 우한 폐렴 사태가 터지자 본국으로 돌아올 것인지를 묻는 미국 정부 통지에 응해 딸과 함께 미국으로 왔다. 그의 아내는 오기 직전 폐렴 증상을 보여 중국에 남아 생이별을 해야 했다. 이들 부녀는 미국에 내려 곧장 샌디에이고 소재 미국 해병대 시설에 2주간 격리수용되었다. 그것은 연방법에 근거한 조치였다. 그러나 기침하는 딸을 본 관리인들이 이들을 근처의 어린이병원에 두 번 데려가 신종 코로나 검사를 받게 했다. 각기 갈 때마다 3~4일이 걸렸다. 그러나 검사 결과는 음성. 2주간 격리에서 풀려난 이들이 고향인 펜실베이니아의 어머니 집으로 돌아갔을 때 날아온 1차 병원비 청구서는 3,918달러(약 470만 원)였다. 참고로 미국의 병원비는 한 몫에 날아오지 않는다. 몇 차례가 더 남았다는 이야기였다. 이것을 받았을 때 이 남성의 가슴은 철렁 내려앉았다. 그러잖아도 시설에 격리되었을 때에도 돈이 얼마 나올까 전전긍긍했었는데, 그의 첫 일성은 "내가 이걸 무슨 수로 내지?"였다.[155]

추억 여행이 공포가 되어버린 손녀와 할머니

탑승자 한 명이 우한 폐렴으로 사망해 샌프란시스코만으로 회항한 그랜드 프린세스호 탑승객 2,000여 명이 미 전역의 군 시설에 격리 수용되었다. 그중 83세의 할머니와 함께 추억 여행을 떠났던 손녀가 수용된 격리 시설에서 얼마나 부적절한 대우를 받고 있는가에 대해《유에스에이투데이》와 원격 인터뷰를 했다. 조지아주 도빈스Dobbins 공군기지에 격리 조치된 지 이틀이 지나도록 어느 누구 하나 와서 체온을 재지 않았다. 그것은 격리 수용된 이들에 대한 조치의 ABC 중 A에 해당하는 것이다. 게다가 도착 후 12시간이 지나도록 어떠한 음식물도 제공되지 않았고, 방에는 수건은커녕 비누 한 알조차 없었다. 또한 수용소 내의 사람들 간의 거리두기도 시행되지 않았다. 이런 사정(식사와 확진 검사 정보의 부족, 그리고 부적절한 의료 조치)은 미국 내 나머지 격리 수용소에서도 마찬가지로 확인됐다. 매체와 인터뷰한 손녀는 "할머니를 돌보는 것이 왜 내 일이 되어야 하는가? 그것은 국가의 일이 아닌가?" 하며 분통을 터뜨렸고, "자신들은 죄수보다 못한 취급을 받고 있다."라고 울먹였다. 더군다나 크루즈 여행의 특성상 대다수의 탑승객은 노인들이라 이들의 건강이 그런 열악한 상황에서 어찌 될지 걱정이라면서. 그러나 트럼프는 3월 둘째 주말 행한 백악관 회견에서 그랜드 프린세스호의 격리 수용은 "엄청난 성공tremendous success"라고 자화자찬했다.[156]

아무런 보호막 없이 내팽개쳐진 국민들

도대체 왜 이런 일이? 이들을 관리하는 것은 정부 소관이지만 소요 비용을 누가 내는가는 분명하지 않기 때문이다. 그리고 병원비가 엄청나기 때문이다. 그래서 신종 코로나 공포 속에서 병원에 격리돼 치료를 받는 사람들은 벌벌 떨게 된다. 그리고 혹시나 걸렸을까 걱정되는 사람들도 매한가지다. 이러니 간덩이가 붓지 않는 이상 누가 스스럼없이 병원에 검사를 받으러 갈까? 더더군다나 의료보험이 없는 이들이라면 두말할 나위 없다. 게다가 저렇게 국가에 의해 (자의가 아닌) 강제 격리되어 병원 치료를 받는 이들이라면 그 공포는 신종 코로나에 걸린 것보다 더한 공포다.

사실 이런 공포는 괜한 것이 아니다. 대부분 일반 서민이 파산하는 이유가 바로 병원비 때문이라는 것만 짚고 넘어가겠다.[157] 그래서 이러한 난리법석 속에서, 그리고 공포와 광기 속에서 열이 나도 병원에 검사받으러 가지 못하는 미국. 하다못해 자의가 아니라 국가가 강제 격리시켜 검사와 치료를 하고 있는데도 병은 둘째 치고 격리가 해제된 후 병원비를 어찌해야 할지 염려해야 하는 이런 미국. 이런 나라를 도대체 누가 만들었는가?

탈규제 속에 무지막지하게 오른 의료비

국제건강보험연합The International Federation of Health Plans이 추정해보니 미국 병원에서 입원비는 하루당 평균 4,293달러(약 515만 원)로, 호주(1,308달러, 157만 원), 스페인(481달러, 58만 원)과 비교하면 어마어마하다. 단순하게 계산해서, 병원에서만 2주 동안 온전히 격리되었다 치자. 얼마인가? 입원비만 6만 102달러(약 7,200만 원)이다. 그런데 그것이 다가 아니다.[158]

앞서의 남성에게 내라고 날아온 1차 청구서에는 입원비만이 있는 게 아니었다. 그것 말고도 앰뷸런스 사용료 2,598달러(약 312만 원)와 X-레이 값 90달러(약 11만 원)는 따로 청구되었다.[159] 이 남성의 경우와 미국 병원비 평균을 적용해 대략 추정해보면, 미국인이 이러한 재해로 2주 동안 병원에 격리 수용되었을 경우 약 1억 원 안팎의 돈이 들어간다. 그러면 다음 수순은, 당연히 파산이다.

그런데 미국의 의료비는 어쩌다 이렇게까지 얼토당토않게 되었을까? 그것은 이들 의료계와 보험업계의 대국회 및 대정부 로비에 의한 탈규제 때문이다. 이것은 레이건 대통령 이후 심화되었다.[160] 여기서 우리가 배울 점 하나 먼저. 정말로 아무것도 모르는 바지저고리를 대통령으로 만들면 안 된다. 왜냐하면 그런 바지저고리를 앉혀놓고 제국(극소수 기득권)들이 자기들 유리한 대로 모든 것을 요리해서 그들의 배를 한껏 불리고 있기 때문이다. 그로 인해 피를 보는 것은 바로 순진한 서민들이다.

강제 격리는 법제화, 그러나 비용은 각자 알아서

미국에서 강제 격리 수용은 법제화되어 있다. 그러나 딱 거기까지만이다. 그 뒤는 아무것도 없다. 나머지는 격리 수용자가 알아서 할 일이다. 그러면 애초 격리 수용의 목적 자체가 무색해진다. 조지타운 대학교의 국제보건법 교수인 로렌스 고스틴 Lawrence Gostin 은 "공중보건에 있어 가장 중요한 규칙은 바로 국민들의 협조를 얻는 것이다. 그러니, 법적·도덕적·공중보건상의 이유로 강제 격리자에게 비용을 청구해서는 안 된다."라고 말한다. 왜냐하면 만일 강제 격리 시 드는 비싼 비용을 수용자에게 부과한다면 그들은 필요한 의료 조치를 경계하며 꺼리고 급기야는 숨어버릴 것이기 때문이다. 그렇다면 격리 수용해 관리하는 목적 자체가 허공에 떠버리게 되는 우를 범하게 된다. 방역은 물 건너가게 되는 것이다.

혹시나 부과될 병원비 때문에 전전긍긍해하던 격리 수용자의 다음 말이 이를 방증한다. "여기에 있는 비용을 내가 왜 내야 하나? 파산하느니 차라리 숨어서 그 꼴을 안 당할 걸 그랬다."[161]

트럼프의 호언장담 – "신종 코로나 걱정 마, 나만 믿어!"

이것은 원래부터 미국이 안고 있던 근본적인 의료 체계의 문제다. 그러나 지금이 어떤 때인가? 그야말로 엄중한 비상사태다. 트럼프도 미루다 미루다 마지못해 3월 둘째 주말 국가비상사태를 선포했다. 신종 코로나로 최악의 경우 미국인이 170만 명 이상이 사망할 것이라는 전망도 흘러나온다.[162] 그러면 트럼프는 이렇게 되기 전에 조짐이 이상할 때 뭔가 선제적 조치를 취해야 했다. 그러나 그가 한 행동은 그저 "내가 잘 통제할 테니 걱정 마."란 말뿐이었고 그 외에 어떠한 조치도 취한 게 없다.[163] 그리고 사태는 보다시피다. 경제는 멈춰 서고 주식은 수직 낙하,[164] 학교는 문을 닫고 상점에선 필수품들이 동이 났다. 신종 코로나가 강타한 미국이다.

"신종바이러스는 나를 엿 먹이기 위해 야당과 가짜뉴스가 합작해 날조한 사기다. 그리고 의사들은 내가 얼마나 의학에 대해 조예가 깊은지 깜짝 놀라고 있다." 라고 트럼프가 말하자, 병원 관계자가 "경비 불러. 이자가 환자들을 놀라게 하잖아!" 라고 대꾸하는 내용의 《시애틀 타임스》의 풍자만화 화면. 만화 속 트럼프의 말은 그가 실제로 한 말이다.

트럼프의 무능

확산되는 신종 코로나에 아무런 대책도, 아무런 조치도 취하지 않은 트럼프 행정부의 실체는 부통령을 팀장으로 한 코로나 대응 팀이 여실히 보여준다. 그것을 간단히 요약하면 "내분, 책임 전가, 잘못된 정보, 헛발질, 그리고 치명적 위험에 대한 뒤늦은 인식"이다. 즉, 한마디로 말해 '무능'이다. 대응 팀에서 흘러나온 정보에 의하면 대응 팀의 대책회의는 각자 책임은 회피하고 벌인 그야말로 '아무 대책 대잔치'였다는 것이다. 이를 두고 《워싱턴 포스트》는 "즉석 난장판$^{ad\ hoc\ free-for-all}$"이라 표현했다. 이를 해결하기 위해 트럼프가 한 일은 바로 그의 사위 쿠슈너를 거기에 끼워 넣은 것인데, 그 또한 '아무 대책 대잔치'의 주인공이었음은 두말할 나위 없다. 왜냐하면 쿠슈너가 감염병에 대해 무엇을 알겠는가?

쿠슈너가 고작 한 일은 IT 기업과 소매상들을 압박하는 것이었는데, 이를 빌미로 트럼프가 호기 있게 대국민 발표를 했지만 곧장 모두 허풍으로 판명되었다. 트럼프는 구글이 관련 사이트를 만들었다고 말했고 월마트 주차장에 선별진료소를 만들겠다고 했었다. 그러나 이런 담화가 '뻥'으로 판명되어도 트럼프는 사과 한마디 없었다. 대응 팀에서 진단키트 부실과 부족에 대해 대통령의 대국민 사과 이야기가 나왔을 때조차, 그의 참모들이 그랬던 것처럼 똑같이 트럼프는 "내가 왜 그 책임을 져?" 하고 발뺌을 했을 뿐이다. 무능, 참으로 심한 무능의 화신이다.[165]

트럼프의 관심은 오로지 11월 재선

그렇다면 그는 그저 무능하기만 한 것일까? 그것으로만 끝나도 이러한 절체절명의 시기에 많은 수의 미국인이 골로 가게 된다. 그런데 게다가 그가 교활하기까지 하다면? 그다음엔 정말 답이 없다. 그럼에도 철석같이 그를 믿는 이들이 존재한다면 더더욱. 다음은 국방장관과 CIA 국장을 지냈던 리언 패네타^{Leon Panetta}의 이야기다.

> 온 나라가 멈춰 섰다. 그런데 대통령이란 작자는 자기가 어떻게 이 위
> 기 상황을 모면할 수 있을까만 생각한다. 그것은 정치공학적 접근이
> 다. 아니, 리얼리티 TV 쇼적 접근이 더 나은 표현이겠다. 트럼프는 "이
> 위기가 내 이미지에 어떤 타격을 줄까?", "이게 얼마나 나빠질까?",
> "이 위기에서 어떻게 말로 내가 빠져나갈 수 있을까?", "책임을 어떻
> 게 회피할 수 있을까?"만 생각할 뿐이다.[166]

이런 자를 절반이 넘는 지지자들이 맹목적으로 믿고 지지하고 있으
며, 이런 자의 손에 국민의 건강과 생명이 달려 있다. 그러나 다시 한번
말하지만, 트럼프의 관심은 오로지 그의 11월 재선, 그리고 그것을 위한
이미지 관리다. 국민의 안전과 생명은 안중에 없다. 이미지에 타격을 주
는 모든 뉴스는 야당발(혹은, 야당을 위한) 가짜뉴스라고 낙인찍으면서.

국민 생명을 아랑곳하지 않는 진영 논리 - FOX 대 CNN

그런데 오해 마시라. 내가 어떤 정치색을 가지고 이야기하는 것이 절대
아니니까. 미국의 민주당 힐러리가 대통령이 되었다고 해서 이보다 나아
질 것은 전혀 없다(이 책의 1장을 보라). 초록이 동색이다. 이미 미국의 정치
는 썩을 대로 썩어 문드러졌으니까. 문제는 그것을 인식하지 못하고 아
직도 정치색의 미몽에 사로잡혀 진영 논리에 빠져 있는 사람들이 갈수
록 많아진다는 것이다. 대표적인 예가 앞에서 언급한 백인 노인들이다.
공화당 편인 그들은 보고 싶은 것만 보고 듣고 싶은 것만 듣는다. 폭스뉴

스만 신뢰한다. 그 반대편도 마찬가지다. CNN과《뉴욕 타임스》만 믿는다. 서로가 서로를 가짜뉴스라 칭한다. 한쪽은 빨갱이가 대통령이 되면 안 된다 하고 반대편에선 예측불허의 개망나니가 다시 돼서는 안 된다 한다. 그리고 신종 코로나에 대해 서로 정치적으로 이용해 먹으려고만 하는 사이 그 타격은 고스란히 서민들에게 떠안겨진다.

각자도생 – 국가의 보호막이 없는 곳에서 살아남기

코로나로 재택근무? 그것은 서민들에겐 딴 세상의 일. 그래서 그들에겐 미국의 열악한 인터넷 사정이 과연 재택근무를 가능하게 할 것인지에 대한 염려는 참으로 호사에 가깝다.[167] 그리고 하루 벌어 하루 먹는 사람들에겐 무급휴가란 당장의 호구지책을 염려해야 할 처지를 말한다. 우리나라 자영업자들과 대부분의 서민들이 그러하듯. 언제나 지지리 궁상은 국경을 초월해 수렴한다. 만인을 위한 의료 시스템이 불비한 나라에서 감염된 줄도 모르고, 또 설사 걸렸다 해도 속수무책. 병원 한 번 못 가보고 사망에 이르는 이들도 부지기수일 것이 뻔하다. 그러나 이들보다 더 딱한 취약 계층이 있으니 바로 노숙자들이다.[168]

반면, 상위 계층의 사람들에겐 코로나는 아무 문제 없다. 병원을 가는 것이나 엄청난 병원비도 그들에겐 아무런 장애가 되지 않는다. 그래서 어떤 이들은 이번 코로나 사태가 미국의 심화되고 있는 불평등의 문제를 극명하게 드러낼 것이며, 심지어 이것저것 다 떠나 그것은 곧 생존의 문제라고까지 말하고 있는 것이다.[169]

이런 와중 최고결정권자인 트럼프는 오직 자신의 권력 유지에만 관심이 있고, 국민의 보건 문제에는 아무런 관심도 없다. 마지못해 극렬 지지자들만을 의식해 잔뜩 '뻥'만 늘어놓는다. 진정성 '1'도 없이. 그러니 서민들에게 남은 유일한 선택지는 각자도생뿐이다. 미국 국민들 사이에서 번지고 있는 사재기 행태는 아무런 방패막이 없이 재앙을 맞이한 이들의 심리적 공황을 시사하는 단적인 예다. 그들도 은연중 자신들의 처지를 알고 있다는 뜻이다.

잘사는 이들만 국민인가? 못사는 이들은 국민이 아니라는 말인가? 이쯤에 우리는 또다시 묻지 않을 수 없다. 국가는 무엇을 위해 존재하는가?

그 이후의 이야기

이 기고가 나간 것은 2020년 3월 중순. 미국 의료비가 터무니없이 비싸다는 사실에 많은 사람들이 적잖게 놀랐을 것이다. 그리고 3개월이 지난 6월 중순《시애틀 타임스》는 코로나에 감염돼 62일간 입원해 치료를 받은 한 노인의 병원비를 보도했다. 치료비는 총 110만 달러(약 13억 2,000만 원), 청구서가 181쪽이었다. 집중치료실 1일 사용료가 9,736달러(약 1,170만 원)로 42일 치 40만 8,912달러(약 4억 9,100만 원), 1일 사용료가 2,835달러(약 340만 원)인 인공호흡기 29일 치 8만 2,215달러(약 9,900만 원)였고, 약값은 총 청구비의 4분의 1에 해당했다.[170]

다행히 퇴원한 이 70대 노인은 의료보험이 있어 저 액수의 병원비를 다 물지는 않겠지만, 어쨌든 보험회사는 병원에 청구액을 지급해야 한다. 그 이야기는 두 가지를 말해준다. 지금도 말도 안 되게 살인적인 의료비가 계속 오를 것이라는 점. 그리고 의료보험료도 계속해서 오를 것이라는 점이다. 이것의 제한을 정하지 않는 당국의 허술한 맹탕 규제(즉,

탈규제)가 미국의 의료비와 보험료를 저 지경으로 만들었다. 그것은 모두 의료계와 보험업계의 대정치권 로비 때문에 벌어진 일이다.

약 두 달간 병마와 싸우다 이겨내고 퇴원하는 저 노인이 한 말이 가슴에 와 닿는다. "살아남은 것에 죄책감이 든다. 내가 이럴 만한 자격이 있는 사람인가? 왜 내가?" 안도와 기쁨의 말보다 그에게 죄책감을 들게 한 것은 그 어마어마한 병원비다. 치료받다 퇴원하며 마냥 기뻐하고 홀가분해야 할 국민이 도리어 엉뚱한 죄책감을 느끼게 하는 미국. 아무리 생각해도 결코 정상은 아니다.[171]

10

코로나 사태,
월가가 바라 마지않던 책임 전가의 호재

미국의 캘리포니아주를 시작으로 2020년 3월 23일 현재 16개 주, 9개 카운티, 3개 도시 1억 5,800만 명의 미국인에게 이른바 자택 격리 명령 shelter-in-place order이 내려졌다. 이것은 긴급한 상황 이외의 모든 출입을 금지하며 집에만 머물러 있으라는 일종의 이동 제한 명령 stay-at-home order이다. 그런데 이 대목에서 대번에 다음 질문이 제기된다. 그렇다면 집이 없는 사람들은 어찌하나? 이번 장에선 신종 코로나발 세계 경제의 대침체가 예견되는 상황에서 미국에서 이들 취약 계층이 어떠한 곤경 속에 처해 있는지를 더 자세히 알아보고자 한다. 아울러 이런 서민들의 고통과는 아랑곳없이, 악재조차 호재로 혹은 호기로 삼아 승승장구하는 제국들에 대해 짚어보기로 한다.

이동 제한 명령이 내려진 캘리포니아 지역 사정을 알리는 《샌프란시스코 크로니클》 1면 사진

억만장자들에게 신종 코로나는 남의 일

민주당 대통령 후보 경선에 나온 버니 샌더스는 "억만장자들에게 코로나 창궐, 이런 것은 그저 남의 일이다. 결국 코로나의 직접적인 피해자는 서민들이다."라고 조 바이든과의 경선 토론장에서 이야기했다.[172] 가장 비싼 의료보험이 있고, 가지고 싶은 것 다 가진 대부호들이야 설사 신종 코로나에 걸린다 한들 그게 대수냐면서. 문제는 국민 중 겨우 하루 벌어 하루 먹고 사는 이들이 태반인데 이런 이들에게 코로나는 정말로 재앙이라고 이야기했다. 여기서 샌더스가 날카롭게 지적하고 있는 것은 바로 미국의 극심한 불평등이다. 이런 상황에서의 코로나 창궐은 곧 서민들 삶 자체의 궤멸을 의미한다.

자택 격리 명령의 허구 – 그럼 집 없는 사람은?

코로나 창궐에 대비하기 위해 가장 취약한 계층인 노숙자에게 내려진 명령은 "텐트서 꼼짝 마!"이다. 지금까지는 쏟아져 나오는 노숙자 퇴치를 위해 보통 낮에는 경찰과 노숙자들이 쫓고 쫓기는 상황이 연출됐었다. 그러나 코로나 창궐이 염려되자 대부분의 지역에서 내려진 조치는 "노숙자는 텐트에서 머물라!"다.[173] 얼마나 웃기는 소린가? 텐트가 자택인가? 언제는 텐트는 집이 아니라며 죽어라 쫓아내려 하더니만 이제는 텐트가 집이니 그냥 가만히 죽치고 거기만 있으란다. 이게 무슨 대책인가? 가뜩이나 열악한 환경 속에서 생존해야 하는 노숙자들이 코로나로부터 가장 먼저 보호받아야 할 대상임을 인식하는 것은 차치하고서라도 이들을 감염원 인자로 간주해 텐트에 처박혀 나오지 말라는 것은 그들에 대한 방기放棄를 넘어 인권 침해다. 게다가 자택 격리 명령으로 주요 다중시설, 이를테면 공공도서관, 빌딩 등이 폐쇄되었다. 그나마 그곳은 노숙자들이 손과 얼굴을 씻을 수 있는 유일한 장소다. 그런 곳들마저 폐쇄된 마당에 이들이 할 수 있는 말은 그저 이것뿐이리라. "(코로나?) 걸리면 죽는 거지 뭐(이래 죽으나 저래 죽으나 마찬가지)."[174] 현재 미국엔 약 50만 명의 노숙자들이 있으며, 그들 중 약 65퍼센트가 노숙자 대피소에서 밤이슬을 피하고 있으나 약 20만 명의 나머지 노숙자들은 길거리에서 비유가 아닌 문자 그대로 풍찬노숙을 하고 있다.[175]

신종 코로나 염려는 차라리 호사

그렇다. 이런 그들에겐 건강 염려는 호사豪奢일는지도 모른다. 정녕 그들에겐 그것보다 더 시급한 문제가 놓여 있으니 말이다. 당장 먹고살 문제. 그것에 비하면 잠복기가 2주나 걸리는 코로나 같은 것은 그들에겐 문제 축에도 들지 않으니까. 목구멍이 포도청인 까닭이다. 그런데 이런 문제는 노숙자만의 전유물이 아니다. 서민들도 지금 생존의 문제에 직면해 있다. 왜냐하면 코로나로 일들이 끊겨서다.

현재 미국의 학교도 우리처럼 폐쇄했다. 그러나 학교가 아니면 삶을 이어나가기 힘든 이들이 있어 점심시간에만 잠시 여는 학교가 많다. 아이들의 돌봄이 필요해서냐고? 천만의 말씀이다. 《뉴욕 타임스》는 3월 20일 텍사스주 브레넘^{Brenham}의 자녀 여섯을 둔 부부 이야기를 소개했다. 엄마는 33세의 상이용사, 남편은 목수. 그러나 코로나 창궐로 남편의 일거리는 없어지고 6명의 자녀를 도저히 먹일 방법이 없어 한 끼의 식사는 무료급식으로 때운다. 학교는 코로나로 폐쇄됐으나 무료급식이 필요한 아동들이 많아 점심 무료급식을 학교 운동장에서 드라이브 스루(차에서 내리지 않게 하고 음식을 주는 방법)로 제공하고 있다. 그나마 엄마는 아이들 먹이느라 식사는 굶기 일쑤. 만일 학교의 무료급식이 없었다면 "스트레스로 멘탈이 완전히 붕괴했을 것"이라며 자신이 끼니를 거르는 것은 외려 문제가 아니란다.

그런데 문제는 이런 딱한 사정은 단지 이 가정만의 문제가 아니라는 데 있다. 폐쇄 중에도 무료급식을 제공하는 학교는 텍사스를 비롯해 플로리다, 펜실베이니아, 오리건 등 여러 주에서 시행 중이다. 또 점심 한 끼뿐만 아니라 다음 날 아침 두 끼까지 가져가는 아동들이 계속 늘고 있다. 캘리포니아주 새크라멘토의 학군에서는 거의 1만 1,000명의 학생들이 두 끼의 식사를 무료로 가져가고 있다. 그리고 그것은 하루 동안 아이들이 먹는 식사의 전부다. 미시간 대학교 사회사업학과 루크 섀퍼^{H. Luke Saefer} 교수는 "(코로나 사태처럼) 일이 잘못됐을 때 가장 먼저 타격을 받는 이들이 바로 서민들이며 또한 회복되는 데에도 가장 시간이 오래 걸리는 층이 바로 그들"이라고 말했다.[176]

샌프란시스코 시빅 센터(Civic Center)의 노숙자 텐트
〈출처 : nerriy / Shutterstock.com〉

서민들의 가장 큰 걱정은 다음 달 임대료

그런데 먹을거리 걱정이 저런 식으로라도 해결된다면 서민들에게 그다음 가장 큰 걱정거리가 무엇일까? 바로 임대료다. 위에서 소개한 6명의 자녀를 둔 여성도 가장 큰 걱정거리가 매달 어김없이 돌아오는 1,000달러(약 120만 원)의 임대료라 말했다. 당장 수입이 없으니 그렇다. 《워싱턴 포스트》는 2020년 3월 현재 시점에서 대다수 미국인의 가장 큰 걱정거리가 임박한 다음 달(4월) 임대료라고 보도했다.[177] 물론 임차인이 아니고 집을 소유한 서민들이라 해도 여기서 예외일 수 없다. 대부분의 집값을 은행에서 대출해서 집을 소유한 것이라 매달 이자와 원금을 갚아야 하

는데 일거리가 갑자기 뚝 끊겨 소득이 없으니 그렇다. 미국인들 대다수
는 소득이 끊겼을 때 단 한 달만이라도 버틸 여유 자금이 없다.

미국 경제는 전인미답의 영역으로 – 그 와중 빠르게 급증하는 실업률

《뉴욕 타임스》는 3월 말 미국의 경제가 지금 전인미답의 영역 uncharted
waters 으로 접어들었다고 선언했다.[178] 즉, 과거 전례가 없던 대혼란 속으
로 진입했음을 이야기하는 것이다. 《블룸버그》는 모건스탠리 Morgan Stanley
가 올 2분기 미국 국내총생산 GDP 성장률이 전 분기 대비 마이너스 30.1
퍼센트가 될 것으로, 그리고 제임스 불러드 James Bullard 연준 세인트 루이
스 은행장은 50퍼센트 하강할 것으로 내다봤다고 보도했다.[179] 옥스퍼드
경제연구소 Oxford Economics 의 미국경제팀장인 그레그 다코 Greg Daco 는 "이것
이 단지 일시적인 현상이 아니고, 이전에는 한 번도 경험해보지 못했던
일을 겪게 될 것이다."라고 말했을 정도다. 왜냐면 이런 급작스러운 경기
하강은 선진국에선 유례가 없었던 것이기 때문이다. 왜 그럴까? 심지어
10년 전의 금융위기와 1920년대 대공황 때조차도 사람들에게 집 밖으
로 나가지 말라거나 여러 사람과 모이지 말라 했던 적은 없었기 때문이
다. 경제는 결국 사람들이 만들어내는 것이고 그것은 사람들이 만나 교
류해야 가능한 것이다. 그래서 《뉴욕 타임스》는 이를 '전시적 곤경 wartime
privation'이라 말한다.[180]

　이번이 '전시적 곤경'이라 불리는 이유는 바로 그 직접적 타격을 서
민들이 최초로 입기 때문이다. 그것도 아주 강력하게. 2008년 금융위
기가 월가에서 시작되어 서민들에게 미치기까지는 그래도 시간이 조금
걸렸다. 직장에서의 해고는 월가의 은행들에서 먼저 시작되었다. 나머

지 직종의 해고와 실물경제 하강은 그것과는 시차가 조금 있었다. 그러나 이번 신종 코로나는 그때와 완전히 딴판이다. 사람들의 이동이 멈추니 영세자영업자들이 먼저 그 타격을 고스란히 받는다. 식당, 이발소, 선술집 등의 업종이 줄줄이 타격받는다. 이를 두고 아메리칸대 경제학과의 개브리엘 매시Gabriel Mathy 교수는 "이번 침체는 아마도 서비스 부분에서 시작된 세계에서 유례없는 최초의 경기침체다."라고 지적한다. 소상공인들과 영세자영업자들은 보유하고 있는 현금도 얼마 없고 신용도 제한적이다. 다른 큰 회사들처럼 채권을 발행할 수도 없다. 따라서 손님이 끊기면 바로 존폐의 기로에 놓이며 시간이 조금만 흘러도 폐업할 수밖에 없다. 그렇다면 거기에 종사하는 근로자들은? 벌써 이들의 대량 해고가 시작되었다.[181]

3월 19일 미국 노동부는 실업수당 신청자가 28만 1,000명으로 전주와 비교해 33퍼센트 증가했다고 발표했다. 이것은 2017년 이후 가장 높은 수치이다.[182] 그러나 이 수치는 골드만삭스Goldman Sachs가 전망한 그다음 주 수치 225만 명에 비하면 새 발의 피다. 그러나 한 주가 지나 이런 전망은 완전히 빗나간 것으로 판명됐다. 미국 노동부가 발표한 3월 셋째 주 주간 신규 실업수당 신청자는 328만 3,000명에 달했기 때문이다. 한 주 만에 신규 실업자 수가 300만 명이 늘었다.[183]

옥스퍼드 경제연구소의 다코는 4월 미국의 실업률을 10퍼센트로, 재무부 장관 스티븐 므누신Steven Mnuchin은 효과적인 개입이 없다면 실업률이 20퍼센트까지 치솟을 것으로 내다봤다. 심지어 연준의 불러드 은행장은 30퍼센트까지 나올 것이라고 예측하고 있다.[184]

2008년 금융위기 회복은 허상 - 실업률 폭증이 그 증거

볼 스테이트 대학교 경제학과 마이클 힉스^{Michael Hicks} 교수는 《워싱턴 포스트》와의 인터뷰에서 2020년 3월에 미국 역사상 가장 최악의 해고 수치를 기록할 것이라고 말한 바 있다.[185]

이러한 대량 해고는 과연 무엇을 의미하는가? 어떤 이들은 이런 실업대란 사태가 단순히 코로나로 인해 발생했다며 코로나 탓을 할 수도 있겠다. 그러나 나는 그렇게 생각하지 않는다. 물론 코로나 사태가 어떤 촉발 요인은 되었지만, 이러한 급작스러운 실업대란은 미국이 그동안 말해주지 않은 미국 경제의 실체 때문이라고 본다. 코로나 사태는 단지 그것을 들춰내 미국 경제의 민낯을 보여주는 역할만 했을 뿐이다. 이 말은 무엇을 말하는 것일까?

한마디로 요약하면, 이번 실업대란은 바로 2008년 금융위기 이후에 미국의 경제가 회복되었다고 선언하며 우쭐댔던 것이 모두 허상이었음을 적나라하게 보여준다. 그동안 미국은 경제 회복의 증거로 고용률의 증가, 즉 실업률(2019년 10월 현재, 3.6퍼센트)의 저하를 내세웠다. 그런데 그것은 허드레 일자리의 증가로 뚝딱뚝딱 만든 숫자 놀음에 불과했다는 것이 이번 코로나 사태로 여지없이 드러났다. 즉, 그것은 튼실한 일자리가 아니었다. '눈 가리고 아웅'이었던 것이다. 그러니 정부가 나서서 실업률이 최저치로 낮아졌다며 '이것 봐라. 실업률이 얼마나 낮은가. 그래서 미국인은 행복하다!'며 미국의 경제 회복을 아무리 외쳐대도 공허하기만 했던 것이다. 왜냐하면 서민들의 삶은 금융위기 이후에도 전혀 개선된 것이 없었으니까.

만약 미국 정부의 발표대로 국가 경제가, 그리고 서민들의 삶이 나아진 것이 사실이었다면 이런 코로나 팬데믹 상황에서 서민들이 이처럼 추풍낙엽처럼 일시에 대량 해고되는 일은 없었을 것이다. 왜냐면 아무리 해고가 밥 먹듯이 쉬운 미국이라 해도, 그래도 좋은 직장이라면 그렇게 쉽게 근로자를 내보내지 않을 테니까. 어느 정도는 뜸을 들일 테니까. 그래도 큰 기업은 이런 상황에서 어느 정도(단 한두 달이라도)는 버틸 능력이 있으니까. 다시 말해 진정한 경제 회복은 뭐니 뭐니 해도 서민들의 직업 안정성 보장으로 확인되기 때문이다.

그러나 현실은 이와 정반대다. 그래서 신종 코로나 사태로 사람들을 일터에서 대거 몰아내고 있으니 실업률이 갑자기 높아진 것이다. 애초에 서민들이 취업했다는 직장이 번듯한 직장이 아니었다. 파트타임, 기간제, 비정규직, 아르바이트 등의 일자리 채운 것으로 정부가 고용률의 증가와 실업률의 하락이라고 얼버무렸다. 그런데 어찌 되었든 그런 허드레 일자리에서조차 밀려나 이렇게 실업률이 높아지면 그것은 곧 금융위기 이전으로 곧장 회귀하는 것을 의미한다. 미국 경제가 금융위기 이후 달라진 것도 나아진 것도 없다는 것을 이번 대량 해고 사태가 여실히 보여주고 있다는 말이다. 사탕발림한 실업률과 고용률 지표에서 사탕을 싹 제거하자 그 실체가 드러나고 있다. 즉, 지표들은 그저 숫자 장난이었고 신기루에 불과했다는 사실이다. 그 와중에 서민들은 두서너 개의 아르바이트로 연명하고 있었을 뿐이다. 코로나 사태로 하루아침에 이런 짓거리가 들통난 것이다.

모래로 쌓은 성

그렇다면 금융위기 이후에 전 세계가 그 깊은 신음에서 벗어나지 못하고 있음에도 미국 홀로 시쳇말로 '잘나갔다'는 것은 무엇을 말하는가?

미국 홀로 경기가 좋았다는 것은 누구를 위한 축제의 판이었던 것일까?

2008년 금융위기 이후 속도가 더디더라도 잘못된 것들을 시정해 기초 체력을 다져서 튼실한 경제를 재건하기보다는 임시방편으로 구멍 난 곳을 돈을 찍어 처발라 메우고 그 열매는 모두 극소수의 가진 자들, 즉 제국이 취했다. 그리고 그 돈들은 죄다 돈 놓고 돈 먹는 놀이인 금융자본으로 치환되어 금융화에[186] 더욱더 박차를 가하였다. 그 결과는 주식시장의 활황과 부동산 가격의 폭등, 즉 이들 시장에 잔뜩 낀 거품이었다. 그리고 그 주역은 대형 금융회사가 아닌 사모펀드였다. 그러나 이들은 초록이 동색. 사모펀드조차 월가에 속한 것이니까. 우리의 비례 정당만이 '위성'이 아니다. 미국의 사모펀드 또한 월가의 위성 투자사이다. 겉으로만 보면 얼마나 그럴듯한가. 한없이 오르는 주식[187]과 부동산. 특히 미국 외부에서 보면 더더욱 그럴 것이다. 그러나 그 모든 것이 금융위기 이후에 쏟아부은 돈 때문인 것은 쉽게 간과했다.

2년 전부터 예견되었던 거품 붕괴와 침체 – 터뜨리기 위해 만들어진 거품

그러나 그러한 눈부신 금융화의 진전이 모래로 쌓은 성이었다는 것이 이번 신종 코로나 사태로 만천하에 드러났다. 그렇게 부풀려진 자산시장의 거품이 완전히 꺼지고 있기 때문이다(지금 트럼프는 연준의 발권력을 동원해 돈을 찍어서 증시 폭락을 억지로 틀어막고 있는 중이다. 그럼에도 그것은 불가능한 미션이다. 거품만 더 커지게 할 뿐이니까).

그런데 코로나 사태가 발발하기 전에 미국의 거품 붕괴 위험성은 이미 2년 전부터 예견되었다. 이런 예견은 단지 전문가들만 할 수 있는 게 결코 아니다. 왜냐면 거품은 언젠가는 반드시 꺼지게 마련이니까. 나도 강연 등 기회 있을 때마다 이것을 줄곧 알렸었다. 물론 귀담아듣는 이가 별로 없어 문제지만.[188] 비유적으로 말하면 다음과 같다. 자신의 거대한 몸 때문에 바로 서지 못하고 비틀거리는 거인이 돌부리에 발이 걸려 완전히 넘어가듯, 바로 이번 신종 코로나 사태가 그런 돌부리 역할을 한 것일 뿐이다. 코로나는 방아쇠 역할은 했지만 이미 거인은 쓰러지고 있는 중이었다는 것을 인식하는 게 중요하다.[189]

코로나 – 월가가 바라 마지않던 책임 전가의 호재

어쩌면 월가를 주축으로 한 제국들은 오히려 코로나가 무척 반가울 수도 있겠다. 왜냐면 거품은 반드시 꺼질 텐데 그 책임을 다른 데(코로나)로 돌릴 수 있을 테니까. 2008년엔 금융위기 주범으로 몰려 얼마나 호된 뭇매를 맞았었는가. 그렇게 보면 코로나 사태 같은 악재는 제국들엔 확실히 호재! 마치 울고 싶은데 뺨 때려준 격과 같다(쓰러지는 제국들의 기업은 어찌하고 이런 소리를 하느냐고 반문하는 이들은 조금만 기다려주기를 바란다. 곧 뒤에서 그 답이 나온다. 다 국가가 나서서 구제해주니까 그들은 걱정 '1'도 안 한다). 이것저것 떠나 제국들은 악재든 호재든 모두 자신들의 호재로 만드는 데 귀재다. 보라, 어떤 제국은 경기 하강에 내기를 해서 떼돈을 벌고 있지 않은가? 2,700만 달러(약 324억 원)를 가지고 단숨에 100배를 번 펀드 회장도 있다.[190] 거품이 이는 동안 재미를 톡톡히 본 제국 중 그것이 꺼질 것을 감지한 이들은 이미 정리할 것들은 다 팔아 곳간을 두둑이 채워두었다. 그러곤 악재에 베팅까지 해 또 한 번 재미를 보는 것이다. 제국에게는 어려운 장사란 없다. 그들에겐 모든 장사가 다 누워 떡 먹는, 그렇게 쉬운 것이다. 그런데 그것만일까?

가재는 게 편 – 트럼프는 '대기업이 우선!'

전례 없는 코로나 사태 폭탄으로 미국 경제가 위기에 몰렸더며 트럼프 발 경기 부양 패키지 법안이 상원에서 통과되었다. 미국의 한 해 예산 의 절반에 해당하는 물경 2조 2,000억 원(약 2,640조 원)의 현금이 시중에 쏟아진다. 그러나 그중 성인 한 명당 1,200달러(약 144만 원)가 지원되는 2,500억 달러(약 300조 원)와 실업급여 등에 사용될 2,500억 달러를 빼면 나머지는 모두 기업을 위한 돈이다. 이것이 바로 코로나 재난으로 삶과 죽음의 기로에 놓인 서민들을 위한 정책이 아니라 기업을 우선하는 정 책을 편다고 트럼프가 비난받는 이유이다. 확실히 가재는 게 편이다. 그 리고 이것이 바로 앞서 '왜 쓰러지는 제국의 기업이 있는데 코로나 같은 악재가 호재가 될 수 있느냐'는 의문에 대한 답이다. 제국의 기업은 악재 에 아무리 손해를 보아도 그것을 벌충해줄 든든한 뒷배가 있다. 곧 친기 업 정책을 펴는 제국의 친구, 아니 그들의 하수인인 든든한 정치인과 지 도자가 있기 때문이다.

물론 아무리 제국의 친구들이라고 해도 정치인들이 맨입으로 제국을 위해 돈을 풀지는 않는다. 다시 말해 가재가 게 편을 그냥 들어주지는 않 는다. 제국은 그의 하수인들이 움직일 만큼 듬뿍 기름칠을 한다. 나랏돈 을 받아내기 위해서 사활을 건 정치권 로비전을 벌이면서. 《가디언》은 워싱턴의 로비스트들이 수십억 달러의 코로나 구제금융을 받기 위한 광 란의 전쟁에 너도나도 앞다퉈 뛰어들었다고 보도했다.[191] 이 때문에 민 주당 대통령 경선에 나왔던 엘리자베스 워런이 일찌감치 코로나 사태 구제금융은 기업이 아닌 노동자들에게 우선해야 한다고 주장했던 것이 다.[192] 그런데 이런 말 하는 사람들은 다 '아웃'이다. 미국 정치계 물 사정 이 다 그렇다.

'노동자 우선인 구제금융' 주장하는 샌더스

물론 기업이 도산하면 거기의 근로자들이 대량 해고되니 기업을 완전히 무시할 수도 없는 형국이다. 그렇다면 조건을 달아야 한다. 근로자의 해고 금지라든지 급여의 삭감 금지 등의 전제 조건 말이다. 그런데 그런 단서 조항 없이 기업에 무작정 돈을 살포하면 그다음은 어찌 될지 뻔하다. 결국 그 모든 돈은 최고위 임원진들의 보너스로, 또 주식을 보유한 부자들의 호주머니 속으로만 홀랑 흘러가게 된다. 근로자들은 나 몰라라 내칠 것이 분명하다. 어려움을 극복하기 위해선 구조조정이 필수라면서. 이런 모든 일은 이미 2008년 금융위기 때 겪었던 터라 예견하기가 그리 어렵지 않다. 선수도, 그리고 게임의 룰(규칙)도 그때와 바뀐 것은 하나도 없고, 그렇게 유사한 게임은 계속되고 있다. 한번 승자가 되면 모든 것을 독식하는 게임, 게다가 계속해서 승자가 되는 이상한 게임. 그렇다면 이런 게임에서 감히 제국을 상대하는 서민들의 운명은? 그들의 승률은 백전백패![193]

그래서 샌더스가 경기 부양 구제금융이 대기업이 아닌 노동자에게 먼저 제공되어야 한다고 목청을 높였다. 부득이하게 대기업에 제공될 경우 근로자를 위한 전제 조건을 달아 지급되어야 한다면서. 그러나 거의 모든 주요 언론이 왜 샌더스는 실질적으로 결판이 난 것과 진배없는데 경선을 포기하지 않고 저런 딴죽을 거냐면서 비아냥거렸다. 소위 진보 언론이라는 《뉴욕 타임스》조차. 심지어 《워싱턴 포스트》는 코로나로 많은 미국인이 피해를 보고 있는 이때 단 한 사람 유일하게 샌더스만 수혜를 입고 있다고 빈정댔다. 소위 진보 언론이라는 것들이 코로나의 유일한 승자가 될 제국들은 놔두고 외려 이것을 지적하는 샌더스를 공격하다니![194]

샌더스의 말대로 구제금융이 서민에게 먼저 제공되어야 하는 이유는 거품 붕괴의 모든 덤터기를 결국 중산층 이하 서민들이 온전히 뒤집어 쓰게 되니 그렇다.[195] 이렇게 악재가 왔을 때 제국들은 유유히 손 털고 장을 떠나지만 그 피해는 고스란히 서민들의 몫. 경기 하강의 직접적인 타격은 아무 죄 없는 서민들에게 가해진다. 따져보라. 그들이 거품을 끼게 했는가? 그들이 금융화를 가져왔는가? 그들이 사모펀드를 했는가? 그들이 집을 마구 사들였는가? 그들이 주식을 했는가? 그들이 한 일이라곤 어려움 속에서도 생계를 꾸려가기 위해 이 일 저 일, 두서너 개의 허드렛일을 가리지 않고 열심히 한 죄밖에 없다.

코로나 위험 속 퇴거 위험에 놓인 임차인들

그리고 일이 끊기고 실업자가 되고, 그래서 수입이 없으면 사는 곳에서 나가야 하는 압박을 받는 처지로 내몰리게 되는 게 서민들이다. 지금쯤 그들은 다음 달 임대료 지급 날짜가 코앞으로 다가오면서 아마도 심장이 두근거리고 있을 것이다. 더군다나 지금이 어떤 때인가. 밖에 나가면 코로나에 걸린다고 집에 머무르라 하지 않는가. 이른바 '셸터 인 플레이스Shelter in place' 명령! 그런데 방세를 못 내면 당장 방을 빼란다. 임대차보호법은 거의 사문화되었다. 특히 사모펀드가 집주인으로 등극한 이후에는 더더욱. 이 악덕 집주인들에겐 피도 눈물도 없다.[196]

《워싱턴 포스트》는 코로나 사태로 뒤숭숭한 이 시점에 집주인에게서 가차 없이 방을 빼라는 퇴거 통지를 받은 위스콘신주 밀워키Milwaukee에 사는 66세의 할머니를 소개하고 있다. 만성기관지염과 만성폐쇄성 폐질환이 있는 이 할머니는 밖에 나가면 자기 같은 기저질환자의 경우 특히

나 위험하다는 것을 알고 지금 공포에 떨고 있다.[197]

트럼프는 3월 17일 "미국주택도시개발부[HUD]가 주택 소유자와 임차인의 주택 압류와 퇴거를 4월 말까지 유예하는 즉각적인 조치를 곧 취할 것이다."라고 선언했다. 그러나 그것은 허언이었다. 적어도 임차인들에게는. 전국적으로 3,000만 명에 이르는 주택 소유자들은 돈을 못 내 쫓겨나는 것에서 60일간의 유예 기간을 주었지만, 임차인들은 아니었다. 이렇게 지금 코로나 사태 속에서 퇴거 명령을 받는 처지에 몰린 임차인들은 전국적으로 4,000만 명. 그러나 이들을 위한 보호책은 아무것도 없다.[198]

이제 임차인들에게 고작 남은 유일한 희망은 정부가 경기 부양 패키지로 지급한다는 현금 1,200달러. 그러나 앞 장에서 이야기했듯이 대도시의 임대료는 사모펀드의 장난질로 엄청나게 올랐다. 그 돈 가지고는 턱도 없다. 설사 준다 해도 임대료 지급 날짜를 맞출지도 의문이다.[199] 그래서 트럼프가 쏜다는 현금은 기껏해야 언 발에 오줌 누기다. 그리고 소상공인들에게 대출해준다는 돈도 그림의 떡이다. 그 대출을, 이 사태가 하루이틀에 끝날 일이 아닌데 또 빚을 져서 어떻게 갚는단 말인가. 그들이 이 시점에서 원하는 것은 대출 그 이상의 생명줄이다.[200] 그러나 그것은 철저히 외면되고 오로지 구제금융의 혜택은 또다시 제국으로만 향하고 있다.

코로나는 누구나 걸릴 수 있으니 공평하다?

코로나는 빈부귀천을 막론하고 누구나 걸릴 수 있어 공평하다는 말이 나온다. 영국의 찰스 왕세자와 존슨 총리도 걸렸으며, 배우 톰 행크스와 그의 부인도 걸렸으니 말이다. 그런 거 보면 코로나가 신분을 안 가리는 것은 확실한 것 같다. 하긴 코로나 바이러스에 눈이라도 달렸겠는가.

하지만 그 공평하다는 말은 반은 맞고 반은 틀리다. 왜냐하면 테스트를 받을 수 있는 자는 지체 높은 고관대작들이었으니까. 제국들이었으니까. 그들은 테스트를 받아 확진 판정을 받는 것조차 대서특필된다. 어떤 이들은 그런 테스트를 받고 싶어도 받지 못하는데 말이다. 이들은 조명받지 못하는 사람들이다. 제국은 이들에겐 아무런 관심이 없다. 서민들이야 죽든 말든 아무런 관심이 없다. 오직 자신들만 오케이면 된다. 자기들만 조명받으면 된다. 자기들만 병원 가서 검사받고, 걸리더라도 병원 치료하고, '이제 다 나았네' 하며 언론의 플래시를 받으면 된다. 자신들만 이 난국을 잠시 피하면 된다. 아니다, 제국은 이 난국을 또다시 자신들의 배를 불릴 절호의 기회로 삼을 것이다. 앞에서 살펴보았듯 벌써 그

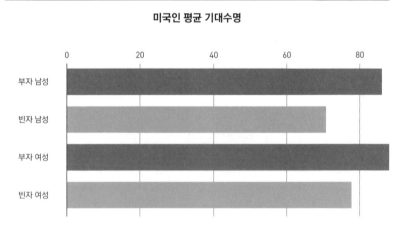

미국인 평균 기대수명

미국인 평균 기대수명은
소득 상위 1%의 남성이 하위 1%의 남성보다 15년 더 길며, 여성의 경우는 10년 더 길다.

출처 : 가디언 / 2016년 미국의학협회저널

런 시도는 시동을 걸었다.

그래도 사태가 사태인지라 뒤통수가 몹시 따가웠는지 미국의 제국들이 서민들을 위해 고작 만들었다는 것이 테스트는 무료로 해주겠다는 조치였다. 그러나 걸렸으면 치료는 돈 내고 하란다.[201] 몇천만 원, 아니 몇억이 나올지 모르는 병원비를 어찌하라고. 누가 감히 그렇게 하겠는가? 그것은 오히려 서민들을 두 번 울리고 완전히 절망에 빠뜨리는 것과 같다.[202] 그리고 그렇게 사태는 늘 과거처럼 변함없이 흘러가면서 미국인의 경제적 불평등은 수명의 불평등으로 그대로 이어진다. 최근 조사에 따르면 부자와 빈자의 평균 수명은 10년 이상(남자는 15년, 여자는 10년) 차이가 난다.[203] 이것은 어김없이 이번 코로나 사태에도 그대로 적용될 것이다. 슬프게도 돈 앞에서는 수명조차 불공평하다.

11

코로나에 준비 안 된 미국, 그 이유는‘?

미국의 예상 사망자 수, 최대 24만 명

미국에서 코로나 사태가 날로 심각해지고 있다. 향후 사망자가 최소 10만 명에서 20만 명에 이를 것이란 보도가 나오자마자 바로 최대 24만 명이 될 것이란 추정치로 수정되고 있다. 사태가 이렇게 되니 미국 전역이 충격과 공포로 휩싸이고 있는 형국이다. 한국과는 문화가 달라 쓰지 않으려 했던 마스크도 너도나도 찾아 쓰려 애쓰는 것을 보면 죽음의 공포 앞에선 한낱 문화라는 것도 별 소용이 없는 듯 보인다. 하긴 평상시에 하던 행동과 믿음이 문화를 구성하는 것이라고 볼 때 삶과 죽음의 갈림길 앞에서는 그런 것들도 우선순위에서 한참이나 뒤로 밀리는 것은 당연하다. 평소의 일상이 무너져버린 곳에서 문화란 거추장스러운 장식에 불과하다는 것을 사람들은 누가 가르쳐주지 않아도 직감하는 것이리라.

그런데 문제는 다른 곳에 있다. 그것도 치명적인 문제가 말이다. 문화적으로 꺼리던 마스크가 미국에서조차도 필수적으로 쓰이는 곳이 있었다. 바로 병원이다. 그러나 환자가 홍수처럼 쇄도하는 이때 병원에서 근무하는 의료진조차 쓰지 못할 정도로 마스크가 부족하다. 그리고 부족한 것은 그것뿐만이 아니다. 의료진을 위한 안면 비말 보호대와 방호복 같은 개인보호장구Private Protective Equipments(이하 PPE)가 절대적으로 부족하다. 또한 진단검사키트와 중증 폐렴 환자를 위한 인공호흡기도 거의 동난 상태이다. 선진국, 그것도 세계 최강 미국에서 어쩌다 이런 일이 일어난 것일까? 이번 장은 이것에 대한 이야기이다.

현재 미국 병원은 '세균 배양 접시'

"중환자실ICU이 폭발했다." 미국 뉴욕의 컬럼비아 대학교 병원 외과 전문의가 《뉴욕 타임스》와의 이메일 인터뷰에서 한 말이다. 그는 환자가 물밀듯이 쇄도하고 있는 와중에 일손이 달리자 중환자실에 자원해 환자를 보고 있다. 그런데 난생처음 보는 전쟁 같은 이런 상황을 목도하는 의료진을 더욱 공포에 떨게 하는 것은 따로 있다. 의료진의 감염이다. 실제로 상당수의 의료진이 감염되었고 사망하고 있다. 그것도 다른 이유가 아닌 PPE가 부족해서이다. 이런 일은 중환자실에서만 벌어지는 것이 아니고 응급실을 비롯해 병원 전체에서 벌어지는 현상이다. 뉴욕의 한 의사는 이렇게 바이러스에 무방비로 노출돼 환자를 보는 병원 환경을 "세균 배양 접시a petri dish"라고 묘사했다. 한 간호사는 "매일 도살장에 끌려가는 느낌이다."라고 토로했다.[204]

임산부들을 감염시키고 있는 의사들

뉴욕시의 마운트 시나이 병원^{Mount Sinai hospital} 산부인과 의사의 말은 더욱 충격적이다. 그 의사는 PPE 없이 확진자인 산모들의 분만을 거든 지 오래됐다는 것이다. PPE가 절대 부족한 상태에서 산부인과는 코로나 환자를 받는 최전선 의료진이 아니기에 PPE의 착용은 엄격히 제한되어 있다. 그래서 산부인과에서 PPE 착용은 언감생심, 감히 엄두조차 내지 못한다. 이런 와중에 임부들을 검진하고 분만을 돕고 있으니 그 불안감이 얼마나 클까? 이 때문에 의료진들은 퇴근해서 집에 가자마자 옷을 세탁기에 돌리고 샤워를 하고 있지만 가족은 물론 다른 환자들에게 병을 옮기고 있는 것은 아닌지 심각하게 우려하고 있다. 심지어 앞서 언급한 산부인과 의사는 이렇게 말한다. "우리는 우리가 검진하는 임산부들과 분만 후 퇴원시키는 산모들을 확실히 감염시키고 있는 중이다."

PPE 부족으로 무방비 상태로 환자를 받고 있는 의료진들은 환자들의 생명은 물론 자신들의 생명 위협까지 감내하고 있는 상태이다. 한 간호사의 울부짖음은 현재 미국에서 PPE 부족 사태가 얼마나 심각한지를 단적으로 알려주고 있다. "우리 모두는 완전히 끝났다. (이런 상태라면) 곧내 동료들을 잃을 것은 의심의 여지가 없다. 문제는 현재로서는 탈출구가 없다는 것이다."²⁰⁵

태부족인 진단검사키트

코로나 사태가 한창인 지난 3월 30일 트럼프가 미국의 주지사들을 모아놓고 코로나 사태 관련 회의를 했다. 각 주의 코로나 대처 상황을 듣고 대책을 논의하는 자리였다. 그 자리에서 트럼프는 "세계 그 어느 나라보다 우리나라에서 검사를 더 많이 했다. 그리고 검사는 매우 정확했고 이번 주에는 더 빨리 검사를 진행하고 있다. 나는 진단검사를 하는 데 문제가 있다는 말을 들어보지 못했다."라고 이야기했다. 그리고 한술 더 떠서, 그 회의 후 백악관 브리핑에서 트럼프는 모임이 어땠느냐고 묻는 기자들의 질문에 주지사들이 국가 위기에 발 빠르게 대처하고 있는 자신의 지도력에 대해 감탄했으며, 일을 잘 처리해주어 '고맙다'고 이야기했다고 답했다. 시쳇말로 완전 '자뻑(스스로 만족하는 상태).' 그동안 제기됐던 진단검사키트의 태부족 현상으로 검사에 차질이 빚어진다는 사실을 완전히 모르쇠로 일관하며 부인한 것이다.

그러나 회의에 참석했던 주지사들의 반응은 트럼프의 말과 완전히 달랐다. 소속 정당과 상관없이 모든 주지사들이 진단검사키트가 부족하거나 다 떨어져 검사 자체가 되고 있지 않으니 빨리 해결해달라고 하는 요청이 봇물 터진 듯했다고 전해진다. 트럼프의 말대로 '고맙다'의 '고맙'이란 말은 나왔었나 보다. 그런데 그 내용이 본질적으로 다르다. 노스캐롤라이나 주지사 로이 쿠퍼Roy Cooper가 트럼프에게 가능한 대로 진단키트를 보내주면 '고맙겠다'고 말한 조건부 인사치레였으니 말이다. 워싱턴 주지사 제이 인슬리Jay Inslee는 진단검사키트가 절대적으로 부족하다며, 트럼프의 브리핑을 보고 충격을 먹었다고 말했다. 신문과 방송, 그리고 사회관계망서비스SNS만 보더라도 누구나 진단검사키트가 부족하다는 것을 알고 있는데 트럼프가 이것을 모른다고 말하는 게 말이 되느냐면서. 대통령이 상황을 제대로 파악하고 있지 못하거나 공감 능력이 전혀 없거나 둘 중 하나라면서 성토했다.

인슬리에 따르면 3월 현재 워싱턴주를 포함해 모든 주가 검사를 늘리려는 노력에 애를 먹고 있는 것은 둘째 치고 진단검사키트 자체가 "심각하게 부족^{dire shortage}"하다고 토로했다. 워싱턴주의 경우 그 넓은 주에서 키트를 구하기 위해 의료진들이 서너 시간 차를 타고 동분서주하고 있다고 전했다.[206]

동나버린 인공호흡기

중증호흡기 환자 치료에 쓰이는 인공호흡기 소진으로 미국 전역이 지금 아우성이다. 가장 심각한 것으로 알려지고 있는 뉴욕주에서만도 3만 개의 인공호흡기가 필요한 것으로 알려졌다. 그런데 이런 와중에도 트럼프는 연방정부가 비축한 인공호흡기 1만 개가 있다며 걱정을 붙들어 매라 했다. 도대체 미국 전역에서 정확하게는커녕 대충이라도 몇 개의 인공호흡기가 필요한 줄도 모르고 고작 1만 개 가지고 저런 소리를 하는 것인지(그런데 정말 모르는 것 같지는 않다. 우리나라에 코로나 관련 의료 장비를 요청한 것을 보면 말이다).

4월 1일 현재 이제껏 연방정부로부터 지원받은 개수를 파악해보니 웃음도 안 나온다. 일리노이주는 4,000개를 요청했으나 450개, 뉴저지주는 2,300개를 요청했으나 300개, 뉴멕시코주는 단지 370개, 버지니아주는 350개 요청에 단 한 개도 아직 받질 못했다. 일리노이주는 저것도 가장 시급한 것만 추려 줄여서 요청한 것인데 왜 그렇게 많이 필요하냐며 타박까지 받았다. 코네티컷 주지사는 "정말로 없어서 죽겠다."라며 비명을 질렀다.

그러나《뉴욕 타임스》보도에 따르면 연방정부가 갖고 있다는 비축량 1만 개도 현재 수요에는 턱없이 부족한 것도 문제지만 비축하고 있다는 것조차 온전한 것이 아니라는 데 더 큰 문제가 있다. 민감한 기계의

특성상 비축 시 유지 관리가 필요한데 그것이 안 돼 거의 쓸모가 없는 것이 태반이란다.[207]

사정이 이러니, 급기야 트럼프는 인공호흡기를 환자 2명이 공유해서 쓰라고 병원에 지침을 내렸다. 다른 것도 아니고 인공호흡기를 환자가 공유하라니 입이 안 다물어질 지경이다. 새로운 연방정부 지침인 이른 바 "인공호흡기 분리 사용ventilator splitting"은 "절대적으로 최후의 수단으로 간주될 경우만 사용할 것"이란 단서를 달아 공유를 허락했다. 인공호흡기 공유는 코로나 환자 쇄도로 이탈리아 병원에서 어쩔 수 없이 시행되고 있지만 미국에서는 여태껏 극히 드문 예를 제외하곤 전례가 없다. 최근 뉴욕의 파산 직전에 있는 병원에서 그렇게 한 적이 있고, 2017년 최악의 총기 난사 사건 발생 후 라스베이거스의 병원에서 워낙 사태가 긴박해 딱 그때만 적용된 적이 있다. 《폴리티코Politico》에 따르면 인공호흡기 공유는 현재로서는 안전하게 사용되기가 불가능하다는 것이 전문가들의 중론이다.[208]

의료 장비 부족을 외부에 발설하면 해고한다고 위협하는 병원

그러나 이러한 의료 장비의 부족을 세상에 알리는 것은 주지사들이나 가능한 것이다. 사선이나 다름없는 최전선 병원에서 사투를 벌이고 있는 의료진들이 외부에 의료 장비의 부족을 발설하는 것을 금지하는 함구령이 내려졌다. 다름 아닌 해당 병원들의 지시다. 만일 발각될 경우 해고한다는 위협과 함께. 준비가 덜 된 병원으로 이미지가 실추되어 향후 환자가 줄어들 것을 우려한 데서 비롯된 것이다. 그래서 의료진의 인터뷰는 대부분 익명으로 이루어지고 있다. 워싱턴주 간호사협회 대변인인 루스 슈버트 Ruth Schubert 는 "병원이 이미지 실추를 방지하기 위해 의료진들의 입에 재갈을 물리고 있다."라고 성토했다.

그런데 이렇게 의료진들의 입에 재갈을 물리면 커다란 문제가 추가로 발생한다. 첫째는, 새로 투입되는 의료진들이 열악한 환경에 대해 알아야 충분하지는 않지만 나름대로 어느 정도 대비를 할 것인데 그러지 못하는 문제가 발생한다. 현재의 의료진들이 국으로 입 닫고 있으면 이들 말고 다른 의료진들이 와서 자신들처럼 무방비로 코로나에 감염될 수가 있다. 둘째는, 의료 장비의 부족을 알고 외부에서 도움의 손길이 올 수도 있는데 입을 닫게 재갈을 물리면 이런 가능성이 사라진다. 풍족한 줄 알면 도움의 손길은 기대하기 어렵다.[209]

제조업의 소멸 – 의료 장비를 만들 공장이 없다

트럼프는 애초에 대통령이 될 때, 그리고 대통령이 되고 나서 자신은 '제조업의 대통령 the president of manufacturing'이 되겠다고 호언장담했다. 그런데 그 약속은 지켜졌는가? 한 마디로 개뿔이다. 그것은 단지 선거용이었을 뿐이다. 쇠락한 러스트 벨트(미국 제조업의 상징인 중부 자동차 공업지대)의 백인 노동자들 표를 몽땅 가져가겠다는 속셈이었을 뿐, 대통령이 되고 나서 한 것은 아무것도 없다.

그 방증을 코로나 사태가 해주고 있다. 그 대단하다고 하는 선진국 미국에서, 세계 최강의 국가 미국에서, 그 돈 많다는 미국에서 PPE가 부족하고, 인공호흡기가 부족해서 사람이 무수히 죽어나가고 있으니 말이다. 그런 것들은 어디서 만드는가? 답은 매우 쉽다. 공장에서 만든다. 그게 바로 제조업체이다. 그러나 지금 미국의 제조업은 이미 사망을 고한

지 오래. 그것 때문에 거기에 종사했던 근로자들이 허드레 일자리로, 혹은 실업자로 전락해 중산층에서 밀려나고 있는 이때, 그것을 시정하겠노라는 기치를 들고 나와 수많은 노동자들의 환호와 지지 속에 대통령이 된 트럼프가 취임 후 제일 먼저 했어야 할 일은 바로 제조업의 부활이었다.

그러나 그것은 말뿐이었다. 그렇게 하지 않았다. 제조업은 그가 취임하기 이전과 별반 달라진 것이 없다. 그러니 PPE와 인공호흡기를 당장 만들 공장이 어디 있는가? 그런데 조금만 생각해보라 3억 3,000만 명이 넘는 인구를 가진 대국, 엄청난 땅덩어리를 가진 나라에서 그래 그 알량한 마스크와 방호복, 그리고 기술 집적도가 그것들보다는 더 필요한 것이라지만 아무리 그래도 다른 첨단 기계에 비해 간단한 축에 속하는 인공호흡기를 만드는 공장이 없단 말인가?

당연하다. '공장은 죄다 다른 나라로!'가 그동안 미국의 추세였으니. 하긴 '달러'라는 전 세계에서 통용하는 돈만 찍어내면 물건은 다른 나라에서 열심히 만들어 갖다 대주는데 왜 힘들게 공장을 돌려 물건을 만들까. 그러니 '공장은 필요 없다'라는 생각이 팽배했던 것이 미국이다. 봉이 김선달이 따로 없다. 그러나 주의해야 할 것은 그렇게 해서 커다란 이익을 본 이들, 즉 그 봉이 김선달은 미국의 국민들, 서민들이 아니었다는 것이다. 기업을 운영하는 극소수의 사람들, 즉 내가 말하는 제국들이었다. 그 결과, 김선달이 아닌 자들, 즉 서민들, 제조업체 종사자들은 일자리를 잃었고 그렇게 그들의 사회적 중요성도 상실되어 잊혀져 가는 사람들이 되었다. 이와 동시에 미국의 기초 체력도 점점 하향세를 타고 있었다. 왜냐하면 국가의 힘은 제조업에서 나오기 때문이다.

그리고 지금 트럼프는 국방물자생산법Defense Production Act(이하 DPA)을 발령해 마치 펜타곤이 전시에 폭탄을 만들라, 탱크를 만들라, 명령 내리는 것처럼 의료 장비를 만들라고 명령할 뿐이다.[210] 말만 한다고 되는 게 어디 있나. 그것도 하루아침에. 세상사가 그렇게 되는 게 아니다. 대통령 말 한마디에 바로 공장이 돌아가고 그러면 얼마나 좋겠는가?《뉴욕 타임스》가 지적하고 있는 것과 같이 그렇게 된다고 생각하면 그것은 말 그대로 환상이다. 무엇보다 제일 먼저 미국제 생산 라인Made-in-America production lines이라는 게 거의 존재하지 않는데 어디서 물건을 만든다는 말인가. 이것은 트럼프의 명을 받은 GM과 포드 같은 회사에 모두 해당되는 사항들이다. 그 외 여기에 참여할 것으로 기대되는 대부분의 기업들은 아일랜드, 스위스, 중국 등으로 생산기지를 옮긴 지 오래다. 이런 전시와 같은 비상사태가 발생해 긴급하게 특정 물자를 생산해내기 위해서는 반드시 기존에 돌아가던 공장이 있어야 했다.

그러나 트럼프가 대통령이 되었어도 이런 일은 벌어지지 않았다.[211] 그리고 그는 마치 전시의 사령관처럼 명령만 내렸고, 그것도 구체적으로 몇 개를 만들어 어디에 공급하라는 상세 요목 없이 두루뭉술한 명령만 내렸다. 그러곤 이제 모든 물자가 공급될 테니 아무 문제가 없다고 허풍선이만 늘어놓고 있는 것이다. 그에게 국가 재난 상황을 이끌어나갈 컨트롤 타워로서의 명민함과 기민성, 그리고 지도력은 그 어디에서고 보이질 않는다. 있는 것은 오로지 재선을 위한 이미지 관리뿐이다. '봐! 나는 DPA까지 발령한 힘 있는 대통령이야. 내가 할 건 다 했어. 끝!' 하는 속내를 깔고 말이다.

국가 재난 사태에조차 작동하는 신자유주의 원리

앞 장에서 나는 이런 재난 상황에서 미국인의 대다수는 국가의 보호를 받지 못하고 그저 각자도생의 길로 접어들 수밖에 없다고 진단한 바 있다. 이런 상황에서는 생존을 위해서는 서로 먼저 살겠다고 달려드는 수밖에 없다. 경쟁이다. 그것도 무한 경쟁. 이런 경쟁에서 지면 도태할 뿐이니까. 그러니 이런 재앙 상황에서는 남에게 희생하고 양보하는 도덕은 뒷전으로 팽개쳐진다. 특히 자신의 무사안일과 이익을 최우선으로 생각하는 신자유주의의 화신과 같은 사람들에겐 더더욱. 이런 이들의 범주는 다양하다. 어떤 이는 자기 혼자 돈 벌겠다고 손 세정제와 알코올 등을 사다 재어놓고 높은 가격에 팔려는 사람도 있고,[212] 심하게는 코로나를 이용해 사기 행각을 벌이는 이들도 있다. 켄터키주 루이빌^{Louisville}에는 간이 검사 사이트를 주유소 등에 차려놓고 단돈 250달러(약 30만 원)에 검사를 해준다며 사람들을 꼬여 돈을 벌다 덜미가 잡힌 이들도 있다. 모두 코로나로 공황 상태에 빠진 서민들을 상대로 부당한 반사이익을 얻으려는 약삭빠른 자들의 발 빠른 행보다.[213] 그리고 그 사기는 날로 심해지고 있다. 4월 13일 현재 미국 소비자 보호 기관인 연방통상위원회^{Federal Trade Commission} 보고에 따르면 코로나 바이러스 관련 사기가 1만 6,800건이 접수되었으며 총 1,278만 달러(약 153억 원)의 피해를 보았다. 피해액의 중간치는 570달러(약 68만 원)였다(이보단 덜한 것으로 보이긴 하지만 조바심에 생활필수품들을 사재기해서 집에다 쌓아두려 애쓴 이들도 많은 것이 사실이다. 죄다 정도의 차이는 있지만 같은 맥락에서 벌어진 일이다).

이런 각자도생의 원리는 단지 개인에게만 국한되지 않는다. 50개 주도 마찬가지다. 모든 게 각자도생이다. 물론 이런 일들이 벌어지는 기저에는 국가가 '너희 일은 너희가 알아서 해'라고 하는 방임적 철학도 자

인공호흡기 조달을 위해 미국의 50개 주가 서로 경쟁하는 매우 기괴한 상황에 처해 있다고 분통을 터뜨린
앤드루 쿠오모 뉴욕 주지사
〈출처 : Hans Pennink / Shutterstock.com〉

락을 깔고 있고, 미국이라는 나라가 중앙집권식이 아니니 그럴 수도 있다고 한편 수긍이 가기도 하지만, 코로나 사태와 같은 이런 재난은 매우 특별한 상황이 아닌가? 그런데 생명과 관련된 이번 사태에서조차 여전히 경쟁과 각자도생은 고개를 빳빳하게 들고 있으니 문제다.

앤드루 쿠오모 Andrew Cuomo 뉴욕 주지사는 인공호흡기 조달을 위해 지금 미국의 50개 주가 서로 경쟁하는 매우 "기괴한 상황 bizarre situation"에 처해 있다고 분통을 터뜨렸다. 왜냐하면 현재의 조달 방식이 마치 온라인 쇼핑업체인 이베이의 경쟁 입찰 방식이라서 그렇다. 그래서 그는 지금 "이베이식 입찰 전쟁 eBay-style bidding war"이 벌어지고 있다고 통탄했다. 입찰 방식은 가격을 많이 부르는 쪽이 시쳇말로 '득템(낙찰받는 짓)'하는 방식이다. 입찰에 응하는 자가 많을수록 가격은 오른다. 그런데 인공호흡기가 있어도 그만 없어도 그만인 무슨 장신구 같은 것인가? 생명의 촌각을 다투는 사람들에겐 운명을 가르는 생명줄 같은 의료기기다. 이것을 각 주가 필요로 하는데 50개 주가 서로 앞다투어 물건 확보를 위해 각축전을 벌여야 한다니. 한술 더 떠, 50개 주도 모자라 연방정부 기관인 미국연방재난관리청[FEMA]까지 가세해 인공호흡기 입찰에 뛰어 가격을 올리고 있는 상황이다. 기가 찰 노릇이다.[214]

이럴 땐 지역색, 정치색 이런 것들은 다 집어치우고 대승적으로 대처하는 뭔가가 있어야 한다. 그러나 미국은 그것을 하고 있지 못하다. 그러니 그저 나만 살고 보자 식의 각축장으로 변해버린 것이다. 공급 체계의 정비도 없고 오로지 있는 것이란 경쟁, 가격 올리는 데만 혈안이 되어 있다. 전체 국가와 전체 국민 생각은 눈곱만큼도 없다. 이때 영악한 이들은 오직 이런 경우를 발판으로 재빠르게 움직여 돈 벌 생각밖에 없다. 대통령도 예외가 아니다. DPA를 발동해 인공호흡기를 생산하라고 명령한 트럼프는 그것이 언제 생산되어 공급될지 미정인 상태에서 벌써 이탈리아 등 유럽 국가에 팔아먹을 궁리만 하고 있다. 인공호흡기의 공급이 수요를 곧 추월할 것이라면서 프랑스, 스페인, 이탈리아로 수출하겠단다.[215]

입찰 방식으로 조달되는 인공호흡기의 공급 체계를 새로 정비하고, 주별 상황을 정확히 파악한 후 조정과 분배를 해야 할 곳이 백악관인데도 저러고들 있으니 국민들은 누구를 믿으란 것인가. 하긴 이런 일의 총괄 책임자로 트럼프의 사위라는 작자가 떡하니 앉아 있으니 일이 제대로 될 턱이 없다. 이 와중에 주지사들의 한숨 소리가, 그리고 코로나에 감염되어 애타게 인공호흡기를 찾고 있는 국민들의 절규가 하늘을 찌르고 있다.

소수만을 위해 준비된 미국 병원

캘리포니아주는 코로나 감염 환자를 치료하기 위해 샌프란시스코의 한 병원과 임대 계약을 맺었다(병원과 국가가 무슨 임대 계약을 맺나? 우리나라로서는 이해가 가지 않는 시스템이다. 위에서 언급한 바로 그 신자유주의적 체계에서 비롯된 시스템임을 감안하기 바란다). 그런데 이 병원은 그 지역의 환자를 받을 여력이 전혀 없다. 주 정부가 원하는 것의 20퍼센트만 처리할 능력밖에 없다고, 병원 관계자가 밀려오는 환자들을 보고 난색을 표하고 있다. PPE는 물론 인공호흡기, 그리고 병상까지 완전히 떨어진 상태다.[216]

이제 미국에서 왜 이런 일들이 벌어질 수밖에 없는지 정곡을 찔러보자. 그것은 바로 미국의 병원이 이런 대량 환자의 발생 자체를 상정한 적이 없었기 때문에 벌어진 일이다. 더 뼈를 때리는 말을 해볼까? 비상사태는커녕 평상시에도 미국의 병원은 해당 병원이 있는 인근의 모든 국민들을 잠재적 환자들로 꼽아본 적이 결코 없다. 애초에 미국 병원엔 국민들은 없었다. 자신들을 찾을 고객은 단지 소수, 의료보험을 가진 돈 많은 이들이니 말이다. 의료보험이 있다 해도 그 종류가 천차만별인 이상 그 액수에 따라 갈 수 있는 병원이 한정되어 있으니 정말로 그 예상치를 넘는 환자는 아예 고려해본 적이 없는 것이다. 그런데 무슨 준비를 하는가. 올 사람은 딱 정해져 있는데. 그 예상 환자 수에 맞춰 병원에 의료자재를 구비해놓았으니 현재 보유한 것만으로도 충분하다고 여기니 말이다.

다시 말해 예상하고 말 것도 없다. 올 사람이 정해져 있으니 전혀 준비가 안 된 것이다. 애초에 미국 병원에게 국민들은 없었다. 전체 국민이 잠재적 병원 환자가 되리라는 것은 전혀 생각해본 적 없는 것이 미국 병원이다. 그들은 애초에 제쳐둔 존재들이었다. 그곳은 일반 국민이 갈 수 없는 그림의 떡과 같은 곳이었을 따름이다. 보험과 돈이 없는 자들에겐 딴 세상이나 다름없는 곳, 그곳이 미국 병원이다. 그렇기에 현재의 의료 장비 부족과 병상의 부족은 무척이나 당연한 것이다. 그런 곳에서 이번엔 검사라도 공짜로 해준다니 너도나도 앞다퉈 환자가 쇄도하고 있으니 그야말로 미국은 아비규환 그 자체이다. 나는 뉴욕시에 사는 한 친지의 부모가 코로나가 의심돼 병원에 검사를 받으러 가 10시간을 기다렸으나 그마저도 받지 못하고 되돌아왔다는 소식을 들었다. 전혀 준비가 안 된 곳 미국에서 그렇게 코로나는 기세등등해 진격 중이다.

총, 시체 가방, 그리고 바리케이드

그러나 이렇게 비상사태에 대해 전혀 준비가 안 된 미국에서 준비해놓은 것들이 있다. 그중 하나가 바로 총이다. 영국의 매체 《가디언》은 코로나 사태가 악화 일로에 놓이면서 미국 국민들 사이에서 총기와 탄환 구매가 폭증하고 있다고 전했다. 그 원인으로 코로나 위기가 혹시나 불러올 수 있는 소요 사태에 대한 개인적 방어 차원이라고 지적했다.[217] 말하자면 만일에 벌어질 수도 있는 파국에 대해 개인들이 준비하기 시작했다는 것이다.[218] 또 준비된 것이 있다. 바로 시체 가방이다. 미국 정부는 코로나 사태로 인한 사망자가 최소 10만 명에서 24만 명이 나올 것으로 예측하고 있다. 물론 이것은 코로나 확진 판정을 받은 사람 수로 추정한 것이라 집에서 길거리에서 죽는 사람들을 포함한다면 그 이상이 될 가능성이 농후하다. 이를 위해 시체를 담을 가방이 필요할 것으로 예측해 연방재난관리청이 국방부에 요청한 군용 시체 가방 10만 개를 민간을 위해 준비하고 있다고 국방부가 발표했다.[219] 아직 죽지도 않았는데 이런 것은 참 발 빠르다. 가능한 한 사람들을 살릴 생각을 먼저 하지 않고 저런 것은 준비를 철저히 하는 게 나로서는 납득이 가지 않는다. 이런 것을 보면 명품 매장이 문을 닫으며 출입구와 창문을 나무판자로 봉쇄해 놓는 것은 애교에 속한다 할 수 있다. 소요 사태 시 약탈 가능성을 염두에 둔 발 빠른 행보다. 이런 준비의 100분의 1만이라도 코로나 재난 속에서 국민들을 살릴 준비를 했더라면 하는 안타까움이 앞선다.

진정한 정치 지도자라면

만일 미국에서 진정한 정치 지도자라면 했어야 할 일이 무엇이냐고 나에게 묻는다면 단연코 1순위는 이런 엉망진창의 의료 체계와 보험 체계를 확 갈아엎었어야 한다고 답했을 것이다. 그러나 불행하게도 그것을 트럼프도 못 했고 오바마도 못 했다. 아니 그들은 그것을 못 한 게 아니

미국 정부가 국방부에 민간인 사망자용 시신 가방 10만 개를 준비하라고 지시했다는
《비즈니스 인사이더》 기사 화면

라 안 한 것이다. 트럼프야 공화당 쪽이니까 그렇다고 치자. 소위 진보라고 하는 민주당 쪽인 오바마는 왜 안 했나? 그가 시행한 전 국민 의료보험인 오마바 케어는 우리와 같은 공공보험이 아닌 민간보험이다. 기껏 만들었다는 게 민간보험사의 배만 불려주는 흉물이 되었다. 민간보험사의 로비에 구워삶아져 그렇게 된 것이다. 전 국민 의료보험을 만들었다고 자화자찬했으나 오바마는 국민의 짐을 덜어주기는커녕 외려 세금 성격의 짐만 더 가중시킨 나쁜 지도자가 되었다.[220]

결국 유일하게 할 사람이 있다면 아마도 샌더스일 것이다. 그런데 미국에선 우리와 같은 공공 의료보험을 만들겠다는 그의 포부를 보고 빨갱이란다. 그러면 이 대목에서 물어보자. 우리나라의 의료 체계와 보험 체계가 빨갱이의 것인가? 결코 아니지 않은가? 그런데 샌더스가 소속으로 나온 민주당은 물론 소위 진보 언론조차 모두 득달같이 달려들어 샌더스보고 빨갱이란다. 그가 주창한 사회민주주의를 사회주의와 공산주의라고 찌그러뜨리면서. 그러나 샌더스가 분명히 말했듯이 그의 사회민주주의는 참된 민주주의를 말한다. 지금의 미국 민주주의는 돈에 의해 심하게 오염되었다. 그 결과, 금권정치로 변질되어버렸고 그 피해는 고스란히 국민들이 입게 되었다. 이에 염증을 느낀 샌더스는 돈과 자본에 의해 왜곡되지 않는 민주주의를 실현하고 싶어 한다. 그게 바로 사회민주주의라고 칭한 것이다.[221]

역사에 가정이란 아무짝에 쓸모없는 것이라지만 만일 2016년 대선에서 샌더스가 대통령이 되고, 그가 그의 공약을 지켜 미국에 공적 의료보험제도를 도입하고 의료 체계를 대대적으로 손봤다면 이번 코로나 사태는 지금과는 현격히 다른 과정으로 전개되었을 것이다.

어쨌든, 비록 확 갈아 치우지는 못했더라도 이런 사태가 전 세계에서 벌어지고 있을 때 대통령이 위기 상황을 감지하고 차근차근 준비했더라면 적어도 PPE 및 인공호흡기 부족 등의 사태로 의료진들이 발을 동동 구르거나 생명의 위협을 느끼며 환자를 맞지는 않았을 것이다. 물론 그렇다 해도 근본적인 개혁이 아닌 이상 지금의 상황과는 오십보백보이긴 마찬가지이지만.

난세에 등장한 영웅들

그런데 늘 그렇듯 난세엔 영웅이 등장하게 마련. 그중 제일 먼저 쿠오모 뉴욕 주지사가 거론된다. 그는 비록 열악한 상황 속에서도 결단력과 과단성으로 전시의 장군처럼 뉴욕주를 진두지휘해 뉴욕 주민들의 두터운 신망을 얻고 있다. 간혹 엉뚱한 소리만 해대는 트럼프에게 쓴소리도 하면서 말이다. 그래서 지금 그가 코로나 사태와 관련해선 두각을 나타내고 있다. 가뭄 속 단비처럼 미국 국민에겐 그가 신뢰받는 지도자로 각인되고 있다. 뉴욕주에 쇄도하는 환자들을 위해 그는 인공호흡기 조달을 주별로가 아닌 연방국가 차원에서 해야 한다며 트럼프에게 훈수를 두었다. 그는 미국의 50개 주가 인공호흡기를 확보하기 위해 입찰 경쟁에 나선 이때 연방정부까지 가세해 입찰 경쟁에 뛰어들 것이 아니라 연방정부가 모든 인공호흡기를 일괄 구매해서 필요한 만큼 각 주에 할당 공급해야 한다고 목소리를 높였다. 어째서 연방정부가 멍청한 짓을 하고 있느냐면서.[222] 확실히 트럼프는 죽을 쑤고 있지만 쿠오모 같은 지방정부의 수장은 제대로 대처하려 안간힘을 쓰는 것이 보인다. 트럼프는 주먹구구식으로 이 재난에 우왕좌왕하고 있는 데 비해 정확한 사태 파악과 대안 제시에 있어 쿠오모가 빛을 발해 그 지도력을 인정받고 있는 것이다. 확실히 난세엔 영웅이 나게 마련인가 보다.

그래도 아직 희망은 있다

그러나 우리가 주목해야 할 이들은 이런 셀럽(유명인)들이 아니다. 무명의 영웅들이 또한 존재한다. 집에 쑤셔 박아둔 천을 가져다 수제 마스크를 만들어 지역의 의료진들에게 제공하는 봉제사들이 있고,[223] 프린트 인쇄 업체에서 PPE와 손 소독제를 만드는 이들도 있다.[224] 또한 구두 공장에서 구두 만드는 것을 잠시 중단하고 PPE를 만들고 있는 이들도 있다.[225]

국가나 누가 시켜서 하는 게 아니다. 트럼프가 삽질을, 그리고 제국(극소수의 기득권층)에서부터 일개 약삭빠른 일반인들에 이르기까지 죄다 코로나를 자신들의 이익을 관철시킬 수 있는 절호의 기회로 삼으려 드는 이때, 그들은 과거 2차 세계대전 때 국가를 위해 전쟁 물자를 만들어 나라를 구한 그들의 선배들처럼 지금 자국민들의 생명을 구하기 위해 팔을 걷어붙였다. 어떤 공장은 코로나로 일자리에서 해고된 노동자들을 모아서 사회적 거리를 두며 의료 장비들을 열심히 만들어내고 있다. 그들은 말한다. 이것은 돈을 벌기 위해 하는 게 아니라고. 이것은 일자리를 잃은 이들에게 일을 주고, 국민을 위해 싸워주고 있는 최전선의 의료진들을 조금이나마 돕기 위한 것이라고.

나는 이게 바로 과거의 미국 모습이라고 생각한다. 아니 제국이 그들의 농단으로 나라를 엉망진창으로 만들기 전의 미국 모습이라고 생각한다. 이들이야말로 타락한 정치 지도자들을 포함해 제국들을 부끄럽게 만드는 무명의 영웅들이고 용사들이다. 나는 이들에게 뜨거운 응원의 박수를 보내고 싶다. 그들의 행위를 미국만을 위한 일로 폄훼해서는 절대로 안 된다. 이것은 휴머니즘(인간주의, 혹은 인도주의)이다. 가슴속 깊숙이 뜨거운 것이 올라오게 하는 휴머니즘. 그것은 국경을 초월해도 박수받아 마땅한 인간 승리의 정신이다. 무명의 영웅들이여, 미국의 서민들이여, 부디 용기 내기를.

그 이후의 이야기

2020년 4월 초 이 글이 기고될 때만 해도 코로나 창궐 이후 예견된 것은 가을쯤의 2차 파고의 도래the second wave였다. 그러나 그것이 더 앞당겨질 것 같다. 조금 수그러지는 듯하던 코로나가 다시 미 전역에서 급증하고 있기 때문이다. 7월 12일 현재 미국의 신규 확진자는 하루 6만 8,000명에 이른다. 며칠 전에는 7만 명이 넘었다. 사상 최다 기록을 경신하고 있다. 올 초의 하루 신규 확진자 수의 2배에 달한다.

《뉴욕 타임스》는 "마치 대형 버스 교통사고 날과 같이 코로나 환자가 홍수처럼 병원으로 밀려들고 있다."라고 묘사했다.[226] 플로리다·사우스캐롤라이나·텍사스주 등 미 전역에서 중환자실은 용량이 초과됐으며 간호사와 의료진의 부족, 그리고 코로나 검사기와 인공호흡기 및 병상 부족으로 물밀듯이 쇄도하는 환자들을 받기에 역부족이다. 텍사스 주지사는 병원에 "코로나 이외의 즉각적으로 필요한 다른 의료 행위와 일반 수술은 연기하라."라고 주문했다. 올 초와 바뀐 것은 아무것도 없다.

이것은 뒤에서 살펴볼 플로이드 사망 사건에 대한 항의 시위로 집회가 많았던 것과 경제를 살리겠다며 아무런 준비 없이 경제활동 재개를 서둘렀던 탓이 크다. 그리고 무엇보다도 마스크를 쓰지 않는 것이 정치적 행위로 간주되면서 코로나의 창궐을 가속화했다.

지난 4월 뉴욕의 병원 응급실 의사 로나 브린 Lorna Breen 은 쇄도하는 코로나 환자에 압도되고 병원에서 하루에 800명의 사망자가 시체 가방에 실려 나가는 것을 보고 극단적 선택을 했다. 정신이 완전히 붕괴된 것이다. 그 상황에서 혼이 나가버린 그녀가 친구들에게 했다는 말이 강한 흥통으로 남는다. "내가 뭘 어떻게 할 수가 없어. 돕고 싶은데 내가 할 수 있는 게 아무것도 없어 I couldn't help anyone. I couldn't do anything. I just wanted to help people, and I couldn't do anything."227 미국 병원에서의 아비규환은 여전히 진행 중이다. 그것도 더욱 강도가 세게.

12

제약회사의 횡포
- 코로나19 잠정 치료제 렘데시비르

코로나와 민족주의

전 세계가 코로나 창궐로 혼이 쏙 빠져 허둥대는 이때, 때아닌 민족주의
nationalism가 고개를 들고 있다. 코로나라는 창이 걸어 온 전쟁에서 승리하
기 위해 방패를 만들며 민족주의가 득세를 하고 있는 것이다. 이를테면
마스크와 방호복 등 개인보호장구PPE의 수출 금지에서부터 백신과 치료
약을 개발하는 데까지 전 세계 국가가 자국민 우선 보호라는 미명하에
또 다른 방패막이 전쟁을 시작했다.

《뉴욕 타임스》는 이를 두고 국경을 초월해 창궐하는 신종 코로나와
의 전쟁에서 세계 경제 강국의 지도자들이 국제적 협력은 저만치 뒤로
물리고, "염치없이 민족주의적 원칙에 사로잡혀 있다."라고 꼬집었다.[228]
삶과 죽음의 갈림길 앞에서는 강대국이 그동안 입에 달고 살았던 '국제
적 공조'나 '세계화' 이런 것은 뒷전으로 물리는 것이 당연지사인 듯 보

인다.

그런데 코로나 창궐과 관련해 최근에 대두하는 민족주의에 하등 개의치 않고 광폭으로 행보하는 것이 있다. 바로 글로벌 제약회사이다. 한마디로 요약하면 그것은 민족주의와 세계화를 교묘히 자기 편의대로만 악용해 자신의 이익만을 추구하는 악질 제국이다. 이번 장에서는 이것에 대해 이야기하려 한다.

약값을 둘러싼 오래된 논쟁

그 이야기 이전에 먼저, 약값을 둘러싼 오래된 논쟁을 살펴보자. 여기엔 두 가지 핵심 주장이 존재한다. 하나는, 제약회사가 약값을 마음대로 올리지 못하도록 규제해야 한다는 입장이다. 특히나 이번 코로나 사태와 관련해서 온 국민, 나아가 세계인의 건강과 생명을 위협하는 질병 앞에서 약과 백신을 개발한 국가나 제약회사가 그것을 통해 폭리를 취하거나 심지어 그것들을 무기로 삼게 해서는 안 된다는 것이다.

다른 하나는, 철저한 시장자유주의의 철학을 기반으로 한 입장이다. 약값은 그것을 개발한 제약회사에 맡겨야 시장이 제대로 돌아가게 되며 그것이 곧 국민 건강을 증진하는 데 보탬이 된다는 입장이다. 간단히 말해서, 신종 코로나와 같은 새로운 질병이 나타날 때 치유할 약을 개발하는 회사에 인센티브를 주지 않는다면 누가 신약 개발을 하겠느냐는 것이다. 그렇게 되면 결국 애먼 시민들만 피해를 보게 되니, 혁신을 위해선 확실한 보상이 필요하며 그러기 위해서는 약값을 시장에 완전히 맡겨야 한다는 것이다. 양자 중 어떤 것이 맞을까? 그 이야기는 맨 뒤로 미루기로 하고, 코로나 전쟁에서 방패를 개발하고 있는 제약회사 이야기부터

해보자.[229]

희귀 약품 – 길리어드 사이언스의 렘데시비르

주지하다시피, 현재 시점에서 신종 코로나 백신이나 치료제는 존재하지 않는다. 그러나 각국이 발등에 불이 떨어져 신약을 개발 중에 있다.《뉴욕 타임스》보도로는 백신은 약 50개가 초기 개발 단계에 있는 것으로 알려졌다.[230] BBC는 20개 이상으로 보도한다.[231] 약의 경우, 에이즈[HIV] 치료제 등을 포함해 3개의 약품이 주목받고 있는데, 그중 하나인 길리어드 사이언스[Gilead Sciences]의 렘데시비르[remdesivir]가 단연코 선두다. 렘데시비르는 4월 셋째 주 코로나 환자들을 상대로 한 임상실험 결과, 획기적인 효과가 있다는 연구 결과가 발표되기도 했다.[232]

그런데 길리어드의 행보가 매우 고약하다. 길리어드 렘데시비르를 원래 에볼라[Ebola] 치료제로 개발했지만 이제는 바이러스성 질환 전반에 걸쳐 광범위하게 사용할 약으로 노선을 바꿨다. 에볼라가 서아프리카에 국한된 터라 수익을 크게 못 봤기 때문이다. 그리고 이번 신종 코로나 치료제로 공인을 받느냐 아니냐의 중대한 갈림길에 서 있다. 그런데 신종 코로나 치료제로는 아직 정식 승인도 받기 전인 지난 3월 23일 길리어드는 렘데시비르를 신종 코로나 잠정 치료제로서 '희귀약품[orphan drug]' 지정을 미국식품의약국[FDA]에 요청했다. 신종 코로나가 미국 전역을 휩쓸며 공포감을 조성하기 시작할 때를 틈타서 재빠르게 말이다. 그리고 희귀약품 지정을 받았다.

희귀약품 지정은 원래 유병 환자 수가 20만 명 미만의 희귀병에 한해 그 약을 개발한 제약회사의 투자 비용을 보장해주기 위해 만든 제도로 그렇지 않은 약에 비해 비교가 안 될 정도로 약값이 고가이다. 그리고 이미 에볼라 치료용으로 받은 특허(2035년까지)와는 별도로 신종 코로나 잠정 치료제로서도 특허를 2027년까지 받았다. 다른 회사들이 더 싼 가격으로 복제 약을 만들어낼 수 있는 방법을 이중으로, 마치 블록체인처럼 완전히 차단한 것이다.

그런데 이것이 다가 아니다. 희귀약품으로 지정될 경우 오는 특혜는 더 있다. 임상 비용의 25퍼센트에 달하는 비용을 세금으로 공제받을 수 있다. 그것은 대략적으로 4,000만 달러(약 480억 원) 정도가 될 것으로 추산된다. 이것은 누가 봐도 아무 죄 없는 국민들이 신종 코로나로 죽어나가는 이때, 이것을 십분 이용해 뱃속을 채우려는 제약회사 길리어드의 발 빠른 행보인 것이 분명하다.

아니나 다를까 이것을 두고 거센 비판이 일었다. 샌더스는 길리어드의 희귀약품 지정 신청이 "완전히 말도 안 되는" 것이라고 일갈했다(왜 이런 일에는 샌더스만 나서나? 왜 그런지는 뒤에 나온다). 소비자 권리 단체인 공공시민Public Citizen을 필두로 한 50개의 시민단체도 "전대미문의 치명적인 신종 코로나 창궐을 틈타 부당한 폭리를 취하려 법의 허점을 악용한 길리어드"라며 맹렬히 비난했다. 결국 이런 반발이 일자 길리어드는 희귀약품 지정 신청을 슬며시 철회했다.[233] 내가 FDA 사이트에 들어가 보니 실제로 길리어드는 희귀약품 지정을 신청해 지정받았고, 그 후 철회한 것이 확인되었다. 그렇다면 비록 신청 철회는 되었지만 이런 특혜가 어떻게 이렇게도 신속하게 이루어졌는가를 따져봐야 한다. 비록 진단검사키트 부족으로 검사를 못 해 감염자의 숫자가 잡히지 않았지만 길리어드가 신청할 때는 코로나가 이미 광범위하게 미국 전역에 퍼진 뒤였는데 어찌 이것을 알고도 20만 명 미만의 희귀병 약으로 지정받을 수 있단 말

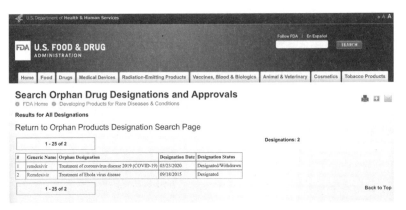

렘데시비르가 코로나 바이러스 치료 희귀약품으로 신청, 지명, 철회되었음을 보여주는 미국 식품의약국 사이트 화면
〈출처 : FDA〉

인가? 하긴 희귀하긴 하다. 처음^{novel} 생긴 병이니 말이다. 그러나 그것이 처음 생긴 괴질이지만 감염자 수는 미국에서만도 이미 20만 명을 훨씬 넘길 것이 분명한데 희귀약품으로 지정해서 막대한 수익을 올릴 수 있게 특혜를 준단 말인가. 거기다 세제 혜택까지 덤으로.

도대체 무슨 일이 트럼프 행정부에서 벌어지고 있는 것인가?

약값 내리겠다고 공약한 트럼프

앞 장에서 나는 트럼프가 대통령 공약으로, 그리고 당선되고 나서 일성이 "제조업의 대통령"이 되겠다고 선언했지만 전혀 지켜지지 않았음을 지적했다. 그런데 약값 인하 공약 또한 마찬가지다. 천정부지로 오르는 미국의 약값 하락과 안정은 미국이 당면한 큰 숙제다. 제약회사가 국민의 건강과 생명을 볼모로 국민들의 호주머니를 탈탈 털어 갈 뿐만 아니라 노인과 사회 약자들의 약값을 보조하는 국가의 재정에도 심각한 악

영향을 끼치고 있기 때문이다. 트럼프는 2016년 대통령 후보자로서 유권자들에게 지나치게 높은 미국의 약값을 반드시 내리겠다고 약속했다.[234] "(정부가 제약회사와) 약값 협상에 들어가면, 우리는 마치 미치광이처럼 협상에 임할 것이다."라고 말했을 정도다. 반드시 약값을 떨어뜨리겠다는 각오를 다진 것이다.

미국의 약값이 어느 정도나 비싸면 이런 소리가 나왔을까? 한 가지 예를 보자. '톡소플라스마증toxoplasmosis'이라는 기생충 감염병이 있다. 임신 중 감염되면 유산은 물론 태아에 치명적인 병이다. 이것의 치료제로 개발된 지 67년 된 다라프림Daraprim이란 약제가 있다. 그런데 2015년 한 알에 13.5달러(약 1만 6,000원) 하던 약이 하룻밤 새 750달러(90만 원)로 껑충 뛰었다. 무려 50배가 넘게 가격이 오른 것이다. 말이 안 되지만 이 약이 꼭 필요한 희귀병 환자들은 울며 겨자 먹기 식으로 사서 먹을 수밖에 없다. 이렇게 국민과 환자를 볼모로 약값을 자기들 마음대로 고무줄처럼 늘일 수 있는 곳이 바로 제약회사다. 이런 일에 정부는 꾸어다 놓은 보릿자루마냥 아무런 일도 하지 않고 있었다.[235] 그래서 지금도 다라프림의 가격은 떨어지지 않은 채 아직 그대로다.

천정부지로 솟아오르는 약값에 대한 국민들의 원성이 드높아지자 더는 방치하지 말자고 민주당에서 약값 하락을 도모하는 법안(이하, H.R.3)이 상정되었을 때(진심은 아니다. 이에 대해서는 뒤에 밝히겠다), 트럼프는 야당의 법안임에도 불구하고 거의 열광적으로 지지 의사를 표명했다. 2019년 9월 19일 트럼프가 띄운 트위터를 봐도 대번에 알 수 있다. "나(트럼프) 때문에 거의 50년 만에 처음으로 약값이 진정되고 있다. 그러나 이것으로 불충분하다. 국회가 도와줘야 한다. 현재 공화당과 민주당의 법안이 다 올라와 있다. 난 두 개 다 좋다. 우리 한번 잘해서 약값을 내려보자!"

180도 돌변한 트럼프

그랬던 트럼프가 한 달이 채 되지도 않아 돌변했다. 그것도 180도로. 'H.R.3 법안'이 "노인들에게 안 좋을 것"이라면서, 국회에서 통과되더라도 거부권을 행사하겠다고 난데없는 오리발을 내밀었다.[236] 얼핏 들어도 약값 인하와 노인들에게 해가 되는 것은 전혀 연동이 되지 않는다. 오히려 그 반대가 말이 된다면 모를까. 약값 인하가 벌이 없는 대부분의 노인들에게 득이 되면 됐지 해가 될 게 뭐 있나. 그런데 트럼프가 저런 말을 하는 것은 순전히 다른 셈법에서 비롯된 것이다.

그의 수족 중 하나인 백악관의 보건 정책 고문인 조 그로건Joe Grogan의 말을 들어보면 그 셈법이 무엇인지 보인다. 그는 "'H.R.3 법안'이 가장 혁신적인 의약품에 대한 가격을 관료들이 정하게 해서 결국 제약회사들이 사업을 접을 것이 분명하다."라며 법안에 반대했다.[237] 또 다른 수족인 주무 부서 보건복지부 장관 알렉스 아자르Alex Azar도 트럼프가 돌변하는 데 결정적 기여를 한 것으로 알려져 있다. 그들의 셈법은 얼핏 보면 아무런 저의가 없이 깔끔해 보일 수 있다. 의약품 가격이 낮아질 경우, 제약회사들이 신약 개발을 등한시할 것이고 그것은 곧 질병을 달고 사는 노인층에 직접적인 타격이 될 것이라는 뜻으로 들릴 수도 있으니 말이다. 그러나 거기엔 과연 다른 저의는 없는 것일까?

'핵겨울'로 협박한 제약회사들

저것은 누가 봐도 제약회사 측의 속셈과 맥을 같이한다. 실제로 제약업계의 최대 로비스트 업체인 미국제약연구제조업체the Pharmaceutical Research and Manufacturers of America(이하 PhRMA) 수장인 스티브 우블Steve Ubl은 그 법안이 제약업계를 "파괴할" 것이며, 그로 인해 제약업계엔 "핵겨울nuclear winter" 이 도래할 것이라고 위협했다.[238] 그 법안이 고작해야 제약업체가 천정 부지로 올린 250개의 약에 대해 정부가 최고 가격 한도를 정하는 협상 을 하겠다는 법안인데 그걸 가지고 일개 로비스트가 제약회사의 대파괴 와 그것을 핵겨울에 빗대어 공갈 협박을 하다니. 가히 간이 배 밖으로 나 왔다. 미 의회예산국C.B.O.도 핵겨울은커녕 법안의 효과는 미미할 것으로 내다봤다. 향후 10년간 제약회사에서 내놓는 약의 수가 고작 8~15개 정 도 줄어들고 노인들을 위한 의료 복지 프로그램인 메디케어로 지출되는 정부 예산이 2023~2029년 사이 7년 동안에 3,450억 달러(약 414조 원) 줄 어들 것이라는 추정을 들면서 그 법안 효과의 확대 과장을 경계했다.[239] 그런데 제약업계와 로비스트들을 이렇게 대담하게 키운 것이 바로 미국 정치권이다.[240]

타락한 정치와 로비 – 과거 20년간 정치권으로 흘러들어 간 돈은 5조 7,300억 원

한마디로 이런 제약회사들의 간이 배 밖으로 나온 행보는 다 믿는 구석 이 있어서다. 바로 입법기관과 정치권에 대한 기름칠을 대대적으로 해 놓아서다. 미국에는 저런 기름칠이, 즉 로비가 법으로 허용되어 있다. 제 약업 관련 매체인 《바이오파머 다이브Biopharma Dive》에 따르면, 1999년부 터 2018년까지 20년 동안 제약회사의 정치권에 대한 로비는 그 어느 업 계보다 대대적이었다. 그것은 물경 47억 달러(약 5조 6,400억 원)라는 수치 가 증명해준다. 그런데 50개 주 및 연방에서 치러지는 각종 선거에 들어 간 로비 비용 13억 달러(약 1조 5,600억 원)는 포함 안 된 것이니 가히 입이 다물어지지 않는다. 다음 표는 과거 20년 동안 정치권에 뿌려댄 로비 자

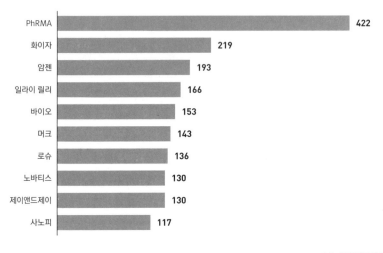

상위 10개 제약회사의 로비 비용 지출 현황(1999~2018년, 단위 : 백만 달러)

PhRMA	422
화이자	219
암젠	193
일라이 릴리	166
바이오	153
머크	143
로슈	136
노바티스	130
제이앤드제이	130
사노피	117

출처 : 바이오파머 다이브

금 액수로, PhRMA가 4억 2,200만 달러(약 5,064억 원), 화이자 2억 1,900만 달러(2,628억 원)(선거운동에 지불한 정치후원금 명목 2,300만 달러(약 276억 원)는 별도) 등이다.[241]

이렇게 로비에 쓴 돈이 엄청나게 많으니 제약회사들이 '핵겨울' 운운하며 큰소리를 땅땅 치고 있는 것이다. 그런데 그 돈이 그냥 쓰고 버리는 돈인가? 아니다. 쓴 것 이상의 이득이 생기니 하는 것이다.

우선 그 기름칠 덕에 그들은 약값을 천정부지로 올릴 수 있었다. 다음의 그래프가 그것을 여실히 증명해준다. 국제적으로 여타 선진국들과 비교해볼 때, 미국의 약값은 타의 추종을 불허할 정도로 비싸다. 2015년 현재 연간 1인당 소매 약값 소요 비용은 1,000달러(약 120만 원)에 달한다. 비용이 가장 낮은 국가인 스웨덴은 351달러(약 42만 원)이다. 1인당 약값

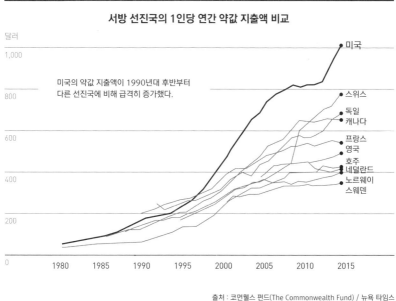

서방 선진국의 1인당 연간 약값 지출액 비교

달러

미국의 약값 지출액이 1990년대 후반부터
다른 선진국에 비해 급격히 증가했다.

미국
스위스
독일
캐나다
프랑스
영국
호주
네덜란드
노르웨이
스웨덴

1,000

800

600

400

200

0

1980 1985 1990 1995 2000 2005 2010 2015

출처 : 코먼웰스 펀드(The Commonwealth Fund) / 뉴욕 타임스

지출 비용이 가장 높다는 것은 바로 미국의 약값이 9개의 선진국보다 훨씬 높다는 것을 의미한다.

그리고 그 올라간 약값을 끌어내리려는 시도에도 브레이크를 걸 수 있다. 일단 돈으로 구워삶은 정치권 작자들이 자기들 편이라는 것을 아는데 거칠 게 무엇이 있겠는가. 그러니 안하무인, 마음대로 구는 것이다. 기름칠한 정치권에는 여야, 즉 민주당과 공화당을 가릴 필요가 없다. 모두 돈을 먹었고 모두 썼으니 말이다. 일명 펠로시 법안이라고 불리는 'H.R.3' 법안을 적극적으로 밀어붙이고 있는 하원의장인 민주당의 펠로시Nancy Pelosi는 안 받았겠는가? 천만의 말씀. 2008년 이후부터 2018년까지 10년 동안 선거 기간 중 펠로시가 제약회사로부터 받은 돈은 총 230만 달러(약 276억 원)에 이른다. 그 외 민주당의 법안 관련 2, 3인자에게 흘

러간 돈도 100만 달러(약 12억 원)가 넘는다.[242] 펠로시가 2019년 전반기에 받은 돈은 1만 2,500달러(약 1,500만 원)이다.[243]

이것을 두고·약값 인하 운동을 벌이고 있는 마가리다 조지 ^{Margarida Jorge}는 "제약회사 입장에서 볼 때, 그들의 이익에 반하는 구조적 변경 시도가 있을 경우 돈으로 그것을 막을 수만 있다면 그것은 최상의 시나리오다. 그런 맥락에서 약값 인하의 열쇠를 쥐고 있는 공화당 상원의원 맥코넬 같은 이에게 돈을 처바르는 것이 일견 이해가 가기도 한다."라고 이야기한다.[244] 제약회사 입장에서 자신들의 이익 추구를 위해 돈을 기부하는 것은 합리적 행위라는 말이다. 그것도 법이 허용하고 있는데 왜 안 하겠는가? 그런데 문제는 아무리 미국 법이 허용하고 있는 것이라고 해도 그 정치 기부금의 본질은 변하지 않는다는 데 있다. 그것은 바로 "눈 먼 돈^{dark money}"이라는 사실이다.[245] 그것은 뇌물과 다름없다. 정치 기부금이라고 당의정을 발랐을 뿐 본질은 정경 유착의 기름칠이다. 그리고 그런 눈먼 돈을 버젓이 떳떳하게 주고받는 것을 법으로 허용하게 만든 것도 바로 정경 유착의 결과다.

민주당의 약값 인하 법안 발의조차도 쇼, 쇼, 쇼

그러니 무조건 제약회사 편만 들던 공화당은 아예 논외로 치고, 'H.R.3' 법안을 발의한 민주당의 행보도 그 저의를 파악해야 한다. 그게 진짜가 아니라는 것을 말이다. 그것은 그저 국민들에게 '우리 지금 이렇게 약값 안정을 위해 애쓰고 있다. 알아줘!' 하는 일종의 생색내기 쇼에 불과하다. 진짜로 약값을 인하해서 서민들의 부담을 덜어주고 국가 재정에 보탬이 되기 위해 하는 제스처가 절대로 아니라는 말씀이다. 그리고 그런 생색내기에 덧붙여, 그들이 노리는 속셈이 하나 더 있다. 바로 제약회사에게 건네는 메시지다. '내가 돈이 더 필요한데 말이야. 뭐 좀 더 없나? 요새 내 호주머니가 비었는데 말이야.' 하는 신호 그 이상도 그 이하도 아니다.

이것을 두고 '선거운동 정화를 위한 초당적 법 센터the Nonpartisan Campaign Legal Center'의 브렌던 피셔Brendan Fischer는 이런 로비에 들어가는 돈을 "샤워 머니shower money(물처럼 쏟아붓는 돈)"라 부르면서, "민주당과 공화당 의원들이 제약회사의 약값에 대해 어떤 행동을 취할라치면, 제약회사는 의원들에게 접근해 그들을 움직일 수 있게 하는 것을 바로 샤워 머니라고 여긴다."라고 일갈한다.[246] 《폴리티코》는 'H.R.3'가 일종의 패스트트랙을 타더라도 여러 난관이 있어 실제로 법안이 통과되는 것이 불가능하다는 것을 감안하고 펠로시가 저런 가식적인 행보를 하고 있다고 지적한다. 거기다 처음엔 환영 일색이던 트럼프까지 거부 의사를 밝히고 있으니 펠로시야말로 꿩 먹고 알 먹는 재미를 쏠쏠히 보고 있는 셈이다.[247]

그런데 나는 트럼프가 취임 초기와 작년에 약값 인하에 적극적이었던 것에는 일말의 진정성이 있다고 믿는다. 왜냐하면 트럼프는 원래부터 직업 정치인이 아니었고 공화당에서도 외부자였기 때문이다. 말하자면 과거 수십 년간 벌어졌던 제약회사와 정치인들 간의 부당한 거래의 적폐로부터 비켜나 있었기 때문이다. 그러니 제약회사가 약값을 턱없이 올리고 국민과 국가 재정에 막대한 피해를 입히는 것이 터무니없다고 진정으로 생각했을 가능성이 농후하다. 그래서 이미 제약회사들로부터 두둑이 호주머니를 채운 공화당 의원들의 결사반대를 무릅쓰고 약값을 인하하려고 했던 것이라고 추측한다. 그런데 그랬던 그가 도대체 왜 갑자기 태도를 바꾼 것인가? 거기엔 그럴 만한 속사정이 있다.

이제 와서 패착이라고 하면 트럼프가 어떻게 받아들일지 모르겠지만 그의 애초 의도를 선의로 생각해서 평가해볼 때 그의 태도 변화는 패착의 결과라고 해도 과언이 아니다. 그럼 어떤 패착을 썼을까? 늘 그렇듯 인사다. '인사가 만사'라는 것은 동서양을 가릴 것이 없다. 이와 관련해 트럼프는 두 명의 수족을 애시당초 잘못 부렸다. 앞에서 언급한 보건 정책 고문인 조 그로건과 보건복지부 장관 알렉스 아자르이다.

나는 트럼프가 약값을 낮출 것이라 말하면서 이들을 기용하는 것을 보고 '그러면 그렇지' 하고 약값 인하는 물 건너갔음을 직감했다. 왜 그랬을까? 그들의 신분을 보면 앞으로 어떻게 일이 진행될지 충분히 가늠할 수 있었기 때문이다. 그로건은 길리어드 사이언스의 로비스트였고,[248] 아자르도 일라이 릴리Eli Lilly의 로비스트였다.[249] 둘 다 전직이 거대 글로벌 제약회사의 로비스트! 기막히지 않은가? 민간 제약회사의, 그것도 그

The New York Times

He Raised Drug Prices at Eli Lilly. Can He Lower Them for the U.S.?

HEALTH & HUMAN SERVICES
WASHINGTON

Alex M. Azar II in 2006, when he was deputy health and human services secretary under President George W. Bush. He will begin confirmation hearings this week to head the department under President Trump. *Evan Vucci/Associated Press*

"일라이 릴리를 위해 약값을 올렸던 알렉스 아자르가 과연 미국을 위해 약값을 내릴 수 있을까?"라는 제목의 《뉴욕 타임스》 기사 화면. 트럼프의 약값 인하 공약은 제약회사를 위해 일했던 로비스트를 보건복지부 장관에 기용함으로써 물거품이 되어버렸다.

들을 위해 돈을 들고 정치권 인사들을 만나 로비스트로 활약했던 이들이 대국 미국의 백악관과 내각에 들어가 공직을, 그것도 중직을 맡았다니. 이게 있을 수 있는 일인가?

그런데 이런 일은 이제 관행이 되어버리다시피 해서 미국에선 일도 아닌 게 되어버렸다. 이것을 소위 '회전문 인사revolving door'라고 한다. 미국의 '회전문

인사'란 인물이 부족해 관직에 쓴 사람을 또 갖다 쓰는 우리네 것을 말함이 아니고, 그 처음이 어디가 됐든 한 사람이 정부기관과 민간 기업을 계속해서 돌고 도는 인사를 말한다. 이런 이들을 옆에 두고 나랏일이랍시고 하고 있으니 트럼프의 진정성이 훼손되는 것은 불 보듯 뻔한 일. 트럼프는 원래 선거공약으로 로비스트들을 백악관 및 주요 공직에 얼씬도 못 하게 할 뿐만 아니라, 관직에 있던 이들이 퇴임 후 로비스트로 활동하는 것을 금지하겠다고 선언했었다.[250] 말은 그렇게 해놓고 그것부터 지켜지지 않았으니 일말의 진정성 있던 일조차 훼손되는 것은 당연한 귀결일 수밖에. 그러니 이런 것을 보며 나는 약값 인하는 애초부터 글러먹었다고 일찌감치 단정했던 것이다.

규제 포획 – 고양이에게 생선 가게를 맡겨라

이런 로비스트들을 관련 부서의 수장으로 고용하면서 트럼프의 약값 인하는 이미 틀어질 운명이었다. 그리고 정책 고문 그로건과 아자르의 입을 통해 펠로시 법안은 벼랑 끝에 몰렸다. 그들은 제약계의 혁신을 자극하면서도 동시에 약값을 내릴 수 있는 방안이 분명히 있다면서 펠로시 법안을 반대했다. 이미 기울어진 운동장인 말도 안 되는 게임에서 그런 게 어디 있겠는가? 현실적으로 그것은 미국에선 불가능하다. 불가능한 것을 그럴싸하게 이야기한 것일 뿐, 속내는 약값 인하는 절대로 안 된다는 뜻을 분명히 한 것이다. 민주당의 펠로시도 이럴 줄 알고 이미 짜고 치는 고스톱처럼 겉으로만 국민을 위하는 척 쇼를 즐기고 있는 것이다.

게다가 코로나 사태를 틈타 잽싸게 트럼프 행정부에서 길리어드의 렘데시비르를 희귀약품으로 지정해 특혜를 주려 했던 것도 충분히 이

해가 간다. 길리어드의 로비스트가 백악관의 정책 고문으로 떡하니 앉아 있고, 게다가 코로나 대응 팀의 일원으로 참여하고 있는데 그 정도 일이야 식은 죽 먹기 아니겠는가. 고양이에게 생선 가게를 맡긴 격이니 그럴 수밖에. 이런 것을 경제학자 조지 스티글러George Stigler는 "규제 포획 regulatory capture"이라고 불렀다.[251] 쉽게 이야기해서 그것은 자기 사람을 규제권을 갖는 요직에 꽂아 규칙을 만들고 자신에게 유리하게 모든 것이 굴러가게 만드는 것을 말한다.

미국은 규제 포획의 천국이다. 이것을 여실히 증명하는 것이 바로 미국에서 관행처럼 여기는 '회전문 인사'이다. 도덕적 타락과 범죄도 인이 박이면 당연시하게 된다. 그것에 대해 거의 이젠 아무도 뭐라 토 하나 달지 않고 있으니 말이다. 이렇게 민간 회사와 공직을 돌고 도는 사람이 과연 누구를 위해 일하겠는가? 정부와 국민을 위해서? 결코 아니다. 자신을 돈방석 위에 앉혀주는 민간 기업을 위해 일한다. 이런 자들을 정부의 고관대작을 시키는 이상 미국이 제대로 돌아갈 턱이 없다. 그러니 혹여라도 기대하지 마시라.

그런데 이런 사정을 누구보다 잘 알고 있는 나조차 이번 글을 쓰면서 또 한 번 고개를 절레절레 흔들 수밖에 없었다. '또야?' 하고 되뇌면서 말이다.

타미플루와 렘데시비르, 그 절묘한 기시감

왜 그랬을까? 렘데시비르와 관련해 일종의 기시감 같은 게 언뜻 들어서다. 왜 그런가 했다. 곰곰이 생각을 정리해보니 내가 2011년에 책을 내면서 길리어드와 관련해 이야기한 것이 불현듯 머리를 스쳤다.[252] 다시 확인해보니 그때와 이야기가 묘하게 중첩돼서 그런 느낌이 들었던 것이다. 우리에게도 익히 알려진 신종 인플루엔자(신종 플루)와 그 치료제인 타미플루Tamiflu(상품명)〔오셀타미비르Oseltamivir(일반명)〕가 다름 아닌 길리어드사 제품이다. 그런데 타미플루도 항바이러스제로 1996년 개발되어 1999년 허가가 떨어졌다가 2005년 조류독감bird flu이 유행하자 치료제로 인정되어 첫 대박을, 그 후 2009년과 2010년 유행했던 신종 플루 치료제로도 사용되어 두 번째 대박을 친다. 길리어드는 판매권을 스위스의 로슈Roche로 넘기고 지금은 로열티 10퍼센트를 받고 있다. 어쨌든 길리어드에게 타미플루는 황금알을 낳는 거위이다.

그런데 타미플루가 개발되던 시점인 1997년부터 2001년까지 길리어드 제약회사의 회장이 누구였는지 아는가? 바로 부시 정권에서 국방부 장관을 했던 도널드 럼스펠드Donald Rumsfeld다. 애초에 정부 관리에서 시작했다가 제약회사 사장으로, 그리고 다시 관리로 돌고 도는 그야말로 전형적인 회전문 인사의 화신 같은 존재인 럼스펠드는 길리어드의 주식을 상당량 갖고 있고 신약이 치료제로 공인되면서 덩달아 돈방석에 앉았다. 그리고 길리어드의 이사진에는 럼스펠드 외에도 또 다른 전직 관료들이 포진해 있다.[253]

조류독감과 신종 플루가 난데없이 세계적으로 유행하자 타미플루라는 신약이 그 신종 괴질의 치료제로 전 세계적으로 팔려서 엄청난 수익을 냈다. 그렇지만 뭐니 뭐니 해도 타미플루의 최대 판매처는 미국 정부였다. 2005년에만 해도 미 국방부가 5,800만 달러(약 696억 원)어치를 구입했고, 당시 의회도 수십억 달러어치의 구입을 고려하고 있다고 CNN은 보도했었다. 2005년 타미플루 판매로 로슈가 거둬들인 돈은 무려 10억 달러(약 1조 2,000억 원)였고 그것은 조류독감이 유행하기 전인 그 전해의 2억 5,800만 달러(약 3,096억 원)에 비하면 대박도 그런 대박이 없었다. 물론 이때 럼스펠드의 자산도 급상승한다. 타미플루의 세계 최대 구매처가 미국 국방부인 것이 사실인 이상 누가 봐도 의심이 들 것이다. 국방장관이었던 사람의 입김이 들어가지 않았겠는가? 또 그자는 누구인가? 국방장관 이전엔 타미플루를 만든 회사의 대표였다. 그러나 럼스펠드는 완벽한 오리발로 관련 의혹을 전면 부인했다.

길리어드의 타미플루와 이제 곧 승인이 떨어져 상용화될 것으로 보이는 렘데시비르를 함께 놓고 보면 왜 이렇게 엇비슷한지 모르겠다. 두 개 다 항바이러스제로 개발된 신약이며, 애초에 목표로 한 것 말고 듣도 보도 못한 신종 질병들이 나와서 약의 새로운 사용처가 되고 새로운 도약의 기틀을 마련한다. 그리고 회사는 천문학적인 수익을 거머쥔다. 또한 회사의 조력자들이 정부 요직에 들어가 회사의 이익을 위해 불철주야 애쓴다. 그 조력자들은 모두 이전 길리어드라는 제약회사와 깊은 관련이 있다.

트럼프의 음모론 제기

여기까지는 명확히 나와 있는 사실들의 나열이다. 그런데 이런 명백히 드러난 사실만 놓고 보아도 석연치 않은 구석이 꽤 있는 것만은 부인할 수 없다. 다른 의구심들이 꼬리에 꼬리를 문다. 어떻게 듣도 보도 못한 병들이 난데없이 '신종'이란 이름을 달고 계속해서 발생하는가? 그것도 제약회사에서 개발하는 약들이 나올 때쯤 시간 간격을 두고서. 다른 것을 목적으로 치료제를 개발했다고 하지만 후에 그 '신종'이란 이름을 달고 나오는 병들에 우연히도 딱 들어맞는 치료제라면 그렇게 완벽한 우연이 과연 가능한가? 마치 신종 질병을 염두에 두고 개발이라도 한 듯이? 그것도 같은 회사에서 두 번씩이나? 그 정도의 예측력이라면 제약회사는 지금이라도 돗자리를 까는 게 더 낫지 않을까? 그 엄청난 신기를 가지고 더 큰 돈을 벌 수 있을 것 같아서 하는 말이다. 그러나 여기서 조금만 더 나가면 마치 음모론으로 비칠 것 같아 멈추고 싶지만, 기왕 말이 나온 김에 조금만 더 진도를 나가본다.

사실 음모론은 트럼프의 국방부가 먼저 제기했다. 중국 우한의 실험실에서 코로나가 만들어져 유출됐다는 떠도는 소문을 국방부가 먼저 거론하고 트럼프가 거든 것이다.[254] 그런데 나는 철저히 드러난 사실들만 가지고 합리적 추론을 해보고자 한다. 트럼프는 코로나 대응을 잘하지 못한 것으로 지탄의 대상이 되고 있다. 한마디로 코로나에 대응할 준비가 전혀 안 되어 있었다는 비난이다. 그러나 나는 준비를 과연 못 한 것인지 아니면 아예 안 한 것인지 묻고 싶다.

그렇게 묻고 싶은 것은 백악관의 피터 나바로[Peter Navarro] 무역정책국장이 2020년 1월 말 이미 신종 코로나가 미국에 대규모 인명 피해와 수조 달러의 경제 손실을 초래할 것이라는 경고를 트럼프에게 한 메모가 나와서다.[255] 또 신종 괴질의 대유행에 대해서는 이미 2019년 가을 백악관 경제정책실의 경제학자들이 대통령에게 경고를 했었다. 《뉴욕 타임스》에 따르면 2019년 9월 백악관에 있던 브랜다이스 대학교[Brandeis Univ.] 경제학과 애나 셔비나[Anna Scherbina] 교수가 바이러스성 대유행이 미국에 발발할 경우 50만 명의 사망자와 3조 8,000억 달러(약 4,560조 원)의 경제적 손실이 올 것이라고 연구보고서를 작성해 트럼프에게 제출했다.[256]

이런 보고서를 받았으면서, 그래서 괴질의 대유행이 얼마나 큰 파괴를 불러올지 트럼프가 잘 알고 있으면서, 그동안 주먹구구식으로 대응을 해왔단 말인가? 의심이 가지 않는가? 왜냐하면 그런 대응은 이미 여러 차례 경고를 받은 대통령이 실제로 신종 괴질의 창궐이 코앞에 닥친 상황에서 보일 행보와는 전혀 들어맞지 않아서다.

그러나 트럼프의 행보는 우왕좌왕 갈팡질팡, 한마디로 적극적 대처가 아닌 미적거리는 식이었다. 그러는 동안 미국은 아비규환의 도가니가 되어버렸다. 그러니 묻고 싶은 것이다. 준비를 못 한 것인가? 아니면 안 한 것인가?

혹시나 길리어드의 하수인인 트럼프의 보건 담당 수족들이 부린 농간은 아니었을까? 길리어드의 렘데시비르를 희귀약품으로 지정하기 위해 시간을 벌어주려 미적거린 것은 아닐까? 그러나 다른 한편으론 그 미적거림으로 인해 은밀히 코로나가 창궐하는 것을 방치하면서? 그러곤 트럼프에겐 코로나 창궐에 대항할 '게임 체인저 game changer(상황 전개를 완전히 바꿔놓는 것)'로서 렘데시비르를 선전하게 하고서?[257] 트럼프가 약에 대해 무엇을 아는 게 있다고 길리어드의 렘데시비르를 게임 체인저로 언론에 나와 소개하며 의기양양할 수 있었을까? 나는 그 뒤에 길리어드의 하수인들인 그로건과 아자르가 있다고 생각한다. 어찌 됐든 길리어드의 렘데시비르는 신종 코로나 치료제로 승인받고 상용화를 위해 패스트트랙을 타게 된다. 많은 단계를 건너뛰면서, 속성으로. 엄청난 특혜가 아닐 수 없다. 아직 완전한 승인을 받지는 않았지만 그러는 와중 길리어드의 주식은 한없이 뛰었고 누군가는 돈방석에 앉았을 것이다.[258]

그러면 트럼프로서는 무엇을 얻는 것일까? 많은 사람이 괴질에 걸리고 살려달라 아우성칠 때 '짠!' 하고 나타나는 할리우드의 캐릭터들처럼 문제 해결사로, 영웅처럼 보이기 위함은 아니었는지. 그저 사실에 기반한 나의 합리적 추정이다. 그렇다면 정체불명의 괴질들은 도대체 어디서 연유한 것일까? 그게 어디서 처음 발생했느냐가 중요할까? 아니면 어떻게 발생하게 되었는가가 중요할까? 나는 후자가 더 중요하다고 생각한다. 그런데 그것에 대해선 트럼프와 그의 수족들이 말하지 않았는가. 실험실에서 만들어져 유출되었다고. 하지만 이제 정말 여기서 멈추어야겠다. 더는 못 나가겠다. 단 이것 하나만은 짚고 넘어가자. 이런 일에 막대한 이익을 보는 자에게 주목할 필요가 있다는 것 말이다. 이렇게 많은 인명이 죽어나가는 이때 눈 하나 깜짝 안 하고 자신들의 배를 불리는 이들. 나는 그들을 제국이라 칭한다. 그런 이들이 무슨 짓인들 하지 못할까.

세계화냐 민족주의냐

이제 맨 처음의 질문 제기로 돌아가 보자. 세계적으로 신종 괴질이 창궐하는 상황에서 그것에 대한 방어책으로 등장하는 신약 개발과 백신 개발이 세계화의 기조에 조응해야 하는가 혹은 민족주의에 발맞추어야 하는가를 묻는 것은 우문이다. 왜냐하면 이것을 개발하는 담당자인 제약회사는 그 어느 쪽도 아닌 두 개 모두를 자신들의 이익 실현을 위해 악용하는 제국이기에 그렇다. 글로벌 제약회사는 국경을 초월해 전 세계적으로 자사가 개발한 약을 팔아 잇속을 채우는 데에만 몰두한다. 다른 것에는 일절 관심이 없다. 오직 이윤 창출, 그것도 막대한 이윤 창출이다. 그래서 그들의 눈에는 자국민의 피맺힌 절규, 절망, 고통 이런 것은 결코 들어올 자리가 없다. 오히려 그것들을 십분 활용해 배를 채웠으면 채웠지 거기에 잠시라도 한눈을 팔 겨를이 없다.

이런 제국들에게 민족주의의 애국심이나 세계화의 협조와 관용 같은 것을 기대하는 것 자체가 어리석은 일이다. 그들의 피도 눈물도 없는 잔인한 제국질에 죽어나가고 고통받는 것은 일반 국민들, 특히 어떠한 의료 서비스에서도 소외된 서민들이다. 그렇다면 어떻게 해야 하는가? 답은 한 가지다. 그들의 거품 문 듯한 광적인 탐욕질에 단단히 재갈을 물리는 것이다. 규제다. 그렇다. 그들이 분명히 적은 아니다. 그러나 알량한 지식을 가지고 실험실에서 만들어낸 약으로 터무니없는 폭리를 취하는 것에 제동을 걸어야 한다.[259] 그것을 뒤에서 물심양면으로 돕는, 사람과 나라보다 자신이 속했던 기업을 위해 일하는 관리들을 정부 요직에서 내쫓아야 한다. 어떻게 약값을 제약회사가 맘대로 정하게 한단 말인가. 약이란 상품은 없어도 그만 있어도 그만인 그런 단순한 소비재가 아니다. 국민의 건강과 생명을 좌지우지하는 중요한 물품이기에 공공재 성격을 띤다. 그러니 순전히 제약회사의 재량에만 맡기는 것은 언어도단이다. 그것도 악질적 글로벌 제약회사들인 제국들에게 말이다. 그러나 국민 편을 들어주는 사람이 없는 미국에서 그것은 실로 요원한 일이다. 답답한 마음이 가시질 않는다.

그 이후의 이야기

이 글을 매체에 발표된 때는 4월 22일이다. 이때까지만 해도 렘데시비르는 우리나라에 소개되지 않은 것으로 안다. 어쨌든, 나는 신종 괴질이 창궐하는 이때 글로벌 제약회사들이 이런 난국을 틈타 자신들의 배를 잔뜩 불리는 방식에 대해 경고를 하고 싶었다. 렘데시비르 또한 마찬가지 경우다.

약 2개월이 지난 6월 29일 길리어드는 렘데시비르의 가격을 책정해 발표했다. 주사액 한 병당 520달러(약 62만 4,000원), 사보험 가입자는 1회

처방(5일 치)에 3,120달러(약 374만 원), 미국 정부가 보조하는 보험 가입자에겐 2,340달러(약 281만 원)가 책정되었다. 아직 3상의 시험도 거치지 않는 치료제의 가격이다. 가격에 대한 길리어드의 변은 이랬다. 병원 치료비가 비싼 것을 감안할 때 렘데시비르는 입원 기간을 단축해주기 때문에 평균 1만 2,000달러(약 1,440만 원)를 절약해줄 수 있어서 그 책정 가격은 결코 높은 게 아니라고. 확실히 뻔뻔한 제국다운 변이라 할 수 있겠다. 타미플루 때와 같이, 렘데시비르도 미국의 보건복지부가 50만 회 처방 물량을 확보할 예정이란다.[260] 길리어드는 이번 신종 코로나로 또다시 돈방석에 앉게 되었다. 타미플루 땐 럼스펠드가, 이번엔 그로건과 아자르의 조력에 힘입어…….

13
불평등을 보는 공간의 사회학
– 코로나는 왜 흑인들만 노리는가

거대한 격차

『21세기 자본』으로 우리에게 잘 알려진 프랑스의 경제학자 토마 피케티Thomas Piketty는 이번 코로나19 사태를 두고 "치명적인 불평등a virulent inequality"을 드러낸 위기라고 말했다.[261] 미국의 불평등만을 콕 짚어 얘기한 것은 아니지만, 가장 불평등이 심한 국가 중 하나인 미국에 시사하는 바가 크다. 이번 코로나 창궐이 불평등의 위기를 발생시킨 것이 아니고 이미 기저에 깔려 곪을 대로 곪아 있던 불평등의 상황을 수면 위로 극명하게 끌어올린 결정적인 계기가 되었기에 그렇다.

《뉴욕 타임스》를 비롯한 유수 언론들도 최근 코로나 위기가 인종, 재산, 그리고 보건의 뿌리 깊은 불평등을 여실히 드러내는 계기가 되었다며 미국의 거대한 격차the great American divide를 꼬집고 한탄하며 반성하는 특집 보도를 쏟아내고 있다.[262] 그런데 미국에서의 이런 격차가 확연히 목도되는 곳이 있다. 바로 공간이다. 불평등은 공간별로 존재한다.

경제학자들의 경고

공간을 통해 미국 사회의 불평등을 들여다보기 전에 먼저 경제학들의 경고부터 들어보자.

최근 시카고 대학교에서 전 세계 경제학자들을 상대로 코로나와 관련한 설문조사를 했다. 그 결과, 대부분의 경제학자들은(84퍼센트) 비록 2조 달러(약 2,400조 원)가 넘는 정부의 지원금이 시중에 풀리더라도 이번 코로나로 부유한 자들보다 저소득층이 심각한 타격을 받으리라 예측했다. 교육에서의 격차도 더욱 커질 것으로 91퍼센트의 경제학자가 전망했다. 마지막으로(사실은 이것이 현재 시점에서 가장 눈길을 끄는 것인데), 설문에 응한 95퍼센트의 경제학자가 주로 가난한 흑인들이 이번 코로나 사태의 최대 피해자가 될 것으로 내다봤다. 이들의 전망을 한마디로 요약하면 코로나가 미국의 극심한 불평등을 더욱 악화시킬 것이라는 점이다.[263]

퍼펙트 스톰이 불어닥친 미국 남부 – 빈곤과 인종 문제 배합이 빚어낸 참혹한 결과

그런데 코로나로 불평등이 더욱더 악화하는 공간은 크게 보면 어디일까? 미국에서의 코로나 펜데믹이 발생하던 초반 뉴욕주와 뉴욕시가 집중 조명을 받았다. 그러나 다음 진앙으로 지목되고 있는 곳이 남부 지방이다. 보스턴에서 발행되는 잡지인 《애틀랜틱》은 "미국 남부에 유독 치명적인 코로나"란 제목의 기사를 4월 초 게재했다. 기사 표제에 딸린 일러스트레이션을 보면 미국 남부가 코로나의 확실한 표적이 되었음을 쉽게 간파할 수 있다. 코로나 바이러스에 무슨 눈이 달린 것도 아닐 텐데 도대체 왜 이런 일이 벌어지는 것인가?

이 질문에 답하기 위해선 먼저 그 공간의 구조를 살펴보는 것이 지름 길이다. 더 쉽게 말하면 그 공간에 누가 주로 거주하는가를 살펴보는 것 이다. 그곳의 거주자들은 바로 저소득층 흑인들이다. 그런데 뉴욕시처럼 이곳은 조명받지 못하고 있다. 사실은 뉴욕보다 더 심한데도 말이다. 심 지어 그곳은 심각한 의심 증상이 있으면서도 코로나 검사를 받지 않은 이들이 부지기수로, 검사율이 매우 낮다. 그래서 미국 남부는 인종 문제 와 빈곤이 빚어낸 결과물로서 코로나의 최대 피해지로 부상하고 있다. 언론은 이를 두고 미국 남부 지방에 "퍼펙트 스톰perfect storm(최악의 상황)"이 불고 있다고 전하고 있다.[264]

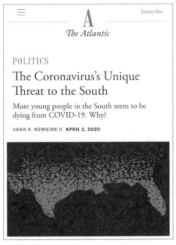

"미국 남부에 유독 치명적인 코로나 : 왜 남부에서 더 많은 청소년들이 코로나로 사망하고 있는가"라는
제목의 《애틀랜틱》 기사 화면

코로나 전쟁의 최대 격전지 루이지애나와 조지아

《가디언》은 루이지애나주 뉴올리언스^{New Orleans}시의 어느 가족 장례식 장면을 기사에 실었다. 지난 4월 11일과 12일 이곳 교회 두 곳에서 두 명의 목사가 한 가족 4명의 장례를 집례했다. 그 4명은 모두 이번 코로나에 감염돼 사망했다. 먼저 한 교회에서 올해 각각 71세, 61세, 58세 되는 3형제의 장례가 거행되었다. 그리고 다음 날은 이들 형제의 모친 장례식이 치러졌다. 노모의 나이는 올해 86세. 이들의 장례를 집도한 목사의 말은 남부 지역에 불어닥친 코로나의 참상을 여실히 들려준다. "우리는 갈기갈기 찢겼다. 어떻게 하루 상관에 엄마와 사랑하는 자식 3명이 한꺼번에 줄초상이 난단 말인가. 이게 바로 우리가 사는 지역의 비극이다."[265]

저 장례식장에서 터져 나왔던 통곡과 신음이 지금 미국의 남단, 뉴올리언스시 전체와 루이지애나주 전역에 걸쳐 흑인 가정 수백 군데에서도 똑같이 흘러나오고 있다. 4월 11일 현재 루이지애나주의 코로나 감염 사망자는 755명이다. 1인당 사망률로 보면 미국에서 최고의 수치를 보여주는 주 중 하나다. 그러나 이곳은 흑인의 비율이 전체 루이지애나주 인구의 절반에도 한참 못 미치는 32퍼센트를 차지하고 있음에도 불구하고 사망자 중 70퍼센트가 흑인이다. 그만큼 코로나로 인한 흑인의 사망률이 백인보다 훨씬 높다. 인구 구성에서 흑인은 3분의 1인데 사망자는 3분의 2가 넘으니 말이다.

그러나 루이지애나의 흑인들은 코로나 이전 이미 죽음의 그늘에 뒤덮여 있었다. 뉴올리언스시 인근 지역에 유독성 화학물질을 내뿜는 석유정유 및 석유화학제품 공장들이 200여 개가 넘게 집중돼 들어서 있기 때문이다. 듀폰, 쉘, 모자이크 퍼틸라이저 등의 회사가 그것들이다. 특히 뉴올리언스에서 배턴 루지^{Baton Rouge}(루이지애나주의 주도)까지 약 137킬로미터 길 중간에 위치한 세인트 제임스 패리시^{St. James Parish} 카운티의 인구는 약 2만 1,000명, 주민 대부분이 흑인이다. 이곳은 코로나가 급습하기 전에도 이미 질병과 죽음이 드리워진 곳으로 유명했다. 얼마나 악명이 높았으면 카운티의 별명이 '암의 골짜기^{Cancer Alley}'였을까. 코로나가 창궐한 뒤로 그 별명이 '사망의 골짜기^{Death Alley}'로 바뀌었다. 이를 두고 〈NBC뉴스〉는 루이지애나의 흑인 거주 지역이 이전엔 공기 오염, 이제는 코로나로 죽음의 '이중 타격'을 받고 있다고 보도했다.[266] 세인트 제임스 패리시 카운티는 미국에서 코로나로 인한 사망률이 가장 높은 지역 20곳에 속한다. 주지하다시피 코로나는 고혈압, 당뇨, 호흡기질환 등의 기저질환을 앓고 있는 사람들에게 치명적인 것으로 알려져 있다. 이것이 세인트 제임스 패리시 카운티라는 공간에서 여실히 증명되고 있다.

조지아주도 남부에서 루이지애나주와 함께 악명 높은 코로나 창궐 피해 지역이다. 여기도 어김없이 열추적 미사일 코로나는 주로 흑인들을 강타해 쓰러뜨리고 있다. 우선 조지아주의 코로나 검사율을 보자. 4월 22일 현재 조지아주는 검사율이 1퍼센트 이하로, 미국 전체 주 중에서 매우 낮은 검사율을 보이는 주에 속한다. 심지어 문제가 심각한 뉴욕주와 앞서 말한 남부 루이지애나주의 검사율 4퍼센트보다 훨씬 낮다. 하버드 글로벌 건강연구소^{Harvard Global Health Institute}가 추천하는 하루 검사 수는 10만 명당 152건으로 그 정도의 검사가 이루어져야 확진자를 가려내는 데 무리가 없다. 로드아일랜드주와 유타주는 그 수준에 최근 도달한 듯 보인다. 그렇지만 조지아주는 아예 제자리걸음이다. 10만 명당 하루 검사 수가 40건에 멈춰 있다.[267]

다른 지역의 흑인 밀집 거주 지역도 형편은 거의 비슷하다. 예를 들면 펜실베이니아주의 필라델피아시도 고소득 지역과 흑인들이 사는 저

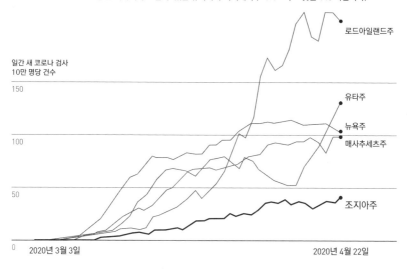

미국 전체에서 코로나 검사율이 가장 낮은 주는 조지아주

조지아주의 검사율은 최악이라고 할 수 있는 뉴욕과 루이지애나주 4%보다도 낮은 1% 미만이다.

일간 새 코로나 검사
10만 명당 건수

로드아일랜드주

유타주

뉴욕주

매사추세츠주

조지아주

150

100

50

0

2020년 3월 3일

2020년 4월 22일

실선은 일주일(7일) 평균 건수

출처 : 코비드 트래킹 프로젝트(The Covid Tracking Project) / 뉴욕 타임스

소득층 거주 지역에서의 코로나 검사 비율은 무려 6배나 차이가 난다.[268] 이제는 공짜인 코로나 검사조차 이들 지역의 사람들에겐 남의 일처럼 비껴간 것이다. 매사추세츠주의 바이오 기술 회사인 루빅스 생명과학사 Rubix Life Sciences의 연구 조사에 따르면 미국의 흑인들은 코로나로 의심 증상이 있더라도 병원에 가서 검사를 받는 경우가 상대적으로 적은 것으로 나타났다.[269]

열추적 미사일 코로나

정말 이상하게도 흑인 밀집 거주 지역만 코로나 사망률이 유독 높다.[270]

도시별, 주별로 놓고 보아도 그 사실은 분명하다. 다시 말해서 백인과 흑인의 사망률의 차이가 확연하다. 뉴욕시의 경우, 흑인이 백인보다 두 배 더 많이 죽었다. 시카고시의 경우 인구의 30퍼센트가 흑인임에도 불구하고 코로나로 죽은 흑인은 전체 사망률에서 70퍼센트를 차지한다. 위스콘신주는 전체 인구에서 흑인의 비율은 고작 6퍼센트이지만 사망률에선 거의 40퍼센트를 차지한다. 미시간주의 경우 사망자 중 흑인 비율은 40퍼센트에 이르지만 주 전체 인구 중 흑인 차지하는 비율은 고작 14퍼센트이다.[271] 일리노이주는 흑인 인구가 15퍼센트이지만 사망자의 43퍼센트를 그들이 차지한다.[272] 시카고시의 위와 같은 통계를 보고 시카고의 첫 흑인 출신 시장으로 선출된 로이 라이트풋Lori Lightfoot은 "숨이 멎을 것 같았다면서 작년 5월 시장에 취임한 이후 자신이 접한 수치 중 가장 충격적이었다."라고 소감을 밝혔다.[273] 이게 도대체 뭔가? 코로나에 무슨 열추적 장치라도 달렸다는 말인가? 마치 유도 미사일처럼? 그래서 흑인만 추적해 감염되게 해 죽이는 데 최적화라도 됐다는 말인가?[274]

물론 그런 것은 없다. 즉, 유전적 요인, 그런 것은 결코 없다. 그렇다면 무엇일까? 텍사스 남부 대학교Texas Southern University의 도시계획 및 환경정책과 로버트 불러드Robert Bullard 교수가 정답을 알려준다.

유독성 화학물질이 공기 중에 쏟아지는 지역에 사는 사람들, 양질의 의료 시스템에 접근이 불가한 사람들, 의료보험 무가입자가 많은 지역의 사람들은 코로나라는 열추적 미사일의 표적이 될 성숙한 조건을 갖고 있다. 해서 코로나에 누가 가장 취약한지를 따지는 것은 매우 쉽다. 그러니 이들 지역에서 흑인들이 차지하는 인구 구성비에 비해 그들의 사망률이 월등히 높은 것은 결코 우연이 아니다. 그것의 단 한 가지 이

유는 바로 인종주의와 인종과 공간에 기초한 뿌리 깊은 불평등 때문이다.[275]

사회 취약 계층의 전유물 - 기저질환과 의료보험 무가입

사회 취약 계층에 늘 따라다니는 것이 있다면 그것은 의료보험 무가입과 기저질환이다. 병이 나도 보험이 없어 의료 서비스를 못 받으니 병은 더욱 도지고 그것은 결국 악순환의 고리 속으로 빠져들어 계속해서 돌고 돈다.[276] 그리고 그것은 흑인 저소득층의 전형적인 삶이다. 조지아주도 미국 남부에서 루이지애나주와 함께 코로나의 타격을 크게 입은 주 중 하나이다. 그런데 조지아주의 의료보험 무가입률은 약 16퍼센트이다. 전국에서 네 번째로 높다.

조지아주 에모리 대학교[Emory Univ.] 감염학과 모하메드 알리[Mohammed Ali] 교수는 "의료 서비스를 받는 데 있어 우리 주(조지아)는 둘로 쪼개져 있다. 이런 파행은 결국 어떤 지역은 감염률이 극히 낮은 지역으로 남게 하는 반면 다른 지역은 바이러스가 산불처럼 삽시간에 퍼지게 한다."[277]

코로나의 가장 위험한 3대 기저질환으로 알려진 당뇨병, 고혈압(심장병)과 호흡기질환의 경우도 조지아주는 미국 전체에서 매우 높은 것으로 보고되었다.[278] 조지아주 전체 인구 중 13퍼센트가 당뇨병을 갖고 있고, 심장질환과 폐질환은 50개 중에서 각각 상위 15번째와 19번째이다. 그래서 조지아주의 3대 흑인 밀집 지역인 테럴[Terrell], 랜돌프[Randolph], 도허티[Dougherty] 등의 카운티들이 이번 코로나19가 퍼졌을 때 초기에 속절없이 유린당하고 만 것이다.

다음 도표에서 왼쪽은 코로나로 인한 사망자(10만 명당 사망자 수)이고,

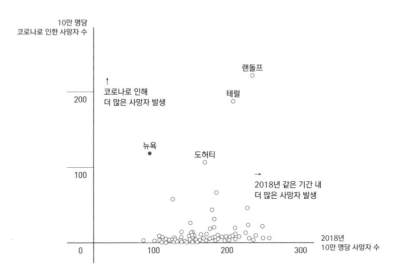

지역별 사망자(2018년)와 코로나19로 인한 사망자(2020년) 수 분포도

10만 명당
코로나로 인한 사망자 수

랜돌프

↑
코로나로 인해
더 많은 사망자 발생

200

테럴

뉴욕

도허티

100

→
2018년 같은 기간 내
더 많은 사망자 발생

2018년
10만 명당 사망자 수

0   100   200   300

출처 : 뉴욕 타임스

아래쪽은 코로나 이전인 2018년의 사망자(앞과 동일)를 나타내는 축이다. 왼쪽 축에서는 위로 갈수록, 아래 축에서는 오른쪽에 위치할수록 사망률이 그 조건에 국한 돼 높은 것을 말해준다. 그런데 위에서 언급한 조지아주의 3개 카운티는 양축의 45도 선상에 위치하며 더 위로 그리고 더 오른쪽을 향해 있다. 그에 비해 뉴욕시는 코로나엔 비교적 상위에 위치하지만 작년 사망률에서는 왼쪽에 위치해 있어 매우 낮은 것을 볼 수 있다. 결국 종합해보면, 조지아주의 흑인 밀집 거주 지역인 3개의 카운티는 기저질환으로 작년에도 높은 사망률을 보였고, 올해는 거기다 엎친 데 덮친 격으로 코로나까지 겹쳐 완전히 초토화된 것을 알 수 있다. 그러니 이번 코로나가 유독 흑인들만 겨냥해 타격을 가했다는 말이 나오는 것이다.

그러나 기저질환 이야기를 할 때 한 가지 유의해야 할 것이 있다. 당뇨나 고혈압 등은 환자 개인의 생활 습관이나 가족력에서 비롯될 수 있는데 그것을 인종 문제와 불평등의 문제와 결부시킨 것에 무리가 있다는 지적이 나올 수 있다. 물론 일리가 있다. 그렇지만 개인의 생활 습관 자체도 커다란 외부적 환경에 영향을 받을 수 있어서 전적으로 개인 탓으로 돌릴 수만은 없다. 예를 들면 공기가 나쁜 곳에서 운동하기는 곤란하기 때문이다.

의료 사막

기저질환도 사실은 적절한 예방 교육과 조기 검진 등을 통해 충분히 피할 수 있거나 통제할 수 있다. 그것은 적절한 의료 서비스를 통해 가능하다. 그러나 그런 서비스를 받을 수 없는 상황에 놓일 때는 어쩔 도리가 없다. 바로 의료 서비스의 부재가 그것이다. 의료 서비스의 부재는 둘 중 하나다. 의료 서비스를 받을 수 있는 기관, 즉 병원이 아예 없거나, 있다고 하더라도 돈이 없어 가지 못하는 것이다. 후자의 이야기는 다른 데서 많이 했으니 건너뛴다.

미국에서는 아예 어디가 아프다고 바로 전문의에게 갈 수 없다. 반드시 1차 담당의(가정의)에게 가서 진료를 받고 필요하면 진료의뢰서를 받아 전문의에게 갈 수 있다. 오해하지 마시라. 우리가 처음 동네 안과에 갔다가 대학병원 안과에 가는 것과 같은 일을 미국에서는 할 수 없다. 처음부터 안과에 갈 수 있는 게 아니고 가정의부터 보고 가야 한다.

그런데 다음 지도에서 보듯, 미국에서는 아예 1차 전문의가 없는 지

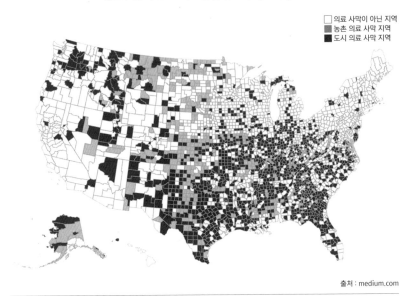

의료 사막(1차 진료 사막) – 농촌과 도시 비교 현황[279]

☐ 의료 사막이 아닌 지역
▨ 농촌 의료 사막 지역
■ 도시 의료 사막 지역

출처 : medium.com

역이 부지기수다. 이것을 의료 사막healthcare desert 혹은 1차 진료 사막primary care desert이라고 한다. 2019년 현재 의료 사막을 보면 까만색이 도시 지역의 의료 사막, 회색이 농촌 지역의 의료 사막, 그리고 흰색은 의료 사막이 아닌 곳이다. 주로 중서부와 남부 지방에 걸쳐 의료 사막이 펼쳐져 있다. 이 그림을 보면 왜 남부 지방의 흑인들이 주로 코로나의 타깃이 되는지 대충 갈피가 잡힐 것이다.

1차 전문의가 없는 곳이라면 그 지역엔 그다음의 환자를 받을 대형 병원이 존재하지 않는다는 것을 말한다. 이처럼 수백만 명의 사람들이 근처에 병원이 없어 위기 상황이 닥치면 생명에 위협을 받는 곳이 미국이다.[280] 그런데 왜 이런 일이 벌어질까? 그것은 비록 대부분의 병원이

명색이 비영리병원이라고 해도(물론 영리병원도 따로 있다.) 병원에 수익이 나지 않는다면 병원을 유지할 필요가 없다는 생각이 지배적이기 때문에 그렇다. 그것은 그 지역의 거주자들이 병원을 드나들지 못할 정도로 소득과 재산이 형편없다는 말과 같다. 그러니 의료 서비스의 부재를 돈이 없어 못 가는 것과 병원이 없어서 못 가는 것으로 칼로 무 베듯 자를 수 없는 것이다. 그것은 동전의 양면이기 때문이다.

그래서 지금도 미국의 병원은 대책 없이 사라지고 있다. 《가디언》에 따르면 2019년은 농촌 지역의 병원이 폐쇄되는 최악의 해였던 것으로 기록되고 있다. 무려 2019년 한 해에만 19개가 문을 닫았다. 특히 남부 지방의 병원 폐쇄는 최악이다. 2010년 이래 10년 동안 텍사스, 테네시, 오클라호마에서 120개의 병원이 문을 닫았다. 특히 이들 지역은 중산층보다는 완전히 저소득층이 거주하는 지역이라 의료보험의 경우 대부분 무보험자이거나 아니면 극빈자에게 주는 정부 의료복지인 메디케이드 Medicaid 의 수혜자다. 즉, 비싼 민간보험 가입자들은 매우 드물다. 이것은 병원 입장에서 볼 때 수지타산이 안 맞는 장사다. 왜냐하면 메디케이드의 경우는 정부가 지불 요청된 비용을 깎아서, 그것도 매우 더디게 주니까 말이다. 그러니까 두말하지 않고 병원 사업을 접고 있다.[281]

이런 추세는 코로나 창궐이 본격화된 이후에도 어김없이 벌어지고 있다. 《뉴욕 타임스》는 2020년 4월 한 영리 민간 회사가 경영 악화에 시달리고 있는 웨스트버지니아와 오하이오의 3개 병원을 사들인 후 의사를 비롯한 의료진을 가차 없이 해고하고 병원을 영구 폐쇄했다는 소식을 전했다. 결국 이들 병원에 의존하던 지역 환자들은 병원을 찾아 다른 먼 지역으로 차를 타고 마치 젖동냥하듯 방황하고 있는 신세다.[282] 사람들은 살려달라고 난리인데 병원은 사라지고 있다. 수익 없는 곳에 병원이 없다. 그게 바로 미국의 의료체계를 지배하는 철학이요 정신이다.

근접성의 위험

공간을 둘러싸고 벌어지는 또 다른 불평등이 있다. 바로 사적 공간의 부재다. 그리고 이것은 코로나 같은 재난 상황에서 더 큰 위험을 내포한다. 이것을 한마디로 줄이면 '근접성의 위험 the perils of proximity'이다. 이것은 소위 요즈음 건강의 전제 조건으로 일컬어지는 '6피트(약 2미터)'의 거리 유지가 힘든 것을 의미한다. 한정된 공간에서 많은 수의 사람들이 복작댈 수밖에 없는 상황에서 벌어지는 위험을 말한다.

근접성의 위험은 찰스 디킨스 Charles Dickens 의 소설 『황폐한 집 Bleak House』(1852)에 잘 묘사되어 있다. 그 소설에서 역병(천연두로 추정)이 도는데 그것의 위협은 빈자와 부자를 가리지 않고 보편적이지만, 실제 피해는 온전히 빈자들의 몫이다. 19세기 영국 소설 전공자인 펜실베이니아 대학교 영문학과 교수인 에밀리 스타인라이트 Emily Steinlight 는 바로 이 점이 디킨스의 소설에서 공간을 통해 극명하게 부각된다고 말한다.

> 디킨스의 소설 속에서 역병이 돌고 있을 때 가난한 자들과 사회적으로 중심에서 벗어난 이들이 가장 많이 죽어나가는 것으로 그려진다. (그것은 어떤 공간을 점유하고 있느냐에 따라 차별적으로 발생한다.) 그리고 이것은 현재 우리가 코로나 사태 속에서 목도하는 바로 그것을 그대로 반향한다.[283]

그래서 스타인라이트는 디킨스가 공간을 하나의 '호사 luxury'로 여겼다고 말한다.[284]

인간사가 늘 그렇듯 한쪽에서 호사를 누리면 다른 쪽에선 그것에서 비켜난 이들이 존재한다. 그리고 예기치 않은 재난이 닥칠 때 공간이라는 변수 자체가 또 다른, 혹은 더 큰 위험 요소로 작동한다. 디킨스의 소설에서 근접성의 위험은 온전히 가난한 자들의 몫이다. 『황폐한 집』에는 아직 현대 세균학의 아버지라고 할 수 있는 파스퇴르^{Louis Pasteur}나 코흐^{Robert Koch}가 그들의 연구를 시행하기 훨씬 전임에도 불구하고 전염병을 예방하거나 통제하는 방법이 나오는 장면이 있다. 주인공인 에스더 서머슨은 천연두로 의심되는 병에 걸린 직후 자신을 간호하는 하녀 찰리에게 자신이 다 나을 때까지 아무도 자기 곁에 얼씬도 못 하게 주문한다. 서머슨이 각별한 애정을 갖는 또 다른 주인공 에이다 클레어가 절대로 자기 곁에 못 오게 할 것을 찰리에게 다짐받는 장면이 나온다. 결국 찰리가 약속을 매몰차게 지키는 통에 에이다는 무사히 전염병을 피한다. 어떻게 디킨스는 알았을까? 요샛말로 사회적 거리와 격리가 전염병을 막을 수 있다는 것을 말이다. 감탄이 나오지 않을 수 없다.

그러나 디킨스의 천재성은 여기에 머무르지 않는다. 저렇게 사회적 거리와 격리를 향유할 수 있고 전염병을 피할 수 있는 이들은 그런 사적 공간을 점유한 부유한 자들이라는 것을 소설 속에서 그대로 녹여 보여주고 있으니 말이다. 그렇지 않은 가난한 이들은 그런 사적 공간을 향유하지 못하고 좁은 공간에서 어깨를 부대끼며 살아갈 수밖에 없음도 아울러서 보여주고 있으니 더더욱 그의 천재성이 돋보인다. 그의 소설 속에서나 실제에서나 후자에 속하는 이들에게서 전염병은 들불처럼 번지고 만다. 그러니 디킨스에게 있어 사적 공간이란 바로 가진 자들의 호사라고 할 수밖에. 그것도 생명을 건사할 수 있는 치명적인 호사 말이다. 단순한 문학작품을 넘어 그의 날카로운 시각은 불평등의 사회과학에 시사해주는 바가 크다. 아! 문학의 위대함이여!

확대가족의 공간

사적 공간을 향유하지 못하는 사람들의 전형적 예가 바로 감옥이나 요양병원 같은 시설의 수감자나 환자들이다. 좁은 공간에서 많은 사람들과 부대끼는 이들에겐 어김없이 코로나가 찾아왔다. 그러나 이렇게 사적 공간을 향유하지 못하는 자들은 일반인들 가운데도 많다. 모두 저소득층이다. 한 가족 내에서도 그러하고 여러 사람이 동거하는 곳에서도 그러하다.

코넬 대학교 사회학과 호프 하비Hope Harvey 교수에 따르면 지난 20여 년간 미국에서는 조부의 집에 들어가 사는 확대가족(3세대 이상이 함께하는 가족) 비율이 증가했다. 특히 금융위기 이후 10년간 3대가 조부모의 집에서 함께 기거하는 아동의 비율이 20퍼센트, 도시 지역은 거의 절반가량인 것으로 조사됐다. 핵가족(부모와 자녀만으로 이루어진 가족)이 오랫동안 아메리칸 드림의 상징이었던 미국에서 확대가족의 증가라니, 참으로 격세지감이 아닐 수 없다.[285] 그것은 바로 장성한 자식들이 이런저런 이유로 따로 나가 살 능력이 없어서 그렇다(부동산 가격과 임대료의 급등도 한 이유다). 아니면 은퇴한 노인이 노후 자금이 없어서 자식과 합치는 경우, 둘 중 하나다.[286]

요새 나오는 미국 영화를 보면 과거와 달리 적어도 2세대(다 늙은 부모와 장성한 자식)가 함께 사는 모습이 많이 보인다. 매우 이상한 광경이다. 전형적인 미국 핵가족의 일상에 비하면 말이다. 그런데 거기엔 높은 감염 가능성 외에 또 다른 '숨겨진 심리적 비용'인 갈등이 내재해 있다.[287] 존

스홉킨스 대학교 사회학과의 스테파니 델루카[Stefanie Deluca] 교수는 《뉴욕타임스》와의 인터뷰에서 "좁은 공간에서 복작대며 사는 것은 감염 위험성의 증가뿐만 아니라 심각한 정서적·정신적인 비용까지 가중시킨다. 자신만의 (사적) 공간으로 침잠할 수 있는 능력은 바로 갈등과 긴장, 그리고 불안에 대처하는 하나의 방법이다."라고 말했다. 그런데 작금의 미국 사회에는 이런 능력을 결여한 혹은 박탈당한 이들이 부지기수라는 데 문제가 있다.[288] 두말할 것도 없이 이것은 불평등의 심화를 이야기해준다. 더불어 코로나 같은 재난 상황에서는 높은 감염 가능성까지 덤으로.

코로나는 대중교통을 타고

근접성의 위험은 또한 대중교통의 전유물이기도 하다. 지하철 같은 대중교통에 사적 공간이란 없기 때문이다. 감염자일지도 모르는 낯선 이들과 같은 공간에 머물러야 한다. 그래서 뉴욕시의 상징인 지하철은 뉴욕시의 불평등의 상징이기도 하다. 뉴욕시에 코로나가 창궐하기 시작해 모두가 촉각을 곤두세우던 3월 말, 뉴욕시의 지하철 승객은 87퍼센트가 줄었다. 민감한 시기에 대중교통을 모두가 기피해서다. 누구는 자가 격리로 재택근무를 하고, 누구는 꽉 막힌 교통체증 때문에 평소에 타지 않던 자가용을 끌고 출근해 벌어진 일이다. 그러나 다들 그러해도 여전히 지하철을 탈 수밖에 없는 사람들이 있다. 바로 재택근무도 할 수 없고 자가용도 없는, 하루 벌어 하루 먹고 사는 이들이다. 이들이라고 잠재적인 코로나 보균자인지도 모르는 낯선 이들과 함께하는 대중교통을 이용하고 싶었을까. 그러나 대안이 없으니 탈 수밖에. 누구는 그걸 보고 무모하다 하지만 그것은 위험을 무릅쓴 용기의 문제가 아니고 생존의 문제이다.

《뉴욕 타임스》가 인터뷰한 한 승객의 말이다. "바이러스 무서운 것을 나라고 모를 리 있겠는가. 나도 걸리기 싫고, 내 가족이 걸리는 깃도 원치 않는다. 그러나 나는 하루라도 일하지 않으면 당장 굶어 죽는다. 그러니 지하철을 탈 수밖에 달리 방법이 없다." 이 승객이 탄 곳은 브롱크스 Bronx 지역으로 이곳의 중간 소득은 미국의 가구 중간 소득의 3분의 1에 해당하는 2만 2,000달러(약 2,640만 원)로 뉴욕시에서도 가장 빈곤율이 높다. 거주자 대개가 흑인들이다.[289] 이렇게 근접성의 위험은 불평등의 또한 가지 설명 요소가 된다.[290]

얼핏 우리나라의 어떤 광고가 생각난다. 면역력을 증진시키는 것이라며 복용하라는 광고였던 것 같은데 그 상품을 복용하면 개인마다 거품 같은 것에 둘러싸여 병균이 들어오다 그 거품 벽에 가로막혀 침투하지 못하는 광고다. 이런 시기에 마치 자가용은 교통에서 그런 방어용 거품 같은 존재 같다. 사적 공간을 허용하니까 말이다. 가진 자들은 자가용이란 사적 공간 안에 있으면서 동시에 코로나 바이러스도 막을 수 있는 보호막을 가지고 출퇴근을 한다. 그들보다 더 가진 자들은 아예 출퇴근조차 하지 않으며 집에 머물러 돈을 번다. 하지만 빈자는 그렇지 않다. 그러니 코로나는 더욱 그들 사이에서 창궐할 수밖에. 사적 공간을 허용하지 않는 대중교통, 그것은 코로나가 있을 때나 없을 때나 어김없이 빈자들의 몫이자 유일무이한 운송 수단이다. 그러나 미국에선 이런 친구이자 동료들인 빈자의 등에 대중교통은 무자비한 비수를 꽂을 확률이 높다.[291]

줄서기와 불평등

다음의 기사 화면을 보라. 하나는 길게 늘어선 자동차의 대기 줄, 다른 하나는 사람들이 직접 늘어선 줄이다. 대기 줄은 당장의 먹을거리를 구하기 위해 상점 앞에 늘어선 줄에서부터(그래도 이것은 사정이 뒤엣것보단 나은 축에 속한다), 무료 급식을 받으러 온 줄, 실업수당 신청을 위해 늘어선 줄까지 다양하다.[292] 미국 전역이 이런 줄로 북새통이다.

줄서기queue에 대한 훌륭한 분석으로는 사회학자 어빙 고프먼Erving Goffman(1983)의 것이 있다.[293] 내가 무척 좋아하는 사회학자이다. 고프먼은 줄서기가 매우 민주적이라고 봤다. 거기엔 평등과 예의가 존재한다고 여

미국 전역에서 식료품 구입과 무료 배식, 그리고 실업수당 신청을 위해
사람들이 인산인해를 이루어 늘어서고 있다고 전하는 《뉴욕 타임스》 기사 화면.
사진은 텍사스 샌안토니오에서 무료 배식을 받기 위해 늘어선 자동차 행렬
〈출처 : 뉴욕 타임스 / 샌안토니오 익스프레스 뉴스〉

굶주린 미국인들이 무료 급식을 받기 위해 수 마일에 걸친 줄을 서고 있으나
푸드뱅크는 수요를 따라가지 못해 전전긍긍하고 있다는 《비지니스 인사이더》 기사 화면

겼기 때문이다. 슈퍼마켓에서 물건을 사려고 늘어선 줄을 떠올려보라. 거기서는 사람들의 생김새나 출신 성분, 직업, 재산의 정도, 연령 등에 전혀 구애받지 않고 처음 계산대에 온 사람 순서대로 계산하고 떠난다. 선착순이다. 그래서 선착순에 따른 줄서기는 민주적이고 평등하며 공손함의 예의가 있어 보인다.

그러나, 다시 저 사진들을 보라. 과연 그것만이(고프먼이 본 것만이) 다일까? 나는 저렇게 길게 늘어선 줄을 보면서 동시에 거대한 불평등도 보게된다. 지금과 같은 코로나 재앙 상황에서 과연 코로나 바이러스를 뒤집어쓸 수도 있는 저런 공간에 누가 줄을 서고 누가 저런 용무를 직접 볼생각을 하는가?

이렇게 줄을 서는 것은 사회의 반쪽 세상에서 벌어지는 일이다. 즉, 줄을 서는 사람은 따로 있다. 사회적 약자들이다. 빈자들이다. 다른 반쪽세상의 사람들은 자신의 사적 공간과 시간을 갖고 저렇게 줄을 설 필요가 없다. 그들은 마치 시공간을 초월해 존재하고 이동하는 신처럼 여유롭게 자신만의 일에 몰두한다. 그들은 재택근무를 하고, 아마존에서 온라인 쇼핑을 하고(아무리 물건값이 올라도 개의치 않고), 음식물을 택배로 주문해 받아 먹는다. 그러나 저렇게 줄을 서야 하는 이들은 그러지 못한다. 그들은 컴퓨터도, 인터넷도, 신용카드도 없다. 그러니 그들이 할 것은 오로지 줄서기와 직접 현장에 가서 용무 보기, 먹고살기 위해선 죽음을 무릅쓰고 일터에 나가는 것밖에 달리 방도가 없다.[294] 그러니 빈자들은 코로나 위험에 더 노출될 수밖에 없다. 결국, 현대 미국 사회의 극심한 불평등은 줄서기와 같은 곳에서조차 평등과 민주성(사회학자 고프먼이 좋다고했던)을 여지없이 훼손하기에 이르렀다. 오호통재라. 이런 사실을 땅속에 있는 고프먼이 알게 된다면 무슨 말을 할까? 뻔뻔하게 보일 정도로 솔직

담백했다던 그의 성정을 생각해보면 아마도 이랬을 것 같다. "민주적? 개뿔. 퍼스트 컴 퍼스트 서브드 First Come, First Served(선착순), 개나 줘버려!"

'우리'에게 '그들'도 포함된 것인가?

오로지 11월 재선만을 생각하고 있는 트럼프는 대다수 국민이 죽어나가는 것에는 아랑곳하지 않고 경제 재개의 나팔을 불어대고, 이에 화답하듯 일부 주지사는 경제활동 재개 명령을 내렸다. 남부의 조지아 주지사가 그 선봉에 서 있다.[295] 그러나 많은 의료진은 깊은 우려를 표명하고 있다. 셧다운을 풀고 경제활동을 재개한다는 것은 곧 사람들이 더 죽어나간다는 것을 의미한다.[296] 그렇다면 과연 누가 죽어나갈까? 이 글을 읽은 이들이라면 답이 무언지 알 것이다. 그러나 미국의 위정자들은 이렇게 취약한 지역 흑인들의 감염과 사망은 전혀 문제로 여기지 않는 것 같다.

다시 스타인라이트 교수의 이야기로 돌아가 보자. 그녀에 따르면 디킨스를 포함한 19세기 소설엔 산업혁명에 의해 갑자기 늘어난 인구와 그것으로 인한 각종 사회문제에 대한 당대 작가들의 문제의식이 고스란히 노출되어 있다. 디킨스의 소설도 예외가 아니다. 자린고비 스크루지가 주인공인 『크리스마스 캐럴』(1843)엔 잉여 인구에 대한 제거가 아무렇지도 않게 묘사되고 있다. "많은 사람이 갈 수 없어, 그러니 그들은 차라리 죽는 편이 나아."라든지, "만일 그들이 죽는다면 그러는 편이 낫지, 그게 흘러넘치는 잉여 인구를 줄이는 것"이라고 스크루지가 말하는 대목이 있다.

아마도 스크루지는 당시 기득권층의 생각을 그대로 대변하는 인물일 수 있겠다. 시간은 변해도 기득권층, 내가 말하는 제국들의 생각은 절대로 변하지 않는다. 혹시나 지금 취약 계층이 몰려 사는 지역의 주지사와 시장들, 그리고 트럼프는 디킨스 소설에 나오는 스크루지와 같은 생각을 품고 있는 것은 아닌가? 사회복지 혜택으로 삶을 영위하고 있는 이들이 이참에 싹쓸이되었으면 하고 생각하는 것은 아닌가? 그들을 사회에 전혀 쓸모가 없는 식충 같은 잉여 인구 정도로 생각하고 있는 것은 아닌지 하는 의심이 든다. 그런데 이런 의구심도 완전히 터무니없지만은 않다. 그런 말이 나올 만도 하다. 일국의, 그것도 세계 최강의 나라 대통령 입에서 코로나 치료를 위해 살균제를 음복하라는 말이 나온 것을 보면 말이다.

이러는 사이 힘없고 돈 없고 '빽' 없는 사람들은 속절없이, 하릴없이 죽어나가고 있다. 혹시 운이 좋다면, 언제 걸린 줄 모르게 항체가 생겼을지도 모른다. 뉴욕 시민들 5명 중 한 명이 코로나 항체가 생겼을 수도 있다는 소식이 전해져서 하는 이야기이다.[297] 실로 웃프기만(웃기면서 슬프다는 속어) 하다.

생명은 운발 아니면 운명이다. 하지만 그게 다는 아니다. 그래도 그 절반 정도는 사회가 지탱해줄 수 있다. 사회가 주는 안전망으로써 말이다. 완전하진 않지만 사람들은 그런 안전망에 의지해 오늘도 마음을 놓고 살아간다. 그게 사회와 국가의 기능이다. 쓰임새다. 물론 완전하지 않은 것을 전적으로 믿으면 결국 그 피해는 그것을 믿은 사람 자신에게 돌아가겠지만, 어쨌든 우리가 일해서 국가에 세금을 내고 국가에 의무를 다하는 것은 바로 이것 때문이다. 그러나 그 무엇과도 바꿀 수 없는 고귀한 생명을 오로지 운발에만 맡기게 하는 사회, 그게 정상적인 사회는 결코 아니다. 그것도 선진국이라는 곳에서 그런 일이 버젓이 벌어진다면 더더욱 그렇다.

사람이라면 결코 잊어서는 안 되는 것이 하나 있다. 그것은 바로 모든 생명은 귀하다는 것이다. 거기서 '모든'은 글자 그대로 '모든'이다. 단 한 명의 예외가 있어서는 안 된다. 주위를 두루두루 살펴야 하는 이유다.

그 후의 이야기

항체 생성

이 글이 기고된 것은 5월 초, 약 두 달이 지난 후 뉴욕발 항체 소식이 전해졌다. 뉴욕시 퀸스Queens의 한 병원에서 신종 코로나 항체 검사를 한 결과, 검사자의 68퍼센트가 항체를 가진 것으로 나타났다. 이 지역은 뒤에서 보겠지만 흑인 및 소수 인종, 그리고 노동자 계층이 거주하는 곳이다. 퀸스의 다른 지역인 잭슨 하이츠Jackson Heights의 어떤 병원에서 검사한바 58퍼센트가 항체가 생성되었다. 브루클린의 부유한 백인들이 거주하는 코블 힐Cobble Hill의 병원에서 행한 항체 검사에서는 13퍼센트를 나타냈다. 앞에서 언급했던 5명 중 1명꼴에서 확실히 2~3배 늘어난 수치다. 부지불식간에 걸리고도 그냥 지나간 이들이 이렇게 많다는 것이다. 물론 백인의 경우는 그 수치가 훨씬 떨어진다.

그렇다면 우리나라는 어떨까?[298] 국민 3,055명을 대상으로 코로나19 항체 검사를 실시한 결과, 단 1명만 양성으로 나타났다. 집단면역 가능성은 멀리 물 건너갔지만 그만큼 방역 조치와 사회적 거리 두기가 철저하게 시행되었다는 것을 의미한다.[299] 참 영민한 민족임이 틀림없다.

한국의 의료 사막

국민은 영민하고 이런 일에 대처를 잘하는데 정치는 아니다. 미국의 의료 사막을 보며 한심해했지만, 우리나라의 서울을 제외한 지방에선 미국의 의료 사막만큼 위험천만한 일이 현재도 벌어지고 있다. 거창·진주·사천·남해·합천에서 확진된 환자들은 60~123킬로미터 떨어진 경남 창원 마산의료원으로 먼 길을 가야 했다. 거창군은 물론 인근의 합천군, 함양군 내엔 종합병원과 지역 응급의료센터가 한 군데도 없다. 2013년 도지사가 적자를 이유로 진주의료원을 없애버렸기에 생긴 일이다. 심지어 진주시에서도 감염병 전담 병원으로 활용할 공공병원이 없어 마산의료원으로 가야 한다. 2009년 신종 플루 때만 하더라도 진주의료원이 거점 병원으로 1만 2,000명을 보살폈다.[300] 도지사가 해야 할 일이 뭔가? 도민의 재산과 생명을 지키는 것 아닌가? 그런데 적자를 낸다는 이유로 공공병원을 강제 폐업시켰다니 할 말이 없다. 의료 취약 지역과 진료의 공백, 그것들을 방치하고서 지역 균형 발전을 이야기할 자격이 없다. 정신 차리자. 수도권만 사람 사는 곳이 아님을 명심하자.

엑소더스 – 뉴욕시 탈출

코로나가 한창 뉴욕시에 창궐할 때조차 돈 없고 가방끈 짧은 이들은 대중교통을 타고 일터로 나가 목구멍에 풀칠을 해야 했고, 아니면 줄이라도 서서 무료 급식으로 연명해야 했다. 반면 가방끈 긴 자들과 먹고살 만하거나 직장이 든든하거나 부자인 자들은 대거 뉴욕시 자체를 떠났다.

그들이 떠났다는 것은 어떻게 알 수 있을까? 일일이 호구조사라도 했을까? 아니다. 미국에선 그것을 알아낼 매우 좋은 방법이 있다. 미국에 있는 독특한 우체국 서비스 신청 내역을 확인만 하면 대번에 알 수

뉴욕시의 메일 전달 서비스 신청 건수 현황

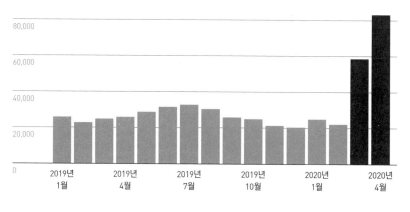

출처 : 미국 우정국 / 뉴욕 타임스

2020년 4월 우편번호별 뉴욕시 메일 전달 서비스 신청 건수

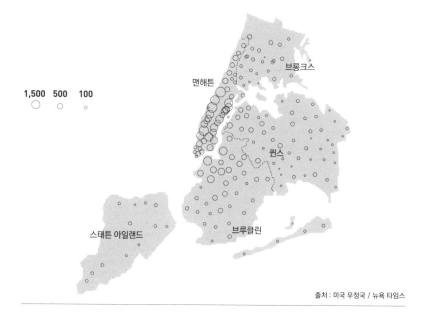

출처 : 미국 우정국 / 뉴욕 타임스

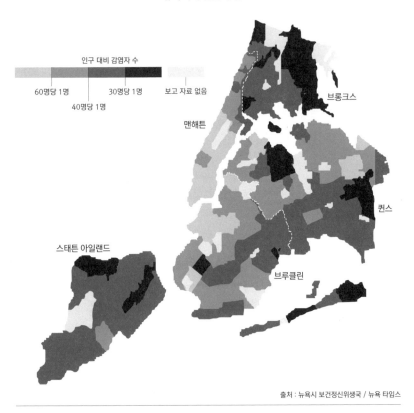

뉴욕시의 감염자 분포

인구 대비 감염자 수

60명당 1명　　　30명당 1명　　보고 자료 없음

40명당 1명

브롱크스

맨해튼

퀸스

스태튼 아일랜드

브루클린

출처 : 뉴욕시 보건정신위생국 / 뉴욕 타임스

있다. 바로 우편물을 한시적으로 다른 곳으로 배달하게 하는 메일 전달 서비스mail-forwarding request다. 장기간 휴가를 가거나 집을 비울 때 자신이 일시적으로 거주하는 곳으로 우편물 배달을 신청하면 임시 거주지로 배달된다. 혹시나 집을 비운 사이 놓치는 우편물이나 도둑 등을 미연에 방지하기 위한 우체국 편의 시스템이다.

　뉴욕시에서 코로나가 한창 기승을 부리던 시기인 3~4월에 이런 메일 전달 신청을 한 건수가 이전 달에 비해 2배에서 4배로 치솟았다. 그러면 이런 서비스를 신청한 주민들이 거주하는 지역은 어디일까? 뉴욕시 지도 그래프를 보면, 주로 많이 신청한 지역은 부자들이 사는 맨해튼 지역이다. 브롱크스, 퀸스, 브루클린, 스태튼 아일랜드 등에선 4월 한 달 메일 전달 신청 건수가 맨해튼 지역에 비해 현격한 차이를 보임을 알 수 있다. 그리고 그들은 뉴욕시 근교로, 아니면 뉴욕주의 농촌 지역 깊숙이 도피했으며, 그것을 넘어 미국 전역으로 몸을 피했다. 당시 뉴욕이 코로나로 몸살을 앓을 때 다른 지역은 아직 그 코로나가 본격적으로 시동을 걸지 않았을 때다.[301]

이렇게 도피한 결과는 무엇일까? 답은 뻔하다. 코로나 감염의 위험에서 벗어나는 것이다. 앞의 그림이 그 결과치다.[302] 7월 13일 자《뉴욕 타임스》에서 보이는 결과인데, 색이 연할수록 코로나 감염이 없는 곳이고 진할수록 감염자가 많이 나온 지역이다. 맨해튼은 색이 연하다. 대부분의 사람들이 앞에서 보듯 뉴욕시를 떠났기 때문이다. 그리고 그들은 이제 거의 대개가 영원히 돌아올 기미가 없다.[303]

코로나의 잠재적 기능 - 대도시 집값 하락

어디에서든 일할 수 있는 전능자들이 굳이 소음과 소요, 그리고 치명적 괴질이 쉽게 창궐하는 위험한 곳에 있을 필요가 없다는 것을 이제야 깨달았기 때문이다. 덩달아 뉴욕을 비롯한 대도시 집값과 임대료는 이제 급격한 하락 곡선을 타고 있다. 대도시 엑소더스, 즉 탈출이 벌어지고 있는 것이다. 코로나의 창궐이 가져온(올) 잠재적 기능, 그것은 바로 대도시 주택 가격과 임대료의 하락이다. 인간의 탐욕을 잠재울 방법은 과연 재앙밖에 없는 것인가? 매우 쓸쓸하기만 하다.

14

미국 코로나 구제금융의 실상
- 영세 상인의 구제금융을 가로챈 대기업

#사례

뉴욕주 워쇼^{Warsaw}의 가족 식당 주인은 종업원 25명을 고용하고 있다. 코로나19로 식당 내에서 손님을 받을 수 없어 매상이 확 줄어들자 사장은 드라이브 스루로 음식만 사 가게 하고 간간이 빵과 치즈 등도 함께 파는 궁여지책으로 하루하루를 근근이 버티고 있다. 그러나 역부족이다. 이에 사장은 소상공인 재난지원금 대출인 급여 보호 프로그램을 이용하려 30년간 거래한 지역 은행에 12만 5,000달러(약 1억 5,000만 원)의 대출을 신청했다. 그러나 은행에서 돌아온 답은 돈이 다 떨어져서 불가능하다는 것이었다.[304]

코로나19에 직접 타격받은 소상공인과 서민

미국 정부는 코로나 사태로 인해 미국 경제가 1920년대 대공황급 이상으로 악화될 것을 우려해 선제적 방어에 나섰다. 엄청난 돈을 풀기로 했다. 그런데 막대한 이 긴급재난지원금을 갚을 이들은 정작 누구인가? 돈이 곳간에서 흘러넘쳐서 준 것이 아니라 빈 곳간에서 돈을 찍어서 풀어낸 것이니 향후에 납세자들이 이 돈을 갚아야 한다. 그리고 향후란 그리 먼 미래도 아니다. 현재 50세 미만의 직장인들이 갚아야 할 당사자들이기 때문이다.[305]

돈을 찍어 푸는 것이 사망 직전의 미국 경제를 살릴 유일한 방법임을 일단 인정할 수밖에 없는 것이 현실이라면, 좋다, 그렇다면 그것은 누구에게 우선적으로 쓰여야 할까? 답은 명확하다. 이것을 갚아나가야 할 이들에게 우선적으로 돌아가야 한다. 그들은 국민들이고 서민들이다. 당장 실탄이 필요한 이들에게 가야 한다. 한시가 급한 사람들 말이다.[306]

그런데 서민들이 일하는 곳은 대부분 소상공인이 운영하는 사업체다. 《뉴욕 타임스》가 만든 다음 표를 보면 큰 그림이 보인다. 미국에선 고용 근로자 500명을 기준으로 그 아래를 중소기업으로, 그 이상을 대기업으로 분류하는데, 소상공인이 운영하는 사업체에 민간 부문 근로자의 거의 절반이 고용되어 있다. 그리고 100명 미만의 근로자를 고용한 사업체에서 대부분의 서민들이 일한다. 2016년 현재 6,000만 명에 이르는 근로자가 3,100만 개의 소기업에서 일하고 있다.[307] 그래서 어려움을 겪고 있는 소상공인들에게 인공호흡기를 달아 그들이 무너져 내리는 것을 일단 막는 것이 매우 시급한 일이다. 그것이 곧 일반 서민을 보호하는 지름길이기에 그렇다.

정부가 소상공인들을 돕겠다며 내놓은 돈은 이제까지 6,600억 달러

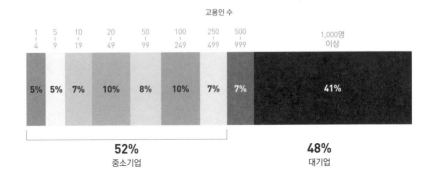

미국 회사 규모별 고용 비중

고용인 수

1~4	5~9	10~19	20~49	50~99	100~249	250~499	500~999	1,000명 이상
5%	5%	7%	10%	8%	10%	7%	7%	41%

52% 중소기업   **48%** 대기업

소상공인 자영업체에 미국의 민간 부문 근로자 거의 절반이 고용되어 있다.

출처 : 뉴욕 타임스

〔약 809조 원, 1차 3,490억 달러(약 419조 원), 2차 3,100억 달러(약 372조 원)이다.〕이름은 급여 보호 프로그램Paycheck Protection Program, 이하 PPP, 그걸로 직원의 급료를 주고 해고하지 말라는 취지로 붙인 이름이다.[308] 그런데 그 돈은 제대로 쓰였을까? 그렇지 않아서 문제다. 위의 사례에서 보듯 혜택을 본 이들은 매우 적고 대부분 PPP 구경도 못 했으니까. 그렇다면 그 돈은 도대체 어디에 어떻게 쓰였을까?

대기업이 낚아채 간 소상공인 재난지원금

영세자영업자 같은 소상공인에게 주라고 국가가 푼 돈이 어디로 갔는지는 앞의 식당 사장의 말을 들어보면 대번에 알 수 있다.

돈이 어떻게 다 떨어졌는지 곧 알게 되었다. '루스 크리스 스테이크 하우스 Ruth's Chris Steak House' 같은 큰 체인점이 정부가 돈을 풀자마자 바로 신청해서 수백만 달러를 가져갔다. 그런 큰 회사는 1년에 수백만 달러를 번다. 정말 화가 났다. 그런 대형 식당 체인이 소기업인가. PPP라는 게 원래 소상공인 도우라고 조성한 돈 아닌가? 근데 왜? 도대체 왜 그 돈이 그들에게 갔는가?[309]

이런 상황은 워쇼의 식당 사장만 겪는 게 아니다. 《뉴욕 타임스》에 소개된, 뉴욕시에서 6개의 식당을 경영하며 310명을 고용한 제법 큰 소상공인의 경우도 마찬가지다. 그도 PPP를 신청했지만 단박에 거절됐다. 그의 입에서도 "범털(큰 회사)들은 구제금융 받고, 나 같은 개털들은 못 받고 이게 말이 되나?"라는 분통이 터져 나왔다.[310]

그럼 큰 식당 체인들은 도대체 얼마나 타 갔을까? 100개 이상의 점포에 5,000명의 종업원을 고용하고 있는 '루스 크리스 스테이크 하우스'가 2,000만 달러(약 240억 원)를 받았다. 전국에 189개 점포, 8,000명의 직원을 두고 있는 햄버거 체인점 '쉐이크쉑 Shake Shack'은 1,000만 달러(약 120억 원), 샌드위치 체인점 '포트벨리 Potbelly'는 전국에 약 500개 점포가 있고 직원 수는 6,000명에 이르는데 이 회사도 소상공인 구제금융 1,000만 달러를 받았다.[311] 또 다른 대형 체인 '제이 알렉산더스 J. Alexander's'도 1,510만 달러(약 181억 원)의 PPP를 따냈다.[312] 요샛말로 '득템(좋은 것을 획득했다는 신조어)'했다(그것이 득템인 이유는 조금 뒤에 밝히겠다).

이것을 두고 식당, 술집, 호텔 등의 단체인 '뉴욕시 접객업소 연맹 NYC Hospitality Alliance'은 "정말 분노와 짜증이 난다. 정부의 지원은 소상공인 영세자영업 식당에게 가야 마땅하다."라는 성명을 냈다. '미국식당협회

National Restaurant Association '에 따르면 3월 이후 4월 중순 현재까지 미국에서 약 800만 명의 식당 종사자 또는 노동력의 3분의 2기 해고당했다. 식당 업계는 300억 달러(약 36조 7,000억 원)의 손실을 입었고, 4월 말까지 추가로 500억 달러(약 61조 원)의 손실을 입을 것으로 추정했다.[313] 대기업 체인보다 영세 식당들의 타격이 컸다. 앞으로도 마찬가지다. 전자는 코로나 사태가 단기간 내에 끝나지 않아 셧다운(정상영업 중지)이 연장되더라도 버틸 여력이 있어 잘 넘길 것이지만, 영세자영업자들은 버티지 못하고 약 3분의 2가량이 사라질 것으로 보이기 때문이다. 그런데 영세업자를 살리라고 제공한 구제금융을 덩치 큰 대기업이 톡 채어 가버렸다. 대기업의 가로채기는 다른 곳에서도 벌어졌다.

소상공인 구제금융에 숟가락을 얹은 호텔 등 대기업

《워싱턴 포스트》에 따르면 거의 300개에 이르는 상장기업들이 소상공인 구제금융 중 10억 달러(약 1조 2,000억 원)를 가져갔다. 예를 들면, 텍사스주 댈러스시에 기반을 둔 호텔회사 애시퍼드 주식회사Ashford Inc.는 리츠칼튼 등의 특급호텔을 소유한 호텔업계 제왕이다. 이런 회사가 7,600만 달러(약 912억 원)의 PPP 구제금융을 받았다. 애초에 신청 액수는 간 크게도 총 1억 2,600만 달러(약 1,512억 원)였다. 그 절반가량을 따낸 것이다.[314]

도대체 어떤 대기업이 이런 짓을 했느냐는 비난이 비등했지만, 소관 부처인 중소기업청The Small Business Administration(이하 SBA)은 양심 불량 기업들의 명단을 공개하길 꺼렸다(뭐가 구리긴 구린 모양새다). 그러나 매체는 그동안 과거에 공개됐던 대출 프로그램 정보를 종합해 몇몇 회사 이름을 밝혀냈다(우리나라 대부분의 맹탕 기자들과는 좀 다르다고 해야 하나?). 그때 단서가 됐던 것은 바로 회사 대표^{CEO}의 연봉이었다. 캘리포니아주의 인공지능회사 '베리톤^{Veritone}'은 2018년 연봉으로 회사 대표가 1,870만 달러(약 224억 원), 동생이 1,390만 달러(약 167억 원)를 받은 대기업이다. 그런데 이 회사는 이번에 650만 달러(약 78억 원)의 PPP를 받았다.[315]

뉴저지주의 제약회사 '어퀴스티브 테라퓨틱스^{Aquestive Therapeutics}'의 대표 연봉은 2019년에 260만 달러(약 31억 원), 2020년 이 회사는 소상공인 구제금융으로 480만 달러(약 58억 원)를 받았다. 복제약 회사인 '웨이브 라이프 사이언스^{Wave Life Sciences}'는 720만 달러(약 86억 원)의 PPP를 챙겼는데 회사 대표의 2018년 연봉은 580만 달러(약 70억 원)였다.[316] 회사 대표가 그렇게 엄청난 연봉을 챙기는 큰 회사이면서도 소상공인을 위한 정부의 긴급재난지원금마저 한 치의 주저함 없이 채어 간 것이다. 이들이 왜 부자가 되었는지 알 만하다. 챙길 건 확실히 챙기자가 이들의 모토!

그 많던 소상공인 재난지원금은 다 어디로 갔나

그렇게 영세자영업자 구제를 위한 정부의 재난지원금은 정작 그들과는 아무런 상관이 없는 곳에 소진되었다. 특히 4월 3일 발효된 PPP는 14일이 되기도 전에 순식간에 사라져버렸다. 재무부 산하 중소기업청^{SBA}이 보통 소상공인을 위해 대출 프로그램으로 잡은 액수가 1년에 300억 달러(약 36조 원)가 안 된다. 그런데 SBA의 14년 치 소상공인용 대출 금액보다 더 많은 코로나19 대응 PPP가 14일이 되기도 전에 동나버린 것이다.[317] 대부분 상장사인 대기업의 호주머니 속으로 홀랑 들어가 버렸다. 그러자 전국의 소상공인들의 원성이 하늘을 찔렀다. 그래서 2차 PPP가 또 시행되었다. 1차 때보다 대기업이 몸을 조금 사린 것 같지만 여전히

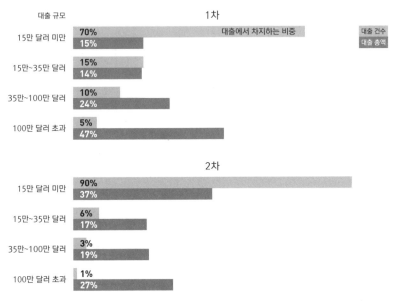

1, 2차 소상공인 대출(PPP)의 대출액별 현황

대출 규모

1차

대출에서 차지하는 비중

대출 건수
대출 총액

15만 달러 미만	70% / 15%
15만~35만 달러	15% / 14%
35만~100만 달러	10% / 24%
100만 달러 초과	5% / 47%

2차

15만 달러 미만	90% / 37%
15만~35만 달러	6% / 17%
35만~100만 달러	3% / 19%
100만 달러 초과	1% / 27%

소상공인 대출 중 100만 달러가 넘는 대출이 많은 비중을 차지한다.

출처 : 뉴욕 타임스 / 미국 중소기업청(SBA)

대기업이 채 간 돈이 훨씬 많다. 위의 도표를 보라.

100만 달러(약 12억 원)가 넘는 거액 대출이 초기 재정 지원의 큰 부분 차지한다. 첫 번째 PPP의 경우, 소수 5퍼센트 대기업이 대출금 전체의 거의 절반을 채 갔다. 15만 달러(약 1억 8,000만 원) 미만의 소액을 빌린 소상공인은 전체 대출자의 70퍼센트를 차지하지만 빌려 간 액수는 PPP의 15퍼센트에 불과하다. 2차 PPP는 조금 눈치가 보였는지 소액 대출이 늘었다(1차 대출액 평균 20만 6,000달러, 2차 평균 7만 9,000달러). 15만 달러 미만의 소액 대출은 PPP의 37퍼센트를 차지했다. 그러나 100만 달러를 초과하는 대출을 챙긴 대기업은 대출자의 1퍼센트에 불과하지만 받은 액수는 PPP의 4분의 1이 넘는다.[318]

《뉴욕 타임스》 분석에 따르면 소상공인의 25퍼센트만이 정부 지원을 받았다.[319] 공간적으로 보면, 코로나로 타격을 가장 많이 받은 지역은 4월 현재까지 뉴욕과 뉴저지주이다. 그러나 시카고 대학교와 MIT 대학의 학자들이 분석해본 결과, 이런 지역의 소상공인들은 PPP 지원을 적게 받았고, 오히려 코로나의 직접적인 타격이 덜한 지역에서 지원을 더 많이 받는 불균형 현상이 벌어졌다.[320] 한마디로 코로나 대응 PPP가 코로나와는 별로 상관없는 애먼 데로 가버린 것이다.

트럼프 행정부 관련 인물들이 따 간 PPP

그렇다면 어떤 대기업들이 소상공인을 살리라고 준 돈을 날름 삼켜버린 것일까? 어떤 루트로? 다음의 예를 보면, 그 실마리를 풀 수 있다.

'할라도어 탄광Hallador Coal'이란 회사가 있다. 이 회사가 PPP로 타 간 돈은 1,000만 달러(약 120억 원)이다. 그런데 이 회사가 로비스트로 고용한 이는 다름 아닌 트럼프 행정부에서 '스캔들 메이커'로 악명이 높았던 스콧 프루이트Scott Pruitt이다. 그는 환경청장EPA으로 취임한 직후부터 에너지업계 로비스트가 제공한 10만 달러(1억 2,000만 원)를 받고 모로코 여행을 하는 등의 온갖 지저분한 문제로 구설수에 휘말렸다. 한마디로 청렴과는 거리가 먼 쓰레기 탐관오리다. 그러나 그를 감싸고 도는 트럼프에 의해 청장직을 유지하다 결국엔 사임했다. 그런데 그가 자리에서 물러나자마자 간 곳이 바로 할라도어다. 그는 지금 할라도어를 위해 대정부 로비스트로 맹활약 중이다. 동시에 현재 그는 연방수사국[FBI]에 의해 14건의 죄목으로 수사를 받고 있다.[321]

'리노 리소시스[Rhino Resources]'란 탄광회사도 1,000만 달러(약 120억 원)의 PPP를 받았다. 그런데 그 회사의 전임 사장이 누구였나 하면, 현재 트럼프의 미국 광산안전보건청[Mine Safety and Health Administration]의 수장인 데이비드 자테잘로[David Zatezalo]다. 이게 끝이 아니다. '라마코 리소시스[Ramaco Resources]'라는 탄광회사는 무려 840만 달러(약 101억 원)를 따냈다. 현재 회장 랜디 애킨스[Randall Atkins]가 미국 에너지국[Dept. of Energy]의 석탄위원회 위원이기 때문이다. 이런 예는 더 댈 수 있다.

이렇게 현재 트럼프 행정부와 연줄을 가진 전·현직 관료들이 물심양면으로 애쓰는 통에 소상공인을 살리기 위해 만든 정부 재원에 대기업들이 침을 발라 꿀꺽하고 자신들의 배를 채웠다. 물론 그들은 그런 연줄이 돈을 타내는 데 전혀 작동하지 않았다고 극구 부인하고 있다. 비리 저지르고 잘못을 시인하고 사과하는 사람은 보기 드물다. 이런 것은 동서고금 마찬가진가 보다. 하긴 잘못을 시인할 인간이면 아예 그런 짓을 저지르지는 않을 공산이 클 터. 어쨌든, 이렇게 해서 사양 산업인 화석연료 생산 대기업이 소상공인 긴급재난지원금으로 따 간 돈이 무려 5,000만

뇌물 등 온갖 비리 추문에 휩싸였으나 트럼프의 비호 아래 버티던 스콧 프루이트가 사임하자 그의 사임으로 엄청난 추문이 과연 덮일 것인지 의문을 제기하고 있는 《애틀랜틱》의 기사 화면. 프루이트는 사임 후 '할라도어 탄광'의 로비스트로 활약하고 있다. 그 회사는 소상공인 구제금융 1,000만 달러를 따냈다.

달러(약 600억 원), 그중 트럼프 행정부와 연계된 회사가 가져간 PPP는 《가디언》 추산 2,800만 달러(약 336억 원), 〈NBC뉴스〉 추산 1,830만 달러(약 220억 원)이다.[322]

트럼프 행정부와 관련된 인사로 인해 PPP를 받은 회사는 화석연료 회사 외에도 많다. '크로퍼드 유나이티드Crawford United'와 '플로텍 인더스트리스Flotek Industries'가 그 예로 각각 370만 달러(약 45억 원), 460만 달러(약 55억 원)를 받았고 이런 일이 가능하도록 영향력을 행사한 작자들이 트럼프 행정부에서 해외 대사 등의 요직과, 특혜를 받은 회사의 이사 등 중역을 돌아가며 맡고 있다. 소위 회전문 인사의 당사자들이 정부 돈을 타내는 데 거간꾼 노릇을 톡톡히 하고 있는 것이다.[323]

은행과 단골 고객의 상부상조

앞에서 언급했듯 소상공인의 몫을 채 가는 이런 비열한 짓의 선두주자는 단연코 트럼프 행정부와 연줄이 닿는 대기업이다. 그다음은 어떤 방식이 동원되었을까? 소상공인 옹호 시민단체인 '중심가연맹the Main Street Alliance' 대표 어맨다 밸런타인Amanda Ballantyne은 "은행과 돈독한 관계를 쌓아온 기업"이 PPP를 따 갔다고 말한다.[324] 은행과 짬짜미한 기업들이 타갔다는 뜻이다.

대형 은행들은 PPP 신청을 받을 때 하나의 원칙을 가지고 대출 신청을 받았다고 호언장담했다. 선착순 원칙을 적용했다는 것이다. 그러나 그들은 실제로는 두 개의 줄을 만들었다. 하나는 진짜 소상공인을 위한 줄, 다음은 속성 줄(왜 이렇게 요사이 패스트트랙이 유행하는지 모르겠다.)인 기존의 단골 대기업을 위한 줄. 예를 들면 제이피모건JPMorgan이 그렇게 두 개의 줄을 세웠다. 그런데 대기업은 솔직히 줄을 설 필요도 없다. 전화 한 통이면 끝나는 줄이니까. 아니면 은행 측에서 먼저 고객에게 전화를 했을 수 있다. 이렇게 좋은 대출 조건이 있는 상품이 나왔으니 신청하는 게 어떻겠느냐고 먼저 타진을 했을 수가 있다. 이것저것 다 논외로 치더라도 영세자영업자들은 대출받는 데 제출해야 하는 서류 작업에 서툴다. 그러나 대형 회사들은 능숙하며 완벽하게 서류를 꾸며낼 준비가 언제나 되어 있다. 이미 상대가 안 되는 게임을 한 것이다.[325]

또 대출 대행 은행은 자기들과 관련 있는 인사가 있는 기업에게 우선적으로 대출을 해주었다. 스마트폰 보호 장구를 만드는 기업인 '재그 주식회사$^{Zagg\ Inc.}$'는 무려 940만 달러(약 113억 원)의 지원을 키뱅크^{KeyBank}를 통해 받았다. 그런데 현재 회사 대표가 과거에 키뱅크의 고위 임원이었다. 웃긴다. 서로서로 챙겨주기 그런 건가? 이 때문에 밸런타인은 정책입안자들이 소상공인 지원 프로그램을 연줄과 은행 단골 고객이 아닌 실질적인 소상공인에게 우선적으로 돌아가도록 규정을 정비해야 한다고 일갈하고 있는 것이다.[326]

그렇다면 정부의 구제금융 분배를 대신한 대행사인 은행들은 무엇을 얻었을까? 수수료다. 그들이 고작 한 일이라곤 신청받아 정부 돈을 자신들 입맛대로 나눠준 것뿐인데 엄청난 수수료까지 챙겼다. 미국 공영 라디오방송^{NPR}에 따르면 대출 대행 은행이 수수료로 거둔 금액은 무려 100억 달러(약 12조 원)가 넘는다.[327]

그들이 대기업에게 우선적으로 거액의 돈을 선뜻 대출해준 데에는 또 다른 야비한 이유가 있다. 대출 규모가 클수록 수수료가 더 높기 때문이다. 물론 대출 서류 작성 등 거기에 들어가는 시간과 정력이 다수에게 소액 대출을 해줄 때보다 덜 들어가는 것은 덤이다. 결국 종합하면, 소상공인에게 가야 할 구제금융을 이 은행들도 챙겼다는 뜻이다. 단골 고객인 대기업과 짝짜꿍하면서. 이런 걸 보고 우린 말한다. 벼룩의 간을 내먹는다고. 그러면 일이라도 제대로 할 것이지, 이게 뭐람. 하긴 정부의 아무런 제재가 없는 곳에서 이들처럼 안 하는 것이 바보 취급을 받을 테니 저들의 행보는 저들로서는 무척 합리적인 선택일지도 모른다. 정부가 나서서 대기업을 감싸고 도는 판에 누구 탓을 하랴(이것에 대해서는 조금 뒤에 말하겠다).

대형 회사의 PPP가 '득템'인 이유

그러면 이쯤에서 다음의 질문이 나와야 한다. 상장기업인 대기업들이 온갖 수단과 방법을 동원해서 소상공인 대출에 슬쩍 숟가락을 얹으려 하는 이유는 무엇인가? 대기업이 군이 죽어라 PPP 돈을 빌리려는 이유는 무엇인가? 그리고 어떻게 500명 이상의 근로자를 고용한 대기업이 중소기업을 위한 PPP를 받을 수 있었는가?

먼저 첫 번째 질문에 대한 답이다. 대기업이 노린 것은 바로 탕감이다. 탕감을 노리고 PPP를 받는 것이다. 무슨 말일까? PPP는 다른 대출과 달리 탕감 가능성이 있는 대출이다. 대기업은 탕감받기에 유리하다고 판단해서 그토록 PPP를 타내려고 애썼던 것이다.[328] 탕감받는 조건은 6월 30일까지 직원을 해고하지 않는 것이다.[329] 이 조건은 소상공인보다 덩치가 큰 대기업이 지키기가 더 쉽다. 왜냐하면 덩치가 크면 그만큼 그 시한까지 고용 유지가 쉬우니까.

이에 비해 소상공인들은 회사 규모가 워낙 작고 영세하다 보니 그게 어렵다. 미국에 팬데믹이 시작되자마자 소상공인들은 이미 직원들을 많이 내보냈다. 일단은 실업보험을 타게 하고 사태가 나아지면 다시 고용할 요량으로 나름 선제적 조치를 취했다. 일단은 소나기는 피하는 게 상책이니까. 그러나 문제는 코로나 사태가 언제 끝날지 모를 장기전에 돌입했다는 것이다. 미국 전역이 경제활동 재개를 다 허용한 것도 아니다. 즉, 열고 싶어도 못 열 수 있다. 또 열었다 한들 파리만 날리고 있고, 십중팔구 앞으로도 그렇게 될 공산이 매우 크다. 사업이 팬데믹 이전처럼은 안 된다는 이야기이다. 그 말은 곧 고용을 그 이전으로 되돌리기 어렵다는 말과 같다. 그것은 소상공인에겐 대출금 탕감 가능성이 희박하다는 말과 같고, 그것이 현실화되면 대출을 고스란히 빚으로 떠안게 된다는 의미다.[330]

게다가 문제가 그것만 있는 게 아니다. 소상공인이 PPP를 받는 게 여간 어려운 게 아니다. 수십 번 신청해도 돌아오는 대답은 '노No'밖에 없다.[331] 설사 PPP를 받는다 한들 탕감은커녕 빚더미에 앉을 공산이 큰 데다, 또 규정이 너무 까다로워서 받아놓고도 한 푼도 쓰지 못하고 손도 못 댄 소상공인들이 많다. 반드시 급여로만 대출금의 75퍼센트를 써야 한다는 단서 조항 때문이다. 이 조항은 5월 27일 하원에서 60퍼센트로 하향 조정되었다. 상가 임대료 등으로 한도를 넘게 쓸 수가 없다.[332] 이미 직원들을 내보냈는데 어찌하란 말인가. 이런 걸 두고 엎친 데 덮친 격, 설상가상이라 하나. 이러지도 저러지도 못하는 상황에서 소상공인들은 하늘만 쳐다보고 있는 것이다.

이러는 와중에 대형 회사는 6월 말까지의 고용은 식은 죽 먹기니 일단 타고 보자 난동을 벌이고 있는 것이다. 6월 말의 시한만 지나면 탕감받고 직원들을 가차 없이 자를 것이 뻔하다. 누구에겐 PPP가 생명줄이자 독이 될 수도 있는 것이지만, 누구에게는 먹고 입을 싹 씻을 수 있는 그저 눈먼 돈에 지나지 않는 것이다. 그러니 내가 '득템'이란 표현을 썼던 것이다.

어쨌든 대기업이 PPP를 거의 다 채 가자 엄청난 비난이 일었다. 이에 재무부장관 므누신이 200만 달러(약 24억 원) 이상 대출자(대기업만 가능)에 대한 조사를 벌일 것이고 법적 책임도 물을 수 있다고 엄포를 놓았다. 완전히 뒷북이다. 이에 몇몇 회사들이 받은 돈을 토해내겠다고 발표했다. 호텔 체인점 에슈퍼드, 쉐이크쉑 햄버거, 루스 크리스 스테이크 하우스 등이 슬그머니 발을 뺐다.[333]

짜고 치는 고스톱 – 탕감받기 위한 로비로 법령을 바꾼 대기업

이제 다음 질문에 답할 차례다. 어떻게 직원이 500명 이상인 대기업이 직원 500명 미만의 중소기업을 위한 구제금융을 받았는가? 이 대답을 하기 전에 재무부장관 므누신이 1차 PPP가 소진되고 나서 대기업을 향해 뒷북을 친 것에 대한 평가를 해야 한다. 그러면 저 질문에 대한 비교적 정확한 답을 확보할 수 있다.

왜 재무부와 중소기업청은 초장부터 PPP 시행 계획을 세밀하게 하지 않았을까? 이번 경우(코로나19)가 전례가 없는 것이라 경황이 없어서? 나는 결코 그렇게 생각하지 않는다. 왜냐하면 고용인 500명을 기준으로 벌어진 PPP 자격 요건을 보면 처음부터 너무나 꼼꼼히 대기업을 위해 정책과 법안이 만들어진 것으로 보이니까 그렇다. PPP 법안은 500명 이상의 종업원을 둔 대기업이라도 회사 전체로 보지 않고 회사에 속한 물리적 장소 한 곳당 직원이 500명 이하면 PPP를 받을 수 있게 허용했다. 쉽게 이야기하면 이렇다. 수백(십) 개의 체인점과 수천 명의 직원을 고용한 대형 식당 체인과 호텔 체인이라고 하더라도 체인점 단 한 곳의 직원이 500명만 넘지 않는다면 전체 회사에 소상공인이 탈 수 있는 사격 요건을 부여한다는 것이다. 완전 꼼수다. 물론 이런 꼼수도 이들 업계의 정부와 의회에 대한 집요한 로비를 통해 이루어진 성과다.[334]

이렇게 정치권은 철저히 대기업 편이다. 대기업에 뭔가를 주지 못해 안달을 한다. 왜냐하면 그래야 자신들이 주워 먹을 콩고물이 떨어지니까. 그러니 실로 일로매진할 수밖에. 소상공인과 서민들을 위해 일해봤자 그들에게 떨어지는 콩고물은 없다. 도의적 책임과 사명? 바랄 걸 바라라. 그들의 안중엔 그런 것은 없다. 소상공인과 거기서 일해 생계를 유지하는 서민들 생각일랑 애초부터 그들의 시야에서 완전히 벗어나 있다. 그러니 저런 짓을 버젓이 하지 않겠는가. 기준선 500명과 관련한 특혜가 한 가지 더 있다. 이것은 다음 장에서 알아보기로 하자.

다윗과 나단

이렇게 소상공인을 위한 PPP는 구멍이 숭숭 난 채 내가 말하는 제국들(탐욕과 부정 및 반칙에 찌든 극소수 부자들, 엘리트들)의 뱃속으로 들어가 버렸다. 정작 생명줄이 필요한 이들에겐 지푸라기 하나 던져주지 않고 모터보트를 타고 있는 이들에게 기름을 더 넣어준 격이다. 어떻게 그럴 수 있느냐는 원성이 하늘을 찌르자 제국 중 어떤 것들은 슬그머니 PPP를 돌려주기로 했단다. 그러면 다인가? 생각해보라. 그것이 도둑질하고 들키니까 제자리에 갖다 놓고 아무 일도 없었다는 듯 시치미 떼는 것과 무엇이 다른가? 반환하면 범죄 아닌가? 자격도 없으면서 정경 유착과 로비로 규정을 수정해 자격이 있는 것으로 둔갑하고 또한 갖은 연줄 동원해 없는 자들에게 돌아갈 것을 가로챘다. 그건 명백한 범죄다. 한도 끝도 없는 욕심으로 범죄를 저지른 것이다.

제국들이 그렇게 PPP를 가로챈 사이 생명줄 놓친 자영업자들은 줄도산하고 노동자들은 실업자로 전락했는데 아무런 양심의 가책이 느껴지지 않는가? 그 일자리는 그들에겐 유일하게 남은 호구지책이었다. 번듯한 직장도 아니고 그저 허드레 일자리였다. 그것마저 낚아채 갔으면서, 그래서 남의 가정을 파괴했으면서 아무런 양심의 가책을 느끼지 않는가? 돈을 반환하기로 했으니 끝이란 말인가? 하긴 누가 뭐래도 PPP를 꿍치고 앉아 뱃속을 채울 요량인 대기업도 있긴 하니 더 이상 뭐라고 말하겠는가. 그러니 뭐 잘못한 게 있느냐고 적반하장으로 안 나오는 것만 해도 감지덕지해야 하는 것인지. 남의 나라 일이지만 참 답답하기만 하다.

이 대목에서 구약성서의 나오는 다윗 왕과 나단 선지자의 삽화가 떠오른다. 나의 지도교수 피터 버거Peter Berger가 가끔 언급하던 매우 유명한 이야기다. 다윗은 자신을 위해 전장에 나가 싸우는 우리아의 아내와 간통을 저지른다. 그것이 발각 날까 봐 충신 우리아를 일부러 최전선에 보내 죽게 만든다. 그리고 우리아의 아내를 자신의 아내로 삼는다. 왕의 이 비열한 범죄는 유야무야 끝날 것 같았다. 그러나 어느 날 선지자 나단이 다윗 앞에 선다. 그리고 이런 이야길 꺼낸다. 여기 부자와 가난한 자가 있다. 부자는 양과 소가 많고 가난한 자는 가진 것이라곤 오직 새끼 양 한 마리뿐이다. 어느 날 부자에게 손님이 왔고 부자는 자기 양과 소를 잡아 손님을 대접하지 않고 가난한 자의 새끼 양을 빼앗아 그걸 잡아 대접했다. 이 말을 들은 다윗은 불같이 화를 냈다. 당장 그자를 잡아 오라고, 사형에 처하겠다면서. 그때 나단이 다윗을 보며 말했다. 왕이여, 그게 바로 당신이다. 그 순간 다윗은 고꾸라져 자신의 죄를 회개한다. 이런 다윗 같은 제국을 기대하는 것은 한낱 부질없는 꿈일 터⋯⋯.

15

대마불사로 등극한 사모펀드
– 대기업을 위한 구제금융은 이제 그만

앞 장에서 덩치 큰 상장기업들이 탕감을 노리고 중소기업을 위한 구제금융^{PPP}을 가로챈 것에 대해 알아보았다. 몇몇 대기업(61개)은 일부 또는 전부를 돌려주기로 결정했으나 대부분의 기업은 여전히 꿍치고 앉아 반환을 안 하고 있다.[335]

이번 장에선 사모펀드(정식 기업도 아닌, 단지 돈 많은 자들이 사적으로 돈을 모아 더 많은 돈을 벌려고 혈안이 되어 있는 투자 펀드)조차 PPP에 눈독을 들이고 있다는 이야기를 시작으로 가진 자들이 얼마나 사악한 짓을 서슴지 않고 있는지에 대해 알아보려 한다.

대마불사 흉내를 내며 PPP 달라 생떼 쓰는 사모펀드

연줄 동원해 정부를 자기편으로 만들고, 은행과 돈독한 관계를 유지하며, 로비에 능통한 이 바닥의 귀재가 누구인가? 바로 사모펀드다. 그런 사모펀드가 PPP 보기를 소 닭 쳐다보듯 할까? 천만의 말씀. 이른바 눈먼 돈이 눈앞에서 오락가락하는 이 마당에 사모펀드가 그것을 외면할 리 만무하다. 단언컨대 돈 냄새 맡는 데는 사모펀드를 따라갈 것이 없다. 해서 월가의 사모펀드도 PPP를 따내려고 전력투구하고 있다.

그것들에게 PPP 수혜의 자격 여부는 고려 사항이 전혀 아니다. '안 되면 되게 하라!' 우리네 해병대 정신이 사모펀드 철학. 우리네 해병대 정신이야 어떠한 악조건에서도 맨땅에 헤딩하는 한이 있더라도 적을 무찌르라는 군인 정신의 발로이지만, 사모펀드는 자신들의 사리사욕을 충족시키기 위해서라면 온갖 수단과 방법을 가리지 않고 열매를 따 먹어야 한다는 무한 탐욕 정신을 의미한다. 돈 많은 극소수가 돈 모아서 돈 벌 곳을 찾아 이리저리 배회하고, 먹잇감을 보면 물불을 안 가리고 즉시 달려들어 물고 늘어지는 것이 사모펀드다. 일반 서민들과는 아무런 상관이 없는 것이 사모펀드인데 이제는 구제금융, 그것도 소상공인을 위한 PPP를 받겠다고 난리다.

그런데 PPP를 꼭 받아야만 한다며 사모펀드가 내세운 명분이 실로 가관이다. 자신들이 미국에서만 수천 개의 중소기업을 소유하고 있으며 거기의 근로자가 880만 명에 이른다는 것이다. 사모펀드 로비 업체인 미국투자위원회American Investment Council(이하 AIC)는 2019년 한 해에만 사모펀드가 4,788개 회사에 3,000억 달러(약 360조 원)를 투자했다면서 자신들이 나가떨어지면 이들 노동자들도 갈 데가 없다며 PPP를 달라고 생떼를 부린다. 가히 간덩이가 부은 언사임이 틀림없다. 바야흐로 사모펀드가 모든 것을 집어삼키는 제국이 되었음을 방증한다.

그들의 두 번째 명분은 더욱 섬찟하다. 모든 연기금(연방정부, 주 정부, 공공기관(소방관, 교사 등))이 자신들의 사모펀드에 투자했기 때문에 사모펀드가 무너지면 투자자의 미래도 몽땅 날아간다는 것이다. 어디서 많이 듣던 이야기 아닌가? 2008년 금융위기를 불러온 대형 은행들이 자신들의 덩치가 충분히 크기에 자신들이 망하면 결국 미국 전체가 망한다는 구실을 삼아 구제금융을 받아 간 것 말이다. 이제는 누구나 다 알게 된 대마불사[too big to fail]론이다. 월가의 대형 은행들이 입에 달고 있던 것을 지금 사모펀드가 흉내 내 똑같이 나발을 불어대고 있다.

한편으론 이렇게 대마불사론으로 위협을 가하고, 다른 한편으로 정치권을 향해 대대적인 로비를 해대고 있는 중이다. 블랙스톤, 아폴로[Apollo Global Management], 칼라일[Carlyle Group] 등이 코로나19 구제금융을 받으려 지난 1분기 로비에 쓴 돈만 무려 300만 달러(약 36억 원)에 이른다. 중소기업청[SBA]에서부터 트럼프 사위 쿠슈너에 이르기까지 물량 공세를 대대적으로 폈다. 그러나 아직까지는 약발이 먹히지 않았는지 PPP는 타내지 못하고 있다.[336] 그러나 이것도 언제 풀릴지 모른다. 미국의 정치권은 단 한 번의 로비에 넘어가는 법이 없다. 애간장을 태워 더 많이 타낸 후 못 이기는 척 법안을 바꾸는 게 그들의 원래 행태니까. 그게 그들의 법칙이다. 앞에서 언급했듯 체인점 한 곳의 종업원이 500명이 안 되면 대기업도 PPP를 준다는 법안도 여러 번의 거절 후 만들어준 것이다.

현금 잔뜩 쌓아두고 구제금융 달라는 사모펀드

그렇다고 사모펀드가 전혀 챙긴 게 없을까? 그렇지 않다. 소상공인이 아닌 다른 명목의 구제금융을 이미 챙겼다. 아폴로는 '자산담보부증권 대출 기구[Term Asset-Backed Securities Loan Facility](이하 TALF)' 대출 1,000억 달러(약 120

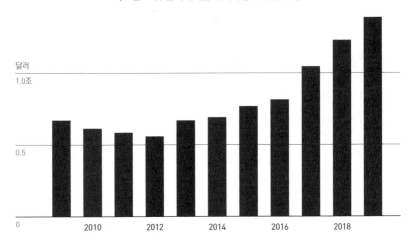

사모펀드 및 벤처캐피털의 미사용 투자금 현황

달러
1.0조

0.5

0

2010　2012　2014　2016　2018

2019년 6월 현재 사모펀드가 보유한 현금은 물경 1조 5,000억 달러에 이른다.

출처 : 뉴욕 타임스

조 원)를 따냈다. TALF는 2008년 금융위기 때 가동됐다가 뒤에 사라졌다. 그러다가 이번 코로나 사태로 3월 23일 부활했다. TALF는 원래 신용카드 대출, 자동차 대출, 중소기업 대출만 담보로 인정됐다. 그런데 이번 코로나를 계기로 정부가 담보 자산의 종류를 확대했다. 물론 로비를 통해서 그렇게 만들었다. 그렇다면 어떤 것을 추가시켰을까? 주택 담보 및 상업용 부동산 부채이다.

　왜 그랬을까? 두 가지 목적이 있다. 첫 번째는, 이 책 초반부에 언급했듯이, 사모펀드가 부동산 시장에 뛰어들었으니까. 코로나19로 부실해진 이런 담보물을 정부가 나서서 받아주었으니 똥줄이 타 들어가고 있는 사모펀드로서는 천군만마를 얻은 것과 진배없다. 정부가 담보 자산의 종류를 주택과 상업용 부동산까지 확대해 그것을 담보로 대출해준 것은 엄청난 특혜다. 아울러 사모펀드의 부실을 정부가 대신 떠안아줘 사모펀드는 시가평가손실$^{mark-to-market}$도 피할 수 있게 됐다. 그야말로 꿩 먹고 알 먹고 식이다. 이것을 두고 《파이낸셜 타임스》는 정부가 사모펀드에게 "빵과 버터"를 준 셈이라고 평가했다.

두 번째 목적은 PPP를 받아내기 위한 사전 포석이다. 여기서 또 한 번 제국들의 모토를 떠올려보자. 챙길 것을 다 확실히 챙긴다.[337] 두고 보라. 사모펀드는 소상공인 구제금융 PPP 따내는 것을 반드시 관철할 테니까. 사모펀드가 탕감이 100퍼센트 확실한 공돈을 절대로 놓칠 리 없다. 사모펀드가 어떤 존재라고 그걸 놓치겠는가.

그런데 사모펀드가 비난받는 또 다른 이유가 있다. 그것은 그들이 엄청난 현금을 쌓아놓고 있으면서도 이렇게 나랏돈을 빼먹을 것만 호시탐탐 노리고 있다는 것이다. 그것도 소상공인을 위한 돈까지 탈탈 털어먹고 싶어 안달을 하고 있는 것이다. 사모펀드의 미사용투자금$^{as-yet-unused}$ $^{investment\ money}$, 일명 드라이 파우더$^{dry\ powder}$가 물경 1.5조 달러(약 1,800조 원)에 달한다.[338] 그런 천문학적 현금 다발을 갖고 있으면서 구제금융까지 탈취할 요량이니 양심 불량도 이런 양심 불량이 없다. 돈 없어서 나라가 주는 돈 1,200달러(약 144만 원)를 받아 고작 한다는 게 먹을거리 사러 식료품점으로 달려가고 있는 게 지금 미국 서민들의 모습인데 사모펀드는 저런 엄청난 현금을 갖고 있으면서도 국가에 돈 달라고 생떼를 쓰고 있다. 그것도 소상공인에게 갈 돈 뺏어서 착복하려고 말이다.

대기업의 양심 불량

그런데 저렇게 따로 돈을 쟁여두고도 정부 돈 타내려는 이런 비열한 행위는 단지 사모펀드만의 전유물이 아니다. 대기업과 심지어 명문 사학들까지 가세하고 있으니 말이다. 미국의 대기업은 엄청난 현금을 갖고 있었다. 그러나 코로나 위기에 현금이 필요하다며 정부에 돈 달라고 구걸 중이다(물론 PPP뿐만 아니라 정부의 구제금융 전체 항목까지 다 포괄한다). 그렇다면 그 많은 현금은 다 어디다 두고 저런 구걸을 하고 있을까? 그 많은 돈은 다 어디로 갔을까? 회사의 미래를 위해 투자했을까? 아니면 평사원들의 월급을 올려줬을까? 결코 아니다. 그들이 보유했던 엄청난 현금은 전부 자사주 매입, 펀드 환매, 주식 배당 등에 소진했다.[339]

자사주 매입과 펀드 환매는 왜 할까? 그걸로 주식이 오르기 때문이다. 우선, 그 많은 돈이 주식시장으로 흘러들어 가면 덩치가 커지니 주가가 오르는 것은 당연지사. 그리고 좀 더 기술적으로 말하면, 주식시장에서 자사주 매입으로 주식 수가 줄어들면 주가는 상승한다. 그렇게 해서 주식이 올라 이익을 보면 한 푼도 남김없이 홀랑 주주들에게 현금을 쏴 버린 것이다. S&P 500 기업이 과거 3년간 주주들에게 나눠준 배당금은 3조 5,000억 달러(약 4,200조 원)다. 어마어마한 돈이다. 그리고 그것은 같은 기간 기업들이 올린 순이익과 맞먹는 돈이다. 그러나 펀드 환매나 배당은 재무제표상에는 부채로 잡히지 않지만 자기자본에 대한 비용으로 주주들에게 자본을 차입한 것이니 엄밀히 따지면 빚으로 간주된다. 그리고 차입금의 증가는 경제 위기 시 기업에겐 독이다. 그것이 독이 되는 이유는 코로나로 영업이 잘되지 않는 상황에서도 정기적인 현금 유출(배당)과 비정기적인 현금 유출(펀드 환매)이 발생하기 때문에 그렇다. 현금 실탄이 소진된 상태에서도 현금 유출은 불가피한 일이니 회사는 매우 취약한 상태에 놓이게 된다. 그들은 이럴 때 나라에 구제금융을 달라고 손을 벌린다. 이익은 투자자들이, 손실은 국민이! 딱 그거다. 이런 장사 못 할 사람이 세상천지 어디 있나. 손해는 절대로 안 보는 장사. 이익만 보는 장사. 이게 지금 벌어지고 있는 미국 경제의 실상이다.

지금 코로나19로 여행사, 항공사 및 항공기 제조사가 쑥대밭이 되었다. 사람이 오고 가지 않는데 무슨 관광, 여행이며 비행기가 뭔 소리람. 그래서 관련 업계를 살려야 한다고 보통 난리가 아니다. 아메리칸 항공사American Airlines에 들어간 구제금융이 106억 달러(약 13조 원), 보잉사는 국가기간산업 범주에 들어 170억 달러(약 20조 원)의 구제금융을 받았다(물론 이것은 PPP는 아니다). 그런데 이들 회사가 지난 5년간 주식 환매 및 배당으로 쓴 돈은 각각 130억 달러(약 16조 원), 530억 달러(약 64조 원)이다.[340] 이들 회사가 그동안 수익 낸 것을 가지고 주식 환매를 안 하고 주주들에게 배당도 적게 하고 회사를 위해 재투자하거나 만일의 사태를 염두에 두고 보수적으로 수익 관리를 잘했더라면 정부가 이들 기업에게 이렇게 많은 돈을 쏟아붓는 일은 벌어지지 않았을 것이다(그런데 현재 미국의 시스템 상으로 이게 거의 불가능하다. 그 이유에 대해서는 다른 기회에 알아보자).

결국 저들이 갚지 않는다면 나중에 국민들이 다 뒤집어써야 할 빚이다. 그럼에도 저들은 나랏돈 받아서 애먼 데 쓸 게 뻔하다. CEO의 천문학적 연봉과 보너스, 고위직들의 보너스 잔치, 그리고 또다시 주식 환매와 부동산 투기 등, 이 모든 것은 2008년 금융위기 이후 벌어졌던 것과 똑같은 스토리다. 제국들은 남의 돈으로 부자 되는 데는 무척 기발한 것처럼 보이지만, 크게 보면 그때나 지금이나 그게 그거, 뻔한 스토리일 뿐이다. 식상할 정도로 수법은 똑같다. 정치인은 돈 많은 기업과 극소수 부자들과 한통속인 협잡꾼에 불과하고 그들은 한마디로 도적 떼들과 다름 없다(그러나 이것과는 별개로, 앞서 언급한 사모펀드 아폴로가 받은 구제금융과 아메리칸 항공사 및 보잉사가 받은 구제금융의 액수를 비교해보라. 일개 사모펀드가 받은 대출 규모가 자

그만치 아메리칸 항공사의 약 10배, 보잉사의 약 6배다. 지금 미국에서 사모펀드의 위세가 얼마나 등등한지 감을 잡길 바란다).

제이피모건체이스JPMorgan Chase의 대표 제이미 디몬Jamie Dimon은 "주식환매가 나쁜 것인가? 결코 아니다. 그래서 우리도 주식 환매를 한다. 그게 바로 자본을 낮게 그리고 더 향상해서 사용하는 자본의 이동 방식이다. 그리고 그건 미국 전체를 위해서 유익하다."[341]

글쎄 과연 그럴까? 천만에. 미국 전체를 위한 게 아니고 자신들을 위한 것이겠지. 그동안 모든 게 죽을 쑤고 있는 와중에도 미국 증시가 나홀로 승승장구한 이유가 바로 이런 이유 때문이었다. 자신들끼리 북 치고 장구 치고, 그래서 누이 좋고 매부 좋고. 물론 일반 국민은 철저히 배제하고 말이다. 엄청난 유동성이 풀리고 그것을 주식시장에 집어넣어 자본 이득을 따먹고 나 홀로(제국들만) 천문학적인 돈방석에 앉았던 것이다. 그리고 코로나 위기가 급습하고 곤두박질칠 수밖에 없는 주식시장에서도 여전히 정부가 푸는(더 중요한 것은 "향후에도 계속해서 풀기로 한", 시장에 주는 신호다.) 천문학적인 유동성 공급에 의해 이들 제국들은 전례가 없는 위기의 태풍 속에서도 불사조처럼 살아나고 있는 것이다(그런데 이게 언제까지 가능할진 모르겠다. 왜냐하면 버블은 반드시 꺼지게 마련이니까).

명문 사학의 나랏돈 갈취

이러한 비양심적·비도덕적·비사회적 제국질에 가세한 명문 사학들도 있다. 하버드, 코넬, 노트르담 대학교도 구제금융을 받았다.[342] 하버드대는 400억 달러(약 48조 원)나 되는 엄청난 기부금을 갖고 있으면서 정부의 구제금융 870만 달러(약 104억 원)를 또 받으려 하느냐는 트럼프의 비아냥거림에 한발 물러나 안 받기로 결정했다. 나머지 동부의 명문 사학들도 거센 비난 여론이 일자 안 받겠다고 표명했다. 그러나 코넬Cornell University 과 노트르담University of Notre Dame은 각각 1,280만 달러(약 154억 원), 580만 달러(약 70억 원)의 구제금융을 받기로 했다. 그 학교들이 갖고 있는 기부금 명목의 현금은 각각 73억 달러(약 8조 7,000억 원), 113억 달러(약 13조 6,000억 원)에 이른다.

이에 질세라, 이 책 전반부에서 언급했던 미국의 명문 고등학교들, 이른바 자사고prep school의 경우도 정부의 구제금융을 받아 구설수에 오르고 있다. 예를 들면 오바마와 빌 클린턴의 자녀들이 다녔던 워싱턴 D.C.의 엘리트 학교인 시드웰 프렌즈Sidwell Friends는 기부금으로 현금을 5,000만 달러(약 600억 원)씩이나 갖고 있는 부자 학교이면서 PPP 520만 달러(약 62억 원)를 받아 꿀꺽했다. 트럼프의 막내아들이 다니고 있는 메릴랜드 포토맥의 세인트 앤드루스 에피스코펄 스쿨St. Andrew's Episcopal School도 기부금을 900만 달러(약 108억 원)나 갖고 있으면서 정부 보조를 타냈다. 그 액수는 밝혀지지 않았고 이 학교 역시 반환하지 않기로 결정했다.[343] 모두 현금이 풍족한 부자 학교들이 가난한 이들이 받아 가서 생명줄로 삼아야 할 돈을 마다하지 않고 꿀꺽 삼키고 있으니 거기서 수학하는 학생들이 도대체 무엇을 배울까. 다른 것은 몰라도 부자가 되는 법에 대해선 확실히 통달하고 학교 문을 나올 듯하다. 이런 학교를 소위 엘리트 학교라고 부르다니. 엘리트의 정의를 다시 내려야 할 것 같다.

돈이 남아돌아 흘러넘치는 이런 명문사학들에는 나랏돈이 술술 새고 있는 반면, 미국의 다른 대학들은 문을 닫을 형편이다. 코로나 이전에 이미 신용평가기관 무디스는 미국 대학의 30퍼센트가 재정적자 상태이며 심지어 공립대학들 중 세 달 안에 잔고가 텅텅 빌 대학이 15퍼센트에 이른다고 보도했다. 미국교육위원회 The American Council on Education는 2020~2021학년도에는 고등교육기관의 재정이 총 230억 달러(약 27조 6,000억 원) 감소할 것으로 내다봤다.[344] 코로나의 영향을 감안하고서다. 한편, 미국의 중등교육기관 공립학교의 대다수가 예산 부족으로 학교 주요 건물의 보수를 하지 못하고 있는 것으로 조사되었다.[345] 이러한 상황에서 나랏돈은 전부 명문 사학으로만 흘러간다. 그 이유는 뻔하다. 일반 공립대학과 공립학교에서 고관대작과 연결되는 사람이 누가 있을꼬. 나라 꼴이 잘 돌아가고 있다. 그렇게 미국의 교육도 갈수록 절망적으로 병들어가고 있다.

세금 횡재

그렇다면 이들 대기업과 극소수 부자들이 받은 혜택이 구제금융으로만 끝났을까? 물론 또 있다. 이번에는 어마어마한 세금 감면이다. 한 개의 선물만 들어 있는 것은 종합선물세트가 아니다. 극소수의 부자들과 대기업들은 이번 코로나 사태로 세금 감면을 챙겼다. 엄중한 코로나 사태라며 정부와 의회가 이들에게 베푼 선물은 무려 1,740억 달러(약 209조 원)에 달한다. 이것을 두고 《뉴욕 타임스》는 "세금 횡재 tax windfalls"와 "노다지 bonanza"라는 표현까지 동원했다.

물론 코로나 이전에도 이들은 집요한 로비를 통해서 엄청난 세금 감면을 받았다. 트럼프 취임 후 지난 2년간은 특히 더 했다. 2017년 경제구제금융법을 시행해서 부자와 대기업이 세금 감면을 받았다. 그런데 그것도 모자라다며 정부를 닦달했다. 그리고 이번 코로나 사태가 터지자 그것을 빌미로 그들의 뜻을 기어이 관철시켜서 저 막대한 금액의 세금 감면을 더 받아낸 것이다.

그들이 과거 2년 동안의 세금 감면도 부족하다며 불만을 나타냈던 것은 거기에 약간의 규제 조항이 있었기 때문이다. 이를 테면 코로나 이전에는, 회사나 극소수 부자가 진 부채의 이자에 대해서 세금 공제를 해달라 요구했지만 해주지 않았다. 또한 사업에서 입은 손실을 자본이득에서 공제해주지도 않았다. 이것은 50만 달러 이상의 소득을 올리는 가구에 해당되는 이야기로 미국 전체에서 상위 1퍼센트에만 적용된다. 코로나를 빌미로 이런 규제조차 완전히 풀렸다.

이것은 이번 코로나 구제금융법이 이들 부자와 대기업을 타깃으로 해서 만든 핀셋 구제금융법임을 말해준다. 줄여 이야기하면, 극소수 부자와 대기업은 한편으론 현금으로 막대한 액수의 구제금융을 받으면서, 다른 한편으론 엄청난 세금 감면까지 받아 이중의 특혜를 누린다. 물론 후자도 내야 할 세금을 안 내는 것이니 현금 지원을 받는 것이나 매한가지다(이미 이런저런 방식으로 절세와 탈세를 하고 있는데 말이다. 이에 대해선 맨 마지막 장에서 더 다루기로 한다). 극소수의 부자와 대기업을 위해서라면 못 할 게 없는 정치권이다. 정치권이 누구를 위해 불철주야 애쓰고 있는지가 여실히 드러난다. 물론 이들이 맨입으로 그렇게 하지는 않는다. 이런 특혜를 받기 위해 모건스탠리 등의 대형 금융회사를 포함해, 코카콜라, 휴렛패커드, 미국제조업연합The National Association of Manufacturers 등이 정치권에 대한 로비에 열중했다. 캘리포니아주립대 어바인UC Irvine의 세법 교수인 빅터 플라이셔Victor Fleischer는 구제금융법이 "부자들에게 돈을 삽으로 떠서 퍼주는 꼴"로 말도 안 되는 법이라고 비난했다.

그런데 이런 부조리한 구제금융 세법 수정으로 톡톡히 재미를 보는 제국이 있다. 바로 사모펀드다. 이들은 속성상 많은 차입을 일으켜 최대의 수익을 도모한다. 그러니 이들에겐 차입에 대한 이자가 큰 부담이다. 세금에서 부채에 대한 이자를 공제받을 수 있으니 사모펀드의 수익은 더욱 증가할 것이 뻔하다.[346]

트럼프가 빠질 리 있나

모두가 알다시피 트럼프는 부동산 재벌이다. 수많은 호텔과 빌딩, 골프 리조트를 갖고 있다. 트럼프는 다른 비양심적 호텔들과 달리 소상공인을 위한 PPP를 신청하지 않았다고 떳떳해한다. 그런데 여기에 두 가지 웃긴 점이 있다. 하나는 국회가 어쩐 일인지 트럼프의 기업은 정부의 이번 구제금융에서 배제했다. 이 때문에 아예 지원을 안 했을 것이다. 그런데 마치 자진해서 신청하지 않은 것처럼 쇼를 하니 웃긴다.

다른 하나는 PPP는 아예 신청을 하지 않았지만 다른 형태의 정부 지원을 요구했기 때문이다. 트럼프 가족 사업체는 워싱턴 D.C.의 정부 건물을 2013년부터 60년간 장기 임대해 고급 호텔(트럼프 인터내셔널 호텔)을 운영하고 있다. 그리고 임대료로 연간 300만 달러(약 36억 원)를 정부에 지급한다. 그러나 코로나로 호텔이 텅텅 비자 호텔 사장인 트럼프의 장남 에릭 트럼프Eric Trump가 정부에 구제해줄 것을 요청한 것이다. 연방정부 관련 기관인 총무청General Services Administration, GSA에 임대 조건 변경을 일찌 감치 요구한 것이다. 요지는 일시적인 임대료 지불 면제다.[347]

GSA로서는 이러지도 못하고 저러지도 못하는 상태다. 왜냐하면, 안 해주면 대통령에게 밉보일 것 같아 그렇고(그 수장을 대통령이 임명하니까), 해주면 부정 청탁이라며 비난이 일 게 불 보듯 뻔해서다. 그런데 이럴 것을 뻔히 알면서도 트럼프 일가 회사가 지불 면제 신청을 한 것이다. 정말

워싱턴 D.C.에 있는 트럼프 국제호텔 전경
〈출처 : trumphotels.com〉

로 뻔뻔하기 그지없다. 자신은 PPP 지원을 신청하지 않았다고 온갖 생색은 다 내면서 실제로는 정부에 임대료 지불 면제를 요구하다니 웃기지 않은가? 말인즉슨, 이것은 트럼프가 트럼프에게 구제 요청을 한 것과 같다. 이것은 공과 사를 구분 안 하고 의도적으로 그 경계를 흐릿하게 한, 매우 교활한 처사다. 부동산 재벌 트럼프가 그깟 300만 달러가 없어서 면제해달라고 징징대는 소리를 하는가? 그것도 천하제일 대국의 대통령이?

이것을 두고 민주당 의원들은 "심각한 권력 남용과 (대통령의) 영향력 행사의 막대한 위험성을 내포"하고 있다며 트럼프를 맹비난했다. 아울러 GSA가 절대로 임대 계약 변경을 하지 말아야 한다는 주문도 했다.[348]

트럼프가 이렇게 앓는 소리를 해대는 데는 사실 다른 꿍꿍이속도 있다. 트럼프는 워싱턴 호텔뿐만 아니라 시카고의 마천루 빌딩, 그리고 플로리다의 도럴 골프 리조트Doral Golf Resort를 구입할 때 도이치은행Deutsche Bank에서 3억 달러(약 3,600억 원) 이상을 대출받았다. 그 이자를 낮추는 재조정을 받기 위해서도 이런 죽는 소릴 해대는 것이 유리하다고 판단했기 때문일 것이라는 추정도 있다.[349]

사실 대통령 취임 이후 트럼프는 이 호텔 임대 종료를 했어야 마땅하다. 왜냐하면 여러 가지 민감한 이슈가 걸려 있으니까. 대통령이 호텔 운영하는 것도 웃기고, 그것도 정부 건물을 빌려 하는 것도 웃기고. 더 말이 안 되는 것은 그 호텔이 워싱턴에 오는 다른 나라 정부 관료들과 로비스트들이 활약하는 공간이기에 더더욱 께름칙해서 그렇다. 그런 곳을 계속 운영하게 하는 것은 공무원과 민간기관 혹은 해외 정부 관료들 간의 금전적 거래나 교환을 금지하는 연방법에 저촉될 가능성이 매우 높다(솔직히, 가능성이 높은 게 아니라 심대하게 저촉된다). 그러나 역시 트럼프의 관료들답게 이 사안에 대해 2019년 GSA 감사관은 트럼프가 워싱턴 호텔 운영을 계속해도 괜찮다는 결론을 내놨다.[350] 썩고 썩어도 이렇게 썩을 수 있을까. 아니면 살아 있는 권력이 그리도 무서운 것인가.

영웅 대접을 이렇게 해서야

이제까지 대통령을 비롯해 대기업, 극소수 부자들, 사모펀드, 그리고 명문 사학에 이르기까지 코로나라는 위기를 틈타 먹잇감을 보면 이때가 기회다 하며 아귀처럼 달려드는 꼴을 가감 없이 들여다보았다. 그들은 승냥이와 이리 떼처럼 달려들어 자신의 배를 채우고야 마는 제국들이다. 그들에겐 피도 눈물도 없다. 그들의 입에서 어쩌다 튀어나오는 그럴듯한 말은 그저 자신들의 탐욕을 정당화하거나 가리기 위한 정치적 수사에 불과할 뿐이다. 다음의 예를 보라.

제국들이 이번 코로나 사태에 한껏 치켜세웠던 인물들이 있다. 바로 의료진이다. 그들은 코로나와 사투를 벌이는 전장 일선에서 열악한 환경에도 불구하고 전력을 다해 꺼져가는 생명들을 보살피고 살리려 애쓰는 사람들이다. 제국은 이들을 이 나라의 "영웅"이라며 입에 침이 마르도록 칭송해 마지않았다. 그런데 제국이 그들에게 해준 것이 무엇인가? 첫째, 약속과는 달리 정부 지원금에서 이들에 대한 위험수당을 제외시켰다. 둘째, 자칫 코로나에 감염되면 유급 병가라도 가야 하는데 그것도 못 하게 법안을 통과시켰다.[351]

코로나 대응 의료진들은 완전히 사선에 선 병사들이다. 전장도 그런 전장이 없다. 총알과 폭탄이 날아들지 않을 뿐 그곳은 어쩌면 그보다 더한 전쟁터다. 적절한 보호장구도 없이 사투를 벌이는 그들에게, 그래서 절대적 공포 속에서 묵묵히 환자를 돌보는 그들에게 위험수당이 없다니. 그런데 그것은 고사하고 2주간의 유급 병가도 주지 않는다니. 하루하루를 눈에 보이지 않는 괴질과 싸우는 의료진들에게 어떻게 이런 말도 안 되는 일이 벌어진다는 것인가? 이럴 거면 아예 그 알량한 "영웅" 운운이나 하지를 말든지 말이다.

지난 3월 18일 의회는 코로나 대응법The Families First Coronavirus Response Act을 통과시켰다. 500명 이하의 종업원을 둔 사업장에선 2주간의 유급휴가를 준다는 것이 법안의 요지다. 문제는 500명 이상의 사업장은 그 조항을 면제한다는 데 있다. 왜 500명으로 갈렸을까?(앞 장에서 언급한 500명으로 가르던 기준을 떠올려보길 바란다. 그것은 과연 누구를 위한 기준선일까?)

이번에 만들어진 법으로 인해 대부분의 의료진들은 코로나 대응의 최전선에서 환자를 돕다가 병이 나더라도 유급휴가를 갈 수 없다. 왜냐하면 그들 대부분이 500명 이상의 병원(의료회사)에 소속되어 있으니 그렇다. 그래서 이들은 설사 병이 나더라도 마음 편히 휴가를 낼 수도 없다. 수입이 없으면 다음 달 임대료나 모기지 비용을 낼 수 없기 때문이다. 현재 미국 병원은 수술이 줄어들고 일반 환자가 줄어들이 병원의 결정적인 주 수입원이 감소했다며 의사와 간호사의 임금을 삭감하거나 해고하고 있다. 이렇게 의료진들은 이중고에 시달리고 있다. 지금 의료진들의 속마음이 무엇인지 아는가? '위험수당은 바라지도 않는다. 병 걸리면 유급휴가라도 줘라. 에이 더럽고 치사하다.'[352]이다.

도대체 저런 법을 누굴 위해 만든 것일까? 물론 사측의 입장을 십분 반영해서 만들었다. 고용주의 비용이 더 들어갈까 봐. 이런 병원 경영진의 입김에 의해 의회가 의료진들의 유급휴가 조항의 면제를 허용하는 법안을 재빨리 통과시킨 것이다. 미국의 의회는 저런 법안 만드는 데는 얼마나 날래기만 한지…….

필수 노동자의 희생

코로나와 일선에서 싸우는 병원의 의료진들 말고도 적어도 사회가 돌아가기 위해서는 꼭 필요한 이들이 많다. 200만 명의 야채상 관련 종사자, 50만 명의 약국 직원, 100만 명에 이르는 트럭 운전사 및 운송사 운전자 등이다. 이들을 '필수 노동자essential employee'라고 부른다. 그런데 저 법안 통과로 이들이 병이 걸려도 유급 병가를 낼 수가 없다. 브루킹스 연구소Brookings Institute의 몰리 킨더Molly Kinder의 말이다.

생명의 위험을 무릅쓰고 직장에 나가 계속해서 타인을 위해 일하도록 만드는 것은 잔인무도한 일 아닌가? 저임금, 그것도 자기 가족의 생계를 이끌어가기에 턱없이 부족한 임금을 주고서 말이다. 워싱턴 정가의

> 사람들은 이들을 일컬어 "사선의 영웅들"이라며 수 주 동안 칭송해댔
> 지만 결국은 그들에게 적절한 보상을 주기 위해 한 일이라곤 아무것도
> 없다.[353]

보상은 무슨 보상? 오히려 찬물을 끼얹고 사기를 잔뜩 떨어뜨리는
짓만 했지 않는가. 그리고 계속적인 희생만 더욱 강요할 뿐. 병원 의료진
을 비롯해서 넓은 땅덩어리에서 전국으로 물류를 유통하는 트럭 운전사
와 야채상까지 이들은 모두 필수 노동자이다. 이들이 없으면 사회가 돌
아가지 않는다. 모든 것이 셧다운되었지만 이들은 죽음을 무릅쓰고 직장
에 나가서 일을 하고 있기에 그나마 사회가 저 정도라도 돌아가고 있다.
그나마 이들이라도 버티고 있기에 사회가 완전히 서버리지 않고 있는
것이다.

그런데 극소수 부자들, 월가의 투자자들, 사모펀드, 호텔의 경영주,
대기업 등의 제국들은 어떤 이들인가? 이들이 없으면 단 하루라도 세
상이 돌아가지 않는, 그래서 그들이 필수 노동자라도 된단 말인가? 절
대 아니다. 이들은 오로지 자신들만을 위해, 그리고 자신들의 가족들만
을 위해 존재하는 이들이다. 부를 더 많이 쌓지 못해 안달하고 조바심 내
는 이들이다. 코로나가 창궐하는 이때, 세상의 모든 사람들을 위해 제국
들이 지금 사선에 서 있는가? 그들은 저 멀리 복작거리는 사회와는 동떨
어진 자신만의 공간에서 원격으로 자신만의 배를 채우기 위해 불철주야
머리를 굴리고 컴퓨터를 돌리고 있다. 그런데 정말로 아이러니하게도 이
런 제국들에겐 세상의 모든 돈이 흘러들어 가고(그것도 국가에서 돈을 퍼부어
대고), 타인을 위해 자신의 소중한 생명까지 담보하며 애쓰고 있는 이들
에겐 아무것도 돌아가지 않는다. 아무리 부조리한 게 세상사라지만 세상

에 뭐 이딴 게 있나? 이건 정말 아니다. 그것도 모자라 제국이 국가에서 따낸 돈으로 더 악랄한 제국질, 투자질을 해서 너 많은 재산을 쌓아 모으는 꼴을 보고 있어야만 한단 말인가.

돈 벌 땐 자본주의! 돈 잃으면 사회주의!

이제껏 보았듯 정부의 구제금융은 서민들에게가 아닌 전혀 엉뚱한 곳으로 새어 나가고 있다. 대다수의 서민들이 일했던 소상공인 사업체의 사정은 가히 상상 이상이다. 이들의 운명의 시간은 째깍째깍 흘러 이제 거의 코앞에 다가왔다. 마른 수건에 무슨 물기가 있다고 그럼에도 거기서도 물기를 짜내듯, 있는 것 없는 것 탈탈 털고 있지만 이제 남은 게 거의 없다고 해도 과언이 아니다. 지난 4월 26일부터 5월 2일까지 행한 미국 인구조사국Census Bureau의 설문조사 결과가 이를 여실히 증명한다. 현재 수중에 있는 돈으로 얼마나 버틸 수 있느냐란 질문에 소상공인들의 거의 반이 한 달 남짓이라고 답했다.[354] 다른 대안이 없다면 이대로 가면 문을 닫는 수밖에 없다. 코로나 창궐이 언제 끝날지 모르지만 끝나더라도 3,000만 개의 소상공인이 경영하는 업체의 40퍼센트 이상이 6개월 이내에 영원히 가게 문을 닫을 것이라는 미국상공회의소U.S. Chamber of Commerce의 암울한 전망도 나오고 있다.[355] 가히 대공황급이다. 아니 그보다 더 심각하다.

그렇다면 이쯤에서 물을 수밖에 없다. 과연 정부의 구제금융은 누구를 위한 것이냐고. 그것이 과연 필요한 것이냐고. 옥스퍼드 대학교 경영대학의 루도빅 팔리포Ludovic Phalippou 교수는 월가의 최강자로 떠오른 사모펀드가 구제금융 타내는 작태를 보고 다음과 같이 평했다.

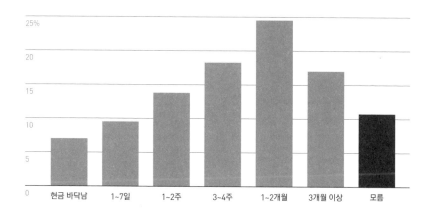

소상공인, 수중의 현금으로 얼마나 버틸 수 있는가?

2020년 4월 26일~5월 2일까지의 설문조사 결과
미국 소상공인들 중 현금이 한 달 안에 바닥난다고 응답한 비율이 거의 절반에 이른다.

출처 : 미국 인구조사국 / 워싱턴 포스트

잘나갈 때는 더 많이 벌기 위해 대출 왕창 일으키고 세금은 적게 내며, 상황이 안 좋을 때는 그 덤터기를 고스란히 일반 납세자에게 전가하는 이런 세상을 방치해선 안 된다.[356]

그런데 이게 단지 사모펀드만의 일일까? 앞서 말한 모든 제국이 이에 해당된다. 이익은 자기들 것, 손실은 국민들 것. 잘되면 자기 탓, 못되면 남의 탓. 손실은 구제금융을 통해 사회화한다. 돈 벌 땐 자본주의! 돈 잃으면 사회주의! 이렇게 불공정하게 기울어진 운동장에서의 구제금융은 경제와 국가를 살리기보다는 그것을 더욱더 파멸의 길로 향하게 하는 촉진제가 될 뿐이다. 따라서 이런 오도된 구제금융으로는《워싱턴 포스트》의 칼럼니스트인 스티브 펄스테인 Steven Pearlstein이 말하는 "파멸의 경제 고리 economic doom loop"를 끊어내는 것은 고사하고 그 안에서 계속해서 뱅뱅 돌다가 결국 파멸하는 것밖에 남을 게 없다.[357]

그것은 차치하고, 크게 한번 생각해보자. 돈 찍어내서(미국만이 아니다. 기축통화국이 아닌 우리나라도 이렇게 한다고 정부와 한국은행이 선언했다.) 구제금융을 시행하면 결국은 그 돈은 누구한테 가는가? 뻔하다. 채권자에게 간다. 그들은 누구인가? 어마어마한 자산을 가진 이들이다. 제국이다. 국민의 혈세로 갚아야 할 그 막대한 돈을 찍어서 결국 그들의 밑에다 대주는 꼴이다. 그렇다면 그들은 그 돈을 가지고 무엇을 하는가? 바로 주식, 금, 집과 땅을 아귀처럼 긁어모은다. 그 결과는? 불평등의 심화다.

이런 구제금융 언제까지 용인할 것인가

그러면 어쩔 것인가? 나는 과감하게 그 '파멸의 경제 고리'를 끊어내야 한다고 생각한다. 제국질로 생긴 손실, 그들이 떠안고 끝을 맺게 놔두라고 주장한다. 그러면 누구는 말할 것이다. 그들이 이미 충분히 커서 망하게 둘 수 없다고(그 식상하기만 한 '대마불사' 망령의 부활!), 그들이 망하면 우리도 망한다고. 그러나 어차피 이렇게 죽으나 저렇게 죽으나 매한가지다. 이참에 제국도 죽게 하자. 그들만 살리고 나머지는 죽는 것은 어불성설이다.

2008년에도 그랬다. 똑같은 일이 벌어졌다. 금융위기가 터지자 곧장 대마불사론이 나왔고 구제금융을 했다. 그 결과, 제국만 살았다. 중산층은 와해되었고, 서민은 거의 죽을 지경에 이르렀다. 그리고 불평등은 더욱 심화되었다. 이번에도 또 그럴 것인가? '대마불사'에 속지 말자. 어차피 팬데믹 이후론 과거의 경제로 돌아가기 힘들다는 게 중론이다. 그런데 그 희생을 왜 국민들만 다 져야 하는가? 대형 금융회사와 사모펀드, 그리고 대기업과 극소수 부자는 놔두고 왜 그 모든 희생을 국민들이 져야 하는가? 누구 말대로 자본주의가 시민 종교가 되어버린(돈과 부를 숭배하는 것이 종교가 되어버린 것을 말함) 미국에서 돈 없고 '빽' 없는 서민이 "상업의 제단the altar of commerce"의 희생제물이 되길 바라는가? 제국이 간절히 원하는 그대로?[358]

그냥 여기서 멈추게 해야 한다. 그리고 리셋을 하든 뭘 하든 결단 내야 한다. 더 이상은 안 된다. 더 이상은 서민들의 운명을 제국들의 손이 좌지우지, 쥐락펴락하게 해서는 안 된다. 그것은 우리나라도 마찬가지다(자본주의가 시민 종교가 된 것은 한국도 마찬가지니까. 언제나 대기업이 갑이고 어느새 사모펀드까지 극성인 나라가 되어버렸으니까).

이 세상에 완벽하게 공정한 시스템은 없다. 그렇다고 해서 가장 완벽하게 불공정한 시스템을 차악으로 택하는 것은 명백한 자살행위이다. 남의 손실을, 그것도 탐욕에 찌든 제국이 감당해야 할 손실을 고스란히 짊어져야만 하는 서민들에게는 더더욱 그렇다. 왜냐하면 서민들이 어깨는 더 이상 그것을 감당할 수 없을 정도로 충분히 바싹 야위었기에……. 너무 작기 때문에 죽어야 한다는 법은 없으니까.

그 이후의 이야기

다음 장에서도 계속해서 위기의 시기에 발 빠르게 대처해 배를 불리는 사모펀드에 대해 다룰 것이므로, 이번 장에선 이른바 필수 노동자로 코로나와 사투를 벌인 의료진들의 이야기를 잠시 하고 끝을 맺어야겠다.

코로나와 힘겹게 사투를 벌였는데 대구에서 간호사에겐 위험수당이 지급되지 않았다는 소식은 해당 간호사들은 물론 많은 이들의 기운을 빠지게 하는 것이었다.[359] 이것은 정부의 돈이 어디부터 쓰여야 하는지에 대한 근본적인 질문을 제기하게 만든다. 다행히 7월 초 대구 지역의 간호사들도 수당을 받게 되었다는 소식이다. 늦었지만 다행이다. 하지만 감염병 전담 병원이 아닌 선별진료소 등에 있었던 의료진 수당은 제외되었다니 빨리 반영하기를 바란다.[360] 국민의 돈이 쓰여야 할 곳은 다름 아닌 바로 이런 곳이다.

16

코로나19에 준동하는
'기업 장의사' 사모펀드

사모펀드가 지나간 곳엔 시체가 즐비하다. 흔히 사모펀드를 '기업 사냥꾼'이라 부른다. 그러나 사모펀드는 기업 사냥꾼이라 불리는 것도 모자라 사냥한 후에는 기업을 완전히 시체로 만들어버리고 장사를 지낸다. 그래서 나는 사모펀드를 '기업 장의사'라 부른다. 사모펀드가 어떤 식으로 기업의 흡혈귀와 장의사 노릇을 하는지에 대해 알아보자. 미국의 예를 보기 전에 먼저 우리나라 예다. 경상북도 영덕으로 가보자.

경북 영덕 주민들을 두 번 울린 사모펀드

경상북도 영덕에 가면 영덕풍력발전단지가 있다. 바람의 언덕이라는 아름다운 곳이다. 그런데 그 아름다움 뒤에 지역 주민들의 분노와 눈물이 있다. 이 영덕풍력발전을 외국계 사모펀드 회사가 이른바 '먹튀(먹고 튄다는 속어)'를 했기 때문이다. 호주계 사모펀드 맥쿼리PE가 영덕풍력발전을 인수한 것은 2011년, 200억 원을 들여 유니슨 등으로부터 매입했다. 그리고 2019년 삼천리그룹의 삼탄에 매각했다. 7년간 맥쿼리가 소유주로 있는 동안 올린 수익은 630억 원. 그러나 현재 회사는 자본 잠식 상태다. 깡통 회사란 뜻이다. 어쩌다 이런 일이 벌어졌을까?

2018년 한 해만 보더라도 영덕풍력발전은 한 해 동안 약 81억 원의 매출에 영업이익은 약 19억 3,000만 원을 올렸다. 하지만 이자 비용으로 45억 원을 지출해야 했다. 이렇게 7년간 맥쿼리에 이자 비용(전환사채 차입에 대한)으로 지출한 것이 총 319억 원이다. 결국 모든 것을 계상하면 결손금 117억 원이 자본 총액 40억 원을 초과해서 자본 잠식 상태에 놓인 것이다. 빚밖에 남는 게 없는 것이다. 그러나 맥쿼리는 2013년 영덕 근처의 영양풍력발전공사까지 인수했다가 작년 영덕풍력발전까지 한데 묶어 삼탄에 1,900억 원을 주고 매각했다. 이로써 수백억 원의 매각 수익에 이자, 거기에 7년 동안 올린 수익을 쏙 빼먹고 튄 것이다. 영덕군이 올린 수입은 부지 대부료로 매년 331만 원 받은 것이 전부. 각종 기반시설 지원 등에 군민 혈세가 들어간 것은 모두 물거품이 되었다. 지역 경제

사모펀드가 기업 장의사임을 바로 보여주는 《뉴욕 타임스》 기사 화면.
"어떻게 사모펀드가 신발 소매 체인점 페이리스(Payless)를 장사 지냈는가"라는 제목의 기사이다.

활성화라며 기대한 일자리는 고작 7명이다.

그럼 이게 다일까? 새 인수자 삼탄 역시 사모펀드와 은행을 끼고 영덕 및 영양풍력발전공사를 차입매수했다. 각각 192억 원과 854억 원을 30년간 대출로 연리 12퍼센트의 이자를 내도록 했다. 해서 영덕과 영양풍력발전공사는 연간 각각 23억 원, 102억 원의 이자를 지불해야 한다. 이익을 내봤자 아무 소용없는 밑 빠진 독에 물 붓기가 계속될 것이다. 영업을 할수록 손해만 쌓인다. 더 못 버티고 곧 문을 닫을 것이다.[361]

기업 흡혈귀와 장의사 사모펀드의 기업 고사 방식

다른 나라(미국) 이야기를 먼저 하면 관심이 덜할 것 같아서 우리나라의 사례를 먼저 들었다. 그렇다면 사모펀드가 자신들의 배를 불리는 법에 대해 간략히 살펴보자. 이것을 보면 사모펀드에 왜 기업 장의사와 기업 흡혈귀란 명칭이 어울리는지를 알 수 있다.

첫째, 사모펀드는 경영 상태가 안 좋은 회사를 좋게 만들겠다는 명분을 들고 회사를 싼값에 매입하거나 돈을 빌려준다. 그리고 경영에 감 놔라 배 놔라 참견을 한다. 이 뒤에 따라오는 명분들은 수익을 내는 튼실한 회사로 거듭나게 하겠다는 것, 그래서 양질의 일자리도 창출하겠다는 것이다. 매입 대상 업체는 둘 중 하나다. 상장사의 주식을 대거 매입해 상장을 폐지하고 나중에 재상장해 매각 수익을 얻거나, 비상장사를 사서 상장사와 합병하는 우회상장을 통해 가치를 높여 매각해 수익을 얻는 방식이다. 공통된 것은 사정이 어려운 회사가 사냥의 대상이다.

둘째, 그러나 그 명분은 말만 그럴 뿐, 회사의 구성원이나 회사 자체를 위하지 않고 오로지 주주나 소유주의 이익 실현을 위해서 무지막지

한 구조조정 등을 강행한다. 그렇게 해서 장부상으론 이전보다 괜찮은 회사로 거듭난 것처럼 보이게 한다. 그리고 매각해 막대한 이익을 남긴다. 즉, 회사의 정상화나 건실화 등이 목표가 아니고 오로지 산 것보다는 비싼 값에 매각하는 것이 사모펀드의 목표다.

셋째, 회사를 매입할 때 절대로 자기 돈으로만 하지 않는다. 남의 돈을 빌려 매수한다. 즉, 차입매수leverage buyouts를 한다. 그 빚과 이자는 고스란히 회사에 떠넘긴다. 그러나 알맹이(수익)는 철저히 주주들과 소유주의 몫이다. 그러면 회사엔 뭐가 남는가. 계속해서 손실만 쌓이고 고사하는 것밖엔 다른 방도가 없다. 사정이 안 좋은 회사에 도움은커녕 설상가상으로 빨대를 꽂은 격이다.

넷째, 이렇게 부채 더미를 쌓고 있는 회사는 위험하기 그지없다. 그러면 사모펀드는 이런 위험을 분산시키기 위해 어떤 짓을 하는가? 부채에 대한 파생금융상품인 '대출채권담보부증권collateralized loan obligations(이하 CLO)'을 발행한다. 부채를 담보로 해서 파생금융상품을 만들어 또 한 번 재미를 보는 것이다. 노리는 목적은 두 가지다. 하나는 위험 분산, 나머지 하나는 수수료로 인한 수익 창출이다. 이렇게 위험천만한 장사를 하다가 실제로 위험이 닥쳐도 전혀 걱정하지 않는다. 왜냐하면 국가가 그 위험을 떠안아주니까. 구제금융으로. 이들이 그때 내세우는 명분은 대마불사다. 자신들이 망하면 나라가 망한다. 이렇게 노가 나는 장사가 어디 있을까? 잘나갈 땐 그 열매를 온전히 자신들의 몫으로, 위기가 닥쳐 망할 땐 국가가 나서서 국민의 혈세로 대신 메워준다.

CLO는 2008년 금융위기를 몰고 온 서브프라임 모기지 사태 때 월가에서 써먹던 '부채담보부증권collateralized debt obligations, CDO'의 사촌 격으로 작동 원리는 똑같다. CDO는 대형 금융회사가 서브프라임 업체로부터 받은 불량 채권에 대한 위험을 분산하고 동시에 투자자들을 유혹하기 위해 써먹었던 일종의 대출에 대한 보험상품으로 우량과 불량 대출을 섞어서 위험이 없는 것처럼 살짝 분칠해 파는 것이다.[362] 본질 면에서 CDO와 똑같은 CLO는 대형 금융회사나 사모펀드 자체가 발행, 관리 및 판매한다. 그렇게 거짓되게 위험을 분산한 것처럼 보이게 한 후 투자자를 모아 수수료까지 챙긴다. 그러나 위험은 인위적으로 희석되어 가려졌을 뿐 여전히 상존하고 있으며, 위기가 오면 그 실체가 드러난다. 그러면 사모펀드는 망하게 된다. 이때 그들이 들고나올 것이 바로 앞서 언급한 대마불사론이다. 2008년 월가가 써먹던 수법 그대로 전수받은 것이다. 이게 바로 금융 주도 자본주의finance-driven capitalism의 실상이다.

잉글랜드은행 전 총재 마크 카니의 경고

잉글랜드은행Bank of England의 전 총재 마크 카니Mark Carney는 2019년 1월 영국 하원에 나와 전 세계적 금융시장의 안정성을 위협하는 회사 부채corporate debt의 폭증에 대해 경고했다. 당시는 코로나 때도 아니고 트럼프가 '나(미국) 홀로 잘나가!' 하면서 경제의 호황을 자랑하던 때다. 카니는 파행적인 회사 부채 시장을 2008년 금융위기 때에 견주어 경고했다. 회사 부채 시장에서의 이른바 '약식 대출covenant lite loans(채무 불이행 가능성을 확인하는 절차 혹은 검사를 생략한 채 이루어지는 대출)'의 만연이 "서브프라임과 완전히 같은 것은 아니지만 '묻지도 따지지도 않는 채권 인수no doc underwriting'라는 의미에서 그때와 동일선상에 있다."라고 증언했다. 2019년 1월 현재 차입 대출의 85퍼센트가 약식 대출이다.[363]

그런데 대서양 건너 미국에서는 잉글랜드은행 총재의 저런 경고에 아무도 귀 기울이지 않았다. 사실 수십 년 전에는 소위 잘나가는 회사라면 높은 신용등급, 과도한 부채의 회피가 자랑거리였다. 그러나 최근 들어 그것은 완전히 구식으로 받아들여졌다. 특히 돈 놓고 돈 먹는 금융 주도 자본주의에 편승한 뒤로는 사모펀드가 이것을 선도했다. 인수와 자사주 매입을 위해 많은 대출이 이루어졌고 차입매수가 성행했다. 미국 연준의 보고서에 따르면 2019년 4분기부터 2019년 4분기까지 비금융권 기업의 회사 부채는 총 6조 1,000억 달러(약 7,320조 원)에서 10조 1,000억 달러(약 1경 2,120조 원)로 증가했다.

회사 부채는 채권 발행으로도 조달되었지만 위에서 말한 새로운 형태의 이른바 '레버리지 대출leveraged loans'의 확산으로도 이루어졌다. S&P 글로벌에 따르면 2007년부터 2019년까지 신용등급이 낮은 회사에까지 대출해준 협조융자syndicated loan(둘 이상의 은행이 공통의 조건으로 기업에 자금을 융자해주는 대출) 총액은 5,540억 달러(약 665조 원)에서 1조 2,000억 달러(약

잉글랜드은행 전 총재 마크 카니가 급증하는 회사채와 레버리지 대출을
2008년 금융위기에 견주어 경고했다는 기사 화면
〈출처 : 더 타임스 / 로이터스〉

1,440조 원)로 급증한다. 이런 레버리지 대출은 앞에서 언급한 CLO를 창출하는 데 사용되었다. 2019년 말까지 7,000억 달러(약 840조 원) 상당의 CLO가 존재하는 것으로 알려졌다. 말하자면 빚을 놓고 그것에 대한 금융상품이 투자상품으로 따로 존재하고 있는 것이다. 실로 위험천만한 돈 놓고 돈 먹는 돈놀이가 지금 월가에서 사모펀드 주도하에 가진 자들에 의해 벌어지고 있는 것이다.[364] 문제는 그런 돈놀이에 말려든 기업들과 거기에 속한 종업원들이 말라 죽어나가고 있다는 데 있다.

백화점의 서거 – 니만 마커스와 JC페니

5월 초 미국의 유명 백화점 체인 두 개 회사가 파산보호신청을 했다. 니만 마커스Neiman Marcus와 JC페니J.C.Penney다.[365] 두 회사는 모두 미국 백화점 업계의 대명사이다. 니만 마커스는 최고급 백화점이고, JC페니는 서민들을 위한 백화점이다. 두 회사의 역사는 각각 113년, 118년으로 둘 다 유서 깊다. 이를 두고 대부분의 매체들은 코로나 사태와 디지털 시대에 맞는 변신에 실패한 것을 파산신청의 원인으로 꼽고 있는데 내가 보는 견해는 다르다.

물론, 앞서 언급한 이유도 완전히 무시할 수 없다. 특히 코로나 사태가 백화점에 직격탄으로 작용한 것은 부인하기 힘들다.《파이낸셜 타임스》에 따르면 2020년 초반의 미국 백화점 매출은 전년도 동기간 대비 약 20퍼센트 이상 급감한 것으로 나타난다.[366] 하지만 이미 이들 백화점이 두 손 두 발을 들 수밖에 없었던 기저질환이 도사리고 있었다.

그 기저질환은 크게 두 가지다. 하나는 2008년 이후 미국 경제가 살아났다고 하지만 증시와 부동산 시장만 호황이었을 뿐 나머지 부문에서는 오히려 나아진 것이 없었다. 백화점의 서거는 이미 예견된 것이었다. 왜냐하면 백화점과 단독 점포가 들어선 내규모 쇼핑몰들이 이미 오래전부터 미국 전역에서 문을 닫는 중이었기 때문이다. 쇼핑몰은 미국인들에겐 애틋한 정서가 깃들어 있는 곳이다. 딱히 재미라고는 달리 찾을 수 없는 건조한 미국식 삶 속에서 그나마 쇼핑도 하고 아이스크림 먹으면서 사람 구경도 하고 그렇게 소일하는 곳이 쇼핑몰이기 때문이다. 하교 후 청소년들이 친구들과 친목을 도모하던 곳 중 하나도 쇼핑몰이다. 그런 곳이 문을 닫으니《뉴욕 타임스》같은 곳은 쇼핑몰의 서거가 향수를 불러온다고 제목을 달아 기사화했던 것이다.[367] 그런 기사가 났던 것이 5년 전인 2015년이다. 그러곤 마침내 이제 백화점의 종언까지 고하게 된 것이다. 코로나는 이미 휘청거리며 넘어지고 있던 백화점의 발에 살짝 걸린 돌부리와 같다. 다시 말해, 코로나가 미국 백화점 사망의 주요 원인은 아니다. 이미 코로나 이전에 심각한 기저질환으로 사망 선고를 받은 상태였다.

기업 장의사 사모펀드에 의해 이미 고사 중이던 업계

나머지 기저질환은 사모펀드 때문에 생긴 것이다. 따라서 이번 파산신청의 주된 원인은 사모펀드다. 이것들의 농단으로 백화점들이 완전히 작살났다. 바야흐로 디지털 시대에 온라인 쇼핑으로 노선을 바꾸고 재기할 자구 노력과 자생력조차 사모펀드는 완전히 압살했다. 수익이 나는 족족 배당금과 이자로 현금을 다 빼갔으니 그렇다. 어떻게? 처음에 언급했던 우리나라 영덕풍력발전의 경우처럼 말이다.

대표적으로 백화점 업계의 귀공자 니만 마커스가 어떻게 엄청난 빚만 짊어진 채 빈껍데기만 남은 회사가 되었는지 보자. 현재 니만 마커스의 부채는 50억 달러(약 6조 원)이다. 심각한 수준이다. 2005년 사모펀드 TPG와 워버그 핀커스Warburg Pincus는 51억 달러(약 6조 1,200억 원)로 니만 마커스를 차입매수한다. 그러곤 2013년 사모펀드 아레스 매니지먼트Ares Management와 캐나다 연기금 운용회사CPPIB에 60억 달러(약 7조 2,000억 원)를 주고 매각한다. 이들 회사는 니만 마커스의 가격을 높이기 위해 2015년 기업공개IPO를 시도하려 했으나 불발로 끝났다. 니만 마커스는 지난 2년 동안 50억 달러의 부채를 조정해보기 위해 안간힘을 다했으나 역부족이었다. 그러나 이자는 수억 달러가 지출되었다. 2018년 마지막 회계보고엔 49억 달러(약 5조 8,800억 원)의 수익이 있었다. 그리고도 빚 50억 달러가 고스란히 남아 있다는 것은 매해 나는 수익이 한 푼도 안 남고 거의 다 주주들의 배당과 이자 지불로 빠져나갔다는 것을 의미한다. 무디스는 니만 마커스의 부채를 두고 "지탱하지 못할 수준"이라고 평가했다.[368] 이런 판에 온라인 쇼핑으로 전환하려는 자구 노력을 어떻게 하겠는가? 그것도 돈이 들어가는 일종의 투자인데 말이다. 거기에 들어갈 돈이 주주들과 소유주에게 배당금과 이자로 다 홀랑 가버리는데…….

사모펀드가 손댄 소매업체마다 좀비 기업으로

그렇다면 백화점만 그럴까? 아니다. 사모펀드가 손댄 소매업체마다 사정이 똑같다. 그리고 기업은 회생은커녕 시체로 거듭나고 있다. 대표적 예를 두 곳만 더 보자. 옷가게 제이크루J.Crew와 중저가 신발 업체 페이리스Payless다.

먼저, 제이크루다. 2011년 사모펀드 TPG와 레너드 그린 앤드 파트

너스^{Leonard Green & Parners}가 제이크루를 30억 달러(약 3조 6,000억 원)에 차입매수한다. 소비자 옹호 단체인 미국금융개혁연대^{Americans for Financial Reform}가 추산한바, 2011년 이후 제이크루는 소유주인 사모펀드에게 배당금, 이자 및 수수료로 7억 6,000만 달러(약 9,120억 원)를 지불했다. 니만 마커스와 마찬가지로 온라인 쇼핑 등의 영업 전환 모색 등에 들어갈 돈은 한 푼도 없이 사모펀드가 탈탈 털어 가 자구 노력은 불가능했다.[369]

페이리스도 사정은 마찬가지다. 2012년 사모펀드 골든 게이트 캐피털^{Golden Gate Capital}과 블룸 캐피털^{Blum Capital}이 페이리스를 20억 달러에 차입매수했다. 2015년 1월을 기준으로 과거 2년 동안의 에비타^{EBITDA}(영업 활동으로 벌어들인 기업의 현금 창출 능력을 나타내는 지표)를 보면 기가 막힌다. 페이리스는 그 기간에 3억 2,200만 달러(약 3,864억 원)의 에비타(세전 이자 지급 전 이익)를 올렸다. 그러나 주주들에게 배당금으로 3억 5,200만 달러(약 4,224억 원), 그리고 이자로 8,300만 달러(약 996억 원)가 돌아가서 손실만 기록했다. 이것을 쉽게 계산하면, 회사로 1달러(약 1,200원)가 들어올 때마다, 소유자에겐 1.09달러(약 1,308원)가, 대출자에겐 0.26달러(약 312원)가 돌아가게 되어서 1달러 벌 때마다 계속해서 0.35달러(약 420원)의 빚이 쌓이는 꼴이다.[370] 재주는 곰이 넘고 돈은 누가 갖는, 딱 그 짝이다. 사모펀드가 얼마나 악랄한지 보이지 않는가?

뉴욕시의 진보단체인 대중민주주의센터^{The Center for Popular Democracy}가 낸 보고서에 따르면, 2012년 이후 파산한 소매점 체인 14개 중 10개의 소유주가 사모펀드로 밝혀졌다.[371] 이렇게 기업은 시체가 되고, 사모펀드는 살이 통통 오른 승냥이와 장의사가 된다. 그리고 또 다른 먹을거리와 시체거리를 찾아 어슬렁거린다.

워런과 코르테스는 왜 코로나 사태 동안 기업의 인수합병 금지를 주장했는가

그러니 회사들로서는 어떤 노력을 경주해도 안 되는 것이다. 이런 와중에 코로나가 덮쳤고 완전히 고꾸라졌다. 그렇다면 사모펀드 입장에서는 언제가 그들에겐 가장 호기인가? 바로 헐값에 기업을 살 수 있을 때다. 가지고 있다가 적당한 기회를 봐서 비싸게 팔면 되니까. 앞에서 언급했던 사모펀드 블랙스톤의 부동산 투자의 철칙인 '바이buy, 픽스Fix, 앤드 셀Sell'이 여기서도 그대로 작동되고 있는 것이다.

반대로, 헐값에 사서 비싸게 팔 기업이 사라지면 사모펀드에겐 안 좋은 시기다. 따라서 코로나19야말로 그들에겐 최적기다. 기업 사냥을 하기에 이보다 더 좋을 수는 없다. 위험과 위기는 사모펀드가 정말로 오매불망 기다리는 시간이다. 위험을 빙자해 고수익을 올렸으니(CLO가 대표적인 예다.) 그렇다. 위험을 회피하면서 동시에 위기가 있어야만 장사가 되는 모순이 사모펀드가 떼돈을 벌 수 있게 하는 주된 동력이다. 또한 위기 시엔 파산하는 기업체가 즐비하다. 그것들을 헐값에 거머쥘 수 있으니 위기란 얼마나 좋은가. 그래서 위기는 사모펀드에겐 노다지인 셈이다. 죽어가는 회사를 기사회생시키는 데는 아무런 관심이 없다. 오직 관심은 그걸로 더 큰 돈을 버는 데만 혈안이 되어 있다. 사모펀드가 막강한 현금 동원 능력을 가지고 기세가 등등한 사이 이들에게 더 많은 투자가 들어오고 이들은 그걸 가지고 전 세계 사업들에 마수를 뻗치며 제국으로 등극하고 있는 것이다.[372]

이 때문에 민주당의 엘리자베스 워런과 알렉산드리아 오카시오-코르테스Alexandria Ocasio-Cortez가 코로나 사태가 벌어지고 있는 상황에서 대기업의 인수합병을 금지해야 한다고 주장하는 것이다. 이런 인수합병의 대다수는 사모펀드에 의해 벌어지기 때문이다.[373]

사모펀드가 이끈 금융 주도 자본주의의 폐해

소위 미국식 선진 금융의 핵심은 전 산업 부문에서 금융이 차지하는 비중을 최대한 높이는 것이다. 이것을 다른 말로 금융화라 한다. 그것이 주도하는 자본주의를 금융 주도 자본주의라고 일컫는다. 그리고 그것을 주도하는 선두에 현대의 제국 사모펀드가 있다.

산업 자체가 이런 식으로 바뀌면 두 가지 중대한 문제가 발생한다. 첫째, 기업이 그렇게 좀비가 되고 파산에 이르게 되면, 거기에 종사하던 근로자는 어떻게 되겠는가. 모두가 실업자가 된다. 이런 팬데믹 시기에는 영원한 실직자로 남을 수밖에 없다. 2018년 현재, 미국에서 사모펀드가 소유한 회사에 약 880만 명의 근로자가 있으며, 이 회사들은 미국 국내총생산GDP의 5퍼센트를 차지한다.[374]

두 번째 문제는, 노동이 신성하다는 가치는 사라지게 된다. 많은 사람들에게, 경상도 말로 '쎄(혀)가 빠지게' 노력해서 돈 버는 것에 대한 회의가 들 게 뻔하다. 이것은 경제와 관련한 관념과 가치의 왜곡으로 이어진다. 세상 어디에 저런 젖과 꿀이 흐르는 장사가 있겠는가. 땀 흘려 일 안 하고 남의 돈 빌려서 막대한 수익을 창출하는……. 기술만 터득할 수 있다면 누구나 득달같이 덤벼들려 할 것이다. 이게 바로 금융 주도 자본주의의 폐해다. 경제와 노동 가치의 왜곡, 그것은 기업의 시체가 늘비해진 상황보다 더 심각한 문제라고 아니할 수 없다. 이것을 막을 방법은 딱 하나, 규제다. 그러나 안타깝게도 미국에서 사모펀드에 대한 규제는 월가의 대형 금융기관에 대한 규제보다 훨씬 더 느슨하다. 그 틈을 타고 제국들이 탐욕의 눈이 박힌 머리를 바짝 들고 있는 것이다.

한국도 어느덧 사모펀드 천국으로

이런 사모펀드에 대한 규제 완화와 당국의 방치는 한국도 미국에 못지 않은 것으로 알려지고 있다. 아니 어떤 경우는 더욱 심한 것으로 평가 받는다. 그래서 한국은 이제 교활한 금융 사기를 위한 최적의 장소가 되었다.

어쨌든, 우리에게도 사모펀드란 이름이 어느덧 익숙해지고, 이윤에 이악스러운 자들은 남보다 한발 더 빠르게 사모펀드에 발을 담갔다. 사모펀드의 구성 요건이 49명 미만에서 그 이상으로 풀어졌으며, 10퍼센트 이상을 한 종목에 투자하는 것을 금지하는 '10퍼센트 룰'의 제한도 사모펀드에서는 없다. 500만 원 미만의 소액으로도 투자가 가능하게 문을 열어놨다. 그리고 그 결과, 이미 작년에 우리나라 사모펀드 시장 규모는 2,000조 원을 넘겼다.[375] 사모펀드의 규제 완화는 정권을 가리지 않고 계속되고 있다.[376] 그리고 이 와중에 어떤 이들은 막대한 이윤을, 어떤 이들은 소중한 노후 자금까지 날리고 있다. 지금 한가하게 미국의 사모펀드 걱정할 때가 아닌 것이다.

아니나 다를까, 최근 사모펀드의 환매 중단 사태가 연이어 터지고 있다. 라임 사태와 옵티머스가 대표적인 예다.[377] 다들 어렵다고 난리인데 규모가 조 단위 혹은 수천억 원대의 투자금들을 모았다는 것도 놀라운 일이지만 펀드가 부실 덩어리라는 것을 알면서도 판매사가 그것을 감추고 펀드를 판매했다는 게 더 가관이다. 게다가 '듣보잡' 사모펀드 상품을 시중 은행 및 증권사가 판매했다는 것도 놀랍다. 이 모든 게 규제 완화의 산물이다. 규제 완화는 박근혜 정부는 물론 문재인 정부에서도 계속되었다. 어쨌든 여기까지는 있을 수 있는 일이라 치자. 어디다 투자라도 했으니. 그러나 투자는커녕 투자금이 해외의 조세 회피처로 들고나면서 어디

론가 감쪽같이 사라지는 횡령과 사기까지 벌어지고 있다는 소식에는 아연실색하지 않을 수 없다.

그리고 급기야 라임과 옵티머스는 환매 중단 사태까지 벌어졌다. 모집했던 투자금을 고객에게 돌려주지 못하는 사태가 벌어진 것이다. 우리나라 금융 감독 기관은 사태가 이 지경에 이를 때까지 그동안 무엇을 했는가?[378] 확실히 우리나라의 사모펀드는 감독의 사각지대에 놓여 있었던 것이 분명하다. 정부의 규제 완화, 사모펀드 운용사와 판매사(은행 및 금융기관)의 도덕적 해이, 그리고 개인 투자자들의 탐욕이 부른 묻지마 투자의 삼박자가 맞아떨어진 결과가 바로 환매 중단 사태다. 물론 이런 일이 있기 전에 이미 벌써 한국에서는 사모펀드의 발호가 현실화되었다.

그러니 이런 환매 중지 사태가 벌어졌을 때 금융 감독 기관이 해야할 일은 철저한 반성과 대책 마련이었다. 그런데 그들이 한 일이 무엇인 줄 아는가? 여태껏 강 건너 불 구경하듯 방치하던 감독 기관이 고작 한 일이라곤 원금을 투자자에게 100퍼센트 돌려주라는 사상 최초의 결정이었다.[379] 세상에 이런 일이 어디 있나? 개인적 투자는 위험을 감수하고 하는 것이다. 그 경위야 어찌 되었든 투자금 손실은 자신들이 떠안아야 하는 것 아닌가? 잘 알아보지도 않고 높은 수익을 보장한다는 말에 혹해서 개인이 '묻지마 투자'한 것을 왜 손실을 보았다고 원금을 100퍼센트 보장해주느냐 말이다. 최근의 환매 중단 사태가 터진 옵티머스도 판매사인 금융회사가 50퍼센트 또는 70퍼센트의 원금 보장을 논의하고 있다는 소식이다.[380]

자, 그럼 향후에 일어날 일들을 전망해보자. 원금 손실을 보전해준 판매사인 금융회사는 앞으로 어찌할 것인가. 이러한 사모펀드의 환매 중단 사태는 계속해서 이어질 것이고 그 규모도 점점 더 커질 것이다.[381] 그렇다면 그때마다 원금을 돌려주면 금융회사는 어찌 되겠는가? 망하게 되었다고 난리를 칠 것이다. 그리고 그때 등장할 이야기는 뻔하다. 바로 대마불사다. 자신들이 망하면 한국 경제가 흔들거리니 살려야 할 것이라고 반공갈 조로 나올 것이고 정부는 나서서 구제금융을 투입할 것이다.

사모펀드의 부실 운용과 사기로 입은 피해를 왜 국민의 혈세로 메워야 하나? 이 모든 사태는 앞서 이야기했듯이 정부의 규제 완화(감독 기관의 방치), 운용 및 판매사의 도덕적 해이와 투자자들의 방만한 투자라는 삼박자가 빚은 결과물이다. 그러면 그 책임은 그 셋이 공히 나눠 져야 하는데 왜 그 책임을 애먼 국민이 지는가 말이다. 결국, 국민의 혈세는 사모펀드 모집으로 재미를 한탕 크게 보고 먹튀를 한 이들의 호주머니로 홀랑 들어가게 될 것이다. 먹튀를 하다가 잡히면 몇 년 감옥 살다 나오면 그만이라는 식의 생각으로 저런 일들을 서슴없이 저지르고 있는 것이리라. 그러나 그들이 꿀꺽 삼킨 돈은 영영 찾지 못할 공산이 크다(십중팔구 조세 회피처로 흘러들어 가 돈세탁을 하고 있을 테니까. 이것과 관련해서는 마지막 장에서 그 작동 방식을 더 자세히 살피기로 한다).

이렇게 사모펀드가 한국에서 발호하며 그 폐해가 크기만 한데, 그리고 사모펀드의 지능형 금융 범죄는 갈수록 교묘해지는데, 우리나라의 사모펀드 규제 완화는 미국 그 이상이며, 금융 범죄자들을 잡아 엄정히 단죄해야 할 부서인 검찰의 증권범죄합동수사단은 강화는커녕 검찰 개혁이란 미명하에 해체되었다.[382] 나도 검찰개혁론자이다. 그러나 지금 현 정부의 이런 검찰 개혁은 동의하기 어렵다. 과연 누구를 위한 검찰 개혁인지 묻지 않을 수 없다.

사모펀드로 지능형 금융 범죄자들이 돈을 빼내며 배를 불리는 사이, 그리고 그들에게 돈을 묻어놓으면 불로소득을 잔뜩 올릴 것으로 기대하는 투자자들의 눈이 탐욕으로 벌겋게 타오르는 사이, 2020년 상반기 우리나라의 자영업자들은 코로나의 타격으로 14만 명이 문을 닫았다. 금융위기 이후 최대의 감소폭이라는 소식이다.[383]

조지 플로이드 사망 사건에 대한 항의 시위
– '인종차별'은 단지 방아쇠, 코로나의 '아메리칸 드림' 침공

지금 미국은 부싯깃 통

왜 안 터지나 싶었다. 그리고 어김없이 터졌다. 백인 경찰에 의한 흑인의 사망 사건. 이번엔 미니애폴리스^{Minneapolis}의 조지 플로이드^{George Floyd} 사건이다. 체포 과정에서 백인 경찰이 무릎으로 흑인 플로이드의 목을 눌러 죽인 끔찍한 사건으로 미국 전역에서 항의 시위가 격화됐다. 시위가 격렬해지자 통행 금지 명령이 내려졌고, 트럼프는 군 헬기 블랙호크를 띄웠으며 과격 시위와 약탈이 계속될 경우 군을 동원해 진압하겠다고 위협을 가했다.[384]

잊힐 만하면 흑인에 대한 백인 경찰의 과잉·강압에 의한 사망 사건으로 시위가 벌어졌지만 이번만은 상황이 많이 다르다. 시위대가 갈수록 늘어나고 있을 뿐만 아니라 격화되고 있고 쉽게 잦아들 기미가 안 보였다. 이번엔 백악관 앞까지 시위대가 밀고 들어갔다. 트럼프는 백악관 지

조지 플로이드 사망 관련 시위대를 진압하기 위해 로스앤젤레스 시청 앞에 정렬한 주 방위군과 경찰.
《워싱턴 포스트》는 이러한 모습이 미국의 이상과는 정반대의 모습을 보여준다며
군대가 국민을 방어할 것인가 아니면 국민을 향해 총을 겨눌 것인가를 묻는다.
〈출처 : magraphy / Shutterstock.com〉

하 벙커로 대피하기까지 했다. 상황이 심상치 않았다.

그런데 이번 플로이드 사망 사건에 대한 항의 시위를 단순하게 흑백 간의 인종차별적 인권 유린 문제로만 보는 것은 사태를 잘못 짚은 것이다. 왜 그럴까? 미국의 모든 문제의 정점에는 반드시 인종 문제가 있다. 마치 끓어오르는 화산의 마그마가 가장 약한 지반을 뚫고 폭발하듯 미국 사회가 안고 있는 모든 문제가 비등할 때 터져버리는 취약점이 바로 인종 문제이다. 그래서 인종 문제는 점잖은 표현으로 종합선물세트, 나쁘게 표현하면 오물통 같은 것이다. 오물이 쌓이고 쌓이면 결국 흘러넘치는 것은 당연지사. 그래서 나는 격화된 시위를 단순히 흑백 간의 차별에 분노한 시위, 즉 인종 간 문제 해결 요구로 축소하는 것에 우려를 표하고 경계하고자 한다. 거기엔 다른 모든 문제들이 응축되어 있기 때문

이다. 인종 문제는 단지 그 분출구 그 이상 그 이하도 아니다.

그러나 이런 나의 우려와 경계는 이번엔 기우가 될지도 모르겠다. 시위를 전하는 언론들도, 심지어 시위에 나온 필부필부들조차도 이번 사건을 기화로 뭔가 미국에 변화가 있어야 한다는 데 동의하고 있는 것처럼 보이기 때문이다. 그리고 그것은 단순히 경찰의 잔인한 폭력을 징벌하라는 데만 있지 않고, 망가진 미국 시스템 전체를 교정할 때가 왔다고 하는 근본적인 문제 제기에 근접해 있는 것 같아 보여서 그렇다. 과거엔 그런 기미가 보이지 않았다.

나는 미국에서 이전에 이와 유사한 사건들이 일어났을 때 많은 호응을 얻지 못하고 단발성에 그쳐버리고 근본적인 문제 제기나 비판에는 한발도 못 나가고 그저 흐지부지 끝나버리는 것에 실망했었다. 지금 생각해보면 그것은 성급한 나만의 바람이었던 것 같다. 그것은 미국과 미국인 자신이 자신들의 상태가 어떤지에 대해 확실히 알고 난 뒤에나 있을 수 있는 일이었기 때문이다. 뭐든 스스로 깨달아야 한다. 과외나 학원보다 자기 주도 학습이 더 중요하듯 말이다. 그런데 이번엔 이야기가 사뭇 다른 것 같다.[385]

미국 언론은 지금 미국은 부싯깃 통[tinderbox]이라고 이야기한다.[386] 불똥만 튀면 터져버릴, 그 직전의 일촉즉발의 상태라는 것이다. 과연 무엇이 미국과 미국인들을 이런 상태로 만들어버렸을까? 그 계기는 코로나19다.

코로나, 미국 본토에서 일어난 최초의 침공으로 기록되다

미국의 역사학자 헨리 코머저[Herny Steele Commager](1902~1998)는 그의 책 『미

국정신^{The American Mind}』(1950)에서 "인류 역사상 미국처럼 성공을 거둔 나라는 없다. 그리고 모든 미국인이 그 사실에 대해 안다."라고 썼다. 그러나 코머저가 아직도 살아서 코로나를 겪고 있는 미국을 보고 있다면 아마도 저 문장을 다시 썼을지도 모를 일이다. "미국이 거둔 성공은 어쩌면 허상일지도 모른다. 그리고 모든 미국인들이 그것이 착각임을 알게 되었다."라고.

《뉴욕 타임스》 칼럼의 지적처럼 코로나 침공은 미국 역사상 미국 본토에서 일어난 최초의 침공으로 기록될 만하다.[387] 그리고 그 결과는 실로 참혹했다. 6월 3일 현재 확진자는 180만 명, 사망자는 10만 6,000명을 넘어섰다. 미비한 의료 체계와 환경으로 검사조차 받지 못하고 죽어나간 이들이 그 몇 배에 이를 것으로 추산되는 걸 감안하면 완전한 참패다. 그러나 참혹함은 미국인들이 입은 마음의 상처에 비하면 아무것도 아니다.

코로나로 인해 미국은 전 세계적으로 창피를 당했다. 그런데 속된 말로 그 '쪽팔림'은 당하는 당사자들만 모르면(혹은 모른 체하면) 아무런 문제가 안 되고 넘어갈 수 있다. 그러나 정작 당사자들이 어느 순간 정확한 사태 파악을 하게 되면 그때는 사정이 달라진다. 마치 안데르센 동화의 벌거숭이 임금님과 간신들처럼. 너나없이 벌거숭이 임금님을 칭송하던 이들이 임금이 벌거벗었다며 "얼레리 꼴레리" 외치는 아이의 돌직구에 정신을 차렸던 것처럼, 코로나가 지금 미국인의 정신을 번쩍 들게 했다. 이렇게 되면 그동안 당연하게 받아들여졌던 일상에 금이 간다. 현상학적 사회학이 알려주듯 당연시되던 것들은 그것에 의문이 제기되지 않는 동안만 그 당연시가 유지될 뿐이다. 일상은 그렇게 깨진다. 당연시되던 것들에 의문을 품게 되면 모든 것이 혼란에 휩싸이게 된다.

이제껏, 많은 문제점을 안고 있음에도 불구하고 미국인들은 미국이 다른 나라보다는 훨씬 더 해결 능력이 있고, 그렇게 하고 있으며, 그래서 미국이 세계 제1의 국가로 당당하게 군림할 수 있다고 믿어 의심치 않았다. 그러나 아무것도 아니라고 떠벌려 그렇게 알고 있던 코로나라는 괴질을 통제하기는커녕 속수무책으로 허둥대기만 하는 국가 체계의 무능함과 부실함을 보면서, 그 때문에 자신들의 생명이 절대적 위협을 받게 되면서, 미국인들은 보건 문제를 넘어 그 이상의 다른 모든 것들까지 도매금으로 의심하게 되었다. '아차, 미국이란 나라가 벌거숭이 임금님 꼴이었구나.' 하고 말이다.

미국서 터져 나온 "이게 나라냐!"

그리고 나온 말이 "이게 나라냐!^{The system is broken!}"이다. 우리가 몇 년 전 창피해하며 되뇌던 바로 그 말이다. "이게 나라냐!"라는 외침은 무한한 자긍심을 갖고 믿었던 국가에 대한 실망, 좌절, 분노에서 오는 단말마적 비명이다. 그것은 "실패한 국가"에 대한 자괴감의 발로이다.[388] 즉, 창피함에서 오는 미국인들의 마음속 깊은 곳의 울림이다. 그러나 그 창피함은 어떻게 이런 나라가 세계 최강일 수 있느냐는 다른 나라의 손가락질이[389] 자조감으로 변하면서 자연스레 생긴 자기 모멸이다. 대다수의 미국인들은 그렇게 스스로 비웃다 스스로 창피해하고, 결국 자기 연민에 빠졌다.[390] 그리고 아직도 정신 못 차리고 최고의 국가 미국에 살고 있다고 생각하는 이들에게 "먼저 불쌍한 처지에 놓인 우리 꼴을, 우리 자신의 몰골을 볼 줄 알아야 그나마 이 나라를 다시 세울 일말의 희망이라도 엿보일 것"이라고 일갈하고 있을 정도다.[391] 과거에 이런 일은 눈을 씻고 찾아봐도 없었다(어디 감히 세계 제1의 대국, 자랑스러운 미국의 시민을 깔보며, 어찌 스스로 자신들의 처지를 불쌍히 여긴단 말인가).

코로나 창궐에 속수무책인 나라. 의료 체계가 엉망진창인 나라. 실직하면 하루아침에 중산층에서 빈곤의 나락으로 추락해버리는 나라. 먹을 것을 무상으로 얻기 위해 몇 킬로미터의 줄을 서야만 하는 나라. 대부분의 국민이 팍팍한 삶으로 끔찍한 하루하루를 버텨야 하지만 부자들은 이에 아랑곳하지 않고 더욱더 배를 불리는 나라. 이런 것을 해결해줄 생각일랑 눈곱만큼도 없는 것처럼 보이는 나라에 대한 불만.

한번 터지니 한꺼번에 우르르 봇물이 터져버렸다. 그리고 자연스럽게 당연하게 받아들여졌던 모든 게 의문에 휩싸여버렸다. 그러한 고질적 문제와 병폐들 가운데 단 하나라도 나아지기는커녕 갈수록 나빠지는 나라. 그 정점에 있는 빈곤과 불평등과 인종 문제를 해결하지 못하는, 아니 어떤 시도조차 하지 않는 나라에 대한 좌절.

'빌어먹을 아메리칸 드림은 어디에 있단 말인가? 그것도 혹시 허구?' 그런 회의가 물밀듯 밀려오는 지금의 미국이다. 그 민낯이 이번 코로나 사태로 수면 위로 완전히 드러나고, 뿐만 아니라 어쩌면 영원히 해결될 수도 없다는 것을 뼈저리게 절감한 이들의 절망.

천하를 호령하던 '미국 예외주의American Exceptionalism(쉽게 이야기하면, 미국이 여러 나라들 중 지존이라는 표현)'는 빈곤과 불행, 그리고 사망의 의미로 희화화되었다.[392] 하다못해 과거의 영광스러운 '예외주의' 딱지를 한국 같은(미국인들 입장에서 볼 때 '하찮은') 나라에게 붙이는 해프닝도 벌어졌다.[393]

공포, 불안, 분노, 그리고 절망 – 내가 조지 플로이드다!

이렇게 자신이 거주하는 외부 환경에 대한 생각이 바뀌면 그다음 수순은 제 자신을 되돌아보게 되는 것이다.[394] 세계 최강 국가의 국민에서 이제는 자신들이 무시했던 제3세계 국가의 국민과 같은 처지에 놓였다고 생각하게 된다.[395] 그러면 차별, 불평등, 좌절과 분노, 그리고 절망은 단지 흑인들의 전유물이 아니라는 생각에 도달하게 된다. 전에는 흑인들에게만 해당되는, 그래서 자신과는 전혀 상관없는 것들로 알았던 것들이 모두 자기 자신의 이야기라는 처절한 자각!

그러니《뉴욕 타임스》가 현재 미국인들 사이에 팽배한 정서를 "공포 Fear, 불안Anxiety, 분노Anger, 절망Desperation"으로 짧게 규정한 것도 무리가 있어 보이지 않는다. 이것들이 길거리로 사람들을 나가게 한다. 그래서 지금 미국 도처에는 흑인 사망 사건의 피해자 조지 플로이드가 흘러넘친다. '내가 바로 목 눌려 숨져간 그 피해자, 조지 플로이드'라는 각성이 사람들을 인종, 지역, 연령, 직업에 상관없이 항의 시위에 참여하게 만드는 것이다. 동병상련과 감정이입. 그것이 길거리를 수많은 조지 플로이드들로 강물처럼 흘러넘치게 한다. '플로이드의 죽음이 곧 나의 죽음'으로 인식되고 있는 것이다.[396] 하여 백인 경찰은 단순한 대립각에 서 있는 인물이 아니다. 그것은 '피폐해진 나의 삶을 질식시키고 있는 기성 체계와 못된 세력들'로 어렴풋이 인식하고 있는 것이다.

여태껏 존재했던 차이와 그로 인해 벌어졌던 문화 전쟁들을 매우 하찮은 것들로 여길 정도로 코로나의 위력은 대단했다. 왜냐하면 삶과 죽음의 갈림길 앞에서는 플라스틱 빨대냐 종이 빨대냐, 와인이냐 싸구려 맥주냐의 차이가 아무것도 아닌 것이 되어버렸기 때문이다.[397] 이처럼 여태까지의 인종차별의 갈등 양상은 코로나 이후 큰 변화를 갖는다. 흑인 대 백인의 대립 구도는 지금 '네 편 내 편'으로 갈릴 문제가 아닐 정도로 진화했다. 물론 그건 아니라고 생각하는 이들도 여전히 존재한다 (트럼프는 이들의 정서를 집중 공략해 지지자를 결집시킨다).

어쨌든, "코로나 속에서 많은 이가 참여하는 저항이 가능할까"라는 칼럼[398]이 나온 지 얼마 안 돼 과거엔 볼 수 없던 시위가 터졌고 더 대규모로 더 극렬하게 더 오래 계속되고 있는 것이다. 이러니 이것을 탐탁지 않게 여기는 사람들의 지적도 나온다. 시위와 저항이 미국적인 게 아니라는 비판이다. 그러나 미국식이란 뭔가? 저항 정신이야말로 자유를 지키고자 대서양을 건너온 청교도 정신이 아니었는가? 저항 정신이야말로 미국적인 것 아닌가?[399] 사리에 맞지 않는 저항에 대한 이중 잣대는 무시해야 한다.

분노한 미국인에게 건네고픈 조언

그럼에도 시위에 참여한 미국인들에게 건네고 싶은 몇 마디가 있다.

첫째, 자신들의 목적을 달성하기 위해서 약탈은 결코 있어서는 안 된다. 약탈은 어떤 식으로든 정당화될 수 없다. 약탈을 하는 순간 시위의 정당성과 취지는 훼손되고 더 많은 지지를 얻어낼 수 없으며 상대 쪽에 되치기당하는 빌미를 줄 뿐이다. 또한 약탈로 인해 피해를 입는 이들의 대다수는 같은 처지에 있는 소상공인들과 대형 할인마켓의 필수 노동자들이다. 그들에게 피해를 주지 말아야 한다. 그들은 코로나로 수 개월간 벌이가 신통치 않았고 감염의 위험성 속에서도 먹고살기 위해 사지에 나가 일을 해야 했다. 당장의 처지가 어려워졌기에 생긴 물욕 때문에 그들에게 약탈의 위협을 가하는 것은 또 하나의 폭력이다. 폭력을 규탄한다면서 같은 처지의 사람들에게 폭력을 가하는 것은 있을 수 없는 일이다. 형편이 어려우면 오히려 구걸을 하는 게 낫다.

둘째, 하는 말 족족, 하는 짓 족족 밉상인 트럼프가 설혹 불에 기름을 붓는 짓을 한다 해도,[400] 미국의 모든 잘못을 트럼프 탓으로 돌리는 것은 그야말로 헛다리를 짚은 것이다. 물론 그의 탓도 매우 크다. 하지만 미국이 안고 있는 중증 문제가 모두 트럼프로부터 비롯된 것일까? 아니다. 트럼프는 그 일을 다룸에 있어 그 이전의 대통령들과는 완전히 다른 방식을 택했을 뿐이다. 그의 방식은 뻔뻔하고 조잡한 무시 전략. 그래서 일말의 동정심도 없는 것같이 보일 뿐이다. 그런 식으로 자신의 골수 지지자들을 결집시킨다.

반면, 트럼프 이전의 다른 지도자들은 동정하는 것처럼 보였을 뿐이지 문제 해결엔 아무런 관심이 없었다. 오바마가 그 썩어 문드러진 체계를 고치려 시도했는가? 아니다. 트럼프나 다른 이들이나 모두 자신들이 선택한 정치적 행위를 할(했을) 뿐이다. 누구를 위한? 기득권을 위한 정치적 행위! 대표적인 문제인 계층 계급 간의 불평등을 보라. 그것은 트럼프 이후 급증한 것이 아니라 그 이전부터 있었던 미국의 중증 기저질환이다. 심각한 기저질환이 지속되었고 아무도 그것을 치유할 생각조차 하지 않고 오히려 불평등을 부채질해왔던 기득권 세력들, 내가 말하는 제국들을 위해 열심히 봉사했을 뿐이다.

미국은 그 두 노선 사이를 왔다 갔다 할 뿐, 아니 트럼프가 나와서 둘 사이를 오락가락하는 것같이 보이게 했을 뿐, 관통하는 사실은 단 하나, 국민이 아닌 제국을 위한 정치였다. 따라서 모든 문제를 트럼프 탓으로 돌리는 것은 문제의 해결은커녕 더 엉클어뜨리는 결과를 초래한다(이 때문에, 나는 트럼프 정권하에서 미국의 예외주의가 빈곤, 불행, 사망으로 변해버렸다고 말하는

조지 플로이드 사망 사건에 대한 항의 시위(워싱턴 D.C.)
〈출처 : Johnny Silvercloud / Shutterstock.com〉

로버트 라이시의 견해엔 동의할 수 없다. 미국의 예외주의는 그가 노동부장관으로 재직했던 클린턴 때도 이미 그렇게 변질되어 있었다).[401]

따라서 문제는 트럼프가 아니다. 잔인무도한 폭력을 행사한 백인 경찰이 아니다. 물론 이들도 큰 문제이지만 그것을 기정사실화하고 더 깊이 파고들어 가면 더 큰 근본적인 문제가 똬리를 틀고 있음을 알게 될 것이다. 그래서 미국인들은 공부가 필요하다. 내가 보건대 미국의 모든 문제의 핵심엔 원흉인 월가가 있다.

이번 일의 동병상련과 감정이입 다 좋다. 그러나 비판(과 개혁)의 대상을 공략할 때는 대상의 층위를 구분할 필요가 있다. 흑백 문제와 공권력의 만행 문제는 그 수준으로 공략하라. 그리고 일상생활에서의 곤경과 불안한 경제적 삶, 그리고 암울한 미래에 대한 문제는 그것대로 따로 공격 대상을 정해 공략하라. 이 수준에서 생성된 공포와 좌절, 절망과 분노의 유발자로는 원흉 월가가 있으니 월가와 거기에 동참해 당신들의 삶을 척박하게 만들어가는 데 일조하는 정치권에 그 화살을 겨누라. 그렇게 하지 않고 '흑인의 생명도 중요하다'며 '백인 경찰의 엄중 처벌'만을 요구한다면 뒤에서 비웃을 이들은 월가와 정치가들이다.

　그래서 공격의 타깃은 썩어 문드러진 미국 시스템의 교정에 초점을 맞추어야 한다. 이것이야말로 탑다운(위에서 아래로) 방식이어야 한다. 고작 20달러(약 2만 4,000원)짜리 위조지폐 사용 혐의(위조지폐 여부는 아직 확인되지 않고 있다.)가 사망에 이를 정도의 중범죄라면, 나라 전체를 강탈하고 전 국민의 삶을 위험에 빠뜨리는 월가의 대형 은행과 사모펀드의 사기와 강도 짓은 어떻게 처벌할 것인가에 대해 물어야 한다. 처벌은커녕 그들에게 두둑한 보상(구제금융)까지 주고 있는 것에 대해 끝까지 저항해야 한다(그런데 여러 가지 여건상 과연 거기까지 갈 수 있을지는 솔직히 의문이다).

　과연《애틀랜틱》의 진단처럼 미국 역사상 2020년이 최악의 해가 될 것인가?[402] 귀추가 주목된다.

18
밀레니얼 세대와 세습사회
– '아메리칸 나이트메어', 청년을 깨우다

밀레니얼 세대 – 미국 역사상 가장 불행한 세대

2020년 6월 중순 현재 미국에서는 조지 플로이드 사망 사건에 대한 항의 시위가 잦아들 기미를 전혀 안 보이고 있다. 매체들은 이번은 과거와 다르다는 논조의 기사와 칼럼들을 계속해서 쏟아내고 있다. 이 와중에 경찰의 예산 지원 중단 및 해체 주장까지 나왔다. 그런데 시위 현장을 중계하는 뉴스들을 보고 있노라면 유독 청년들의 많은 참여가 눈에 들어온다.[403]

그렇다면 왜 미국의 청년들이 특히 분노하는가? 무엇이 그들을 거리로 쏟아져 나오게 하고 있는가? 어떤 이들은 혈기 왕성한 젊은이들이 코로나로 집구석에 박혀 있다가 좀이 쑤시던 차에 조지 플로이드 사망을 핑계 삼아 그 혈기를 발산하러 밖으로 나왔다는 이야기를 하기도 한다. 아주 조금, 일말의 일리가 있을지도 모른다. 그러나 그것이 다는 아니다.

왜냐하면 미국의 청년들은 재미를 보자고 나오는 것이 아니라 분노에 차서 길거리로 나오고 있기 때문이다. 그래서 청년들의 사정이 무엇인지를 정확히 아는 게 이 시점에서 중요하다. 그것을 톺아다 보면 미국의 문제를 들여다보게 된다.[404] 그것은 바로 세대별 불평등 문제다.

청년들을 일컬어 소위 밀레니얼 세대라고 부른다. 1981년에서부터 1996년 사이에 태어난 청년들로 24세~39세에 이르는 사회의 중추 세대다. 국가의 미래다. 그들이 좌절하고 있다. 절망하고 있다. 그리고 분노를 터뜨리고 있다.

왜일까? 그들에게 미래가 없어 보이기 때문이다. 아메리칸 드림이 사라져버린 미국이라 그렇다. '왜 하필 우리 세대에?' 그들의 입장에서 그런 말이 충분히 나올 만하다. 평균적으로 대략 그들은 부모 밑에서 세상 남 부러울 것 없이 자랐다. 그리고 자신들의 나라가 세계에서 가장 부유한 나라라는 소리를 귀에 못이 박일 정도로 듣고 자랐다. 그러나 막상 그들이 세상에 나와 사람 구실을 하려고 할 때, 당당하게 한 사람의 성인으로 독립하려 할 때, 세상은 그들의 생각대로가, 듣던 대로가 아니었다.

'미국이 가장 부유한 나라라는데 왜 나에게 번듯한 직장을 잡을 기회는 오지 않는가? 그것이 왜 낙타가 바늘귀 들어가는 것보다 어려운가? 왜 나는 부모가 결혼한 나이에 결혼을 하지도 못하는가? 왜 아이도 낳지 못하는가? 왜 나는 이렇게 비정규직 아르바이트로 이곳저곳을 전전해야 하는가? 왜 나는 아무리 갚아도 끝이 없는 빚쟁이 인생을 계속해야 하며 빈털터리인가?' 등. 그러나 부모들은 말한다. 자신들은 '청년 시절에 비록 많이 배우지 못했을지라도 사업을 일구고 돈을 모으고 일가를 이루었는데 지금 네 꼴은 뭐냐'고. '부끄러운 줄 알라'고. '더 좀 열심히 노력하라'고. '승부 근성과 헝그리 정신이 결여된 나약한 인간'이라고 혀를

쯧쯧 차댈 뿐이다.

'젠장! 나도 할 만큼 노력하는데, 안 되는 걸 이찌하는기? 취직을 하려 해도 안 되는 걸 어찌하는가? 기를 쓰고 돈을 모아보려 애써보지만 그게 그리 쉽지 않은 걸 어찌하란 말인가.' 그러한 좌절 속에서도 미국 청년들은 왜 자신들이 아무리 애를 써도 대부분 모든 게 수포로 돌아가고 마는지 그 이유를 정확히 알지 못한다. '왜 조부모 세대와 부모 세대는 그렇게 가정도 일구고 그랬는데 왜 나는 그게 딴 세상의 이야기로만 느껴지는 것일까?' 오리무중의 궁금함 속에서 눌리고 눌려왔던 좌절과 짜증이, 코로나로 집 안에 갇혀 있으며 증폭되다가 플로이드로 터져버렸다. '이게 나라냐.' 게다가 직장도, 알바도 코로나로 다 날아가 버렸다. '이판사판 밑바닥인데 잃을 게 뭐가 있나. 플로이드가 바로 나다. 가만히 보니 내 처지가 가장 불쌍하다. 화가 난다, 화가 나. 이렇게 불공평한 세상이 어디 있나? 왜 모든 어려움이 우리 세대에 하필? 왜 젊음이 축복이 되지 못하고 이렇게 지리멸렬한 것이 되었나. 왜 우리 또래의 청년들만 가장 불행한 것처럼 여겨지는가? 그걸 따지러 나가야겠다. 뭔가 변화를 부르짖어야 되겠다. 그러지 않고서는 도저히 분노가 삭히질 않는다.' 이게 요즘 미국 청년들의 심적 상태라고 해도 과언이 아닐터.[405]

소설 쓰지 말라고? 그럼 왜 미국의 청년들이 저런 생각을 품을 수밖에 없는지 알아보자. 미국의 불평등에 관한 연구자들은 밀레니얼 세대가 미국 역사상 가장 불행한 세대[406]라고 진단하고 있다. 그게 사실이라면 청년 세대가 좌절하고 분노하는 것은 당연한 일이다.

운도 지지리 없는 저성장 시대에 태어난 죄

먼저 경제성장 면에서 보면, 밀레니얼 세대가 노동시장에 막 진입하는 때에 미국엔 굵직굵직한 안 좋은 일들이 연거푸 터졌다. 9·11테러, 2008년 금융위기와 2020년의 코로나19 사태다. 모두 경제에 치명타를 안기는 사건들이 발생했다. 그런 사태가 한번 터지면 경제가 잔뜩 위축되고 일자리는 줄어들며 그 폐해는 오래 지속된다. 그런데 잇달아 터졌다. 힘든 시기를 견디고 극복해서 조금 일어설 만하면 또 다른 타격이 온다.[407] 이런 과정 속에서 물론 다른 세대들도 피해를 입는다. 그러나 가장 커다란 피해를 입은 이들은 바로 청년들이다.

그 과정을 겪는 동안 밀레니얼 세대 청년들의 경력은 이탈되었고, 재정은 파탄 났으며, 그들의 사회적 삶도 엉망진창이 되었다. 그런데 엎친 데 덮친 격으로 또 코로나다. 그러니 코로나 세대(C세대, 코로나 이후에 태어난 세대를 말하지만, 코로나를 겪은 청년들도 포함하는 신조어)는 이젠 아예 "어디에고 비빌 언덕이 없다nowhere to turn."라는 말이 나오고 있는 것이다.[408]

18세에 노동력 시장에 나온 후 15년 동안의 1인당 국내총생산GDP 성장률을 세대별로 측정한 결과를 보면 미국 역사상 경제성장이 가장 안 좋은 시대에 밀레니얼 세대가 태어났음을 확인할 수 있다. 사람 구실을 하기 위해 노동시장에 진입한 이후의 15년 동안 가장 안 좋은 경험을 했다는 것은 단지 그 사실로만 끝나지 않는다. 왜냐하면 그것은 향후의 밀레니얼 세대의 전 생애 동안 경제적인 상처를 깊이 남길 것이기 때문이다. 낮은 임금으로 시작한 직장은 그만큼 이전 세대보다 재산을 적게 모으게 될 것임을 말해주고, 또한 그것은 자택의 소유에서부터 결혼해서 가정을 이루고 자식을 낳고 하는 모든 것들의 지연이나 포기를 의미한다. '3포 세대' 이런 말이 괜히 나온 말이 아니다. 이러니, 특히 경제가 좋

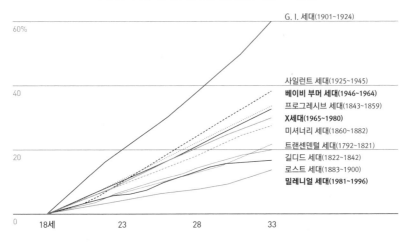

세대별 1인당 GDP 성장 상황

각 세대가 18세에 노동시장 진입 후 첫 15년 동안의 1인당 GDP 성장률

G. I. 세대(1901~1924)

60%

40

사일런트 세대(1925~1945)
베이비 부머 세대(1946~1964)
프로그레시브 세대(1843~1859)
X세대(1965~1980)
미셔너리 세대(1860~1882)

트랜센덴털 세대(1792~1821)
20
길디드 세대(1822~1842)
로스트 세대(1883~1900)
밀레니얼 세대(1981~1996)

0   18세   23   28   33

지 않을 때 청년들이 가장 큰 타격을 입는다.[409] 반면 그 이전 세대인 베이비 부머 세대(1946~1964년 출생, 현재 56~74세)와 X세대(1965~1980년 출생, 현재 40~55세)에 이르는 선배 세대는 밀레니얼 세대보다 호시절에 태어나 누릴 것을 그나마 누렸다고 봐야 한다.[410]

아메리칸 드림의 소멸 – 자수성가는 옛말, 불평등은 오롯이 밀레니얼 세대의 몫

1940년생과 1980년생을 비교한 연구가 있다. "당신은 당신과 같은 나이 때의 부모보다 더 많은 재산을 일구었는가?"란 질문, 즉 자수성가를 묻는 질문에 대해 1940년생 미국인들은 92퍼센트가 그렇다고 답했다. 심지어 실직이나 이혼, 질병과 여타 금전적인 문제가 있었다 해도 거의 대

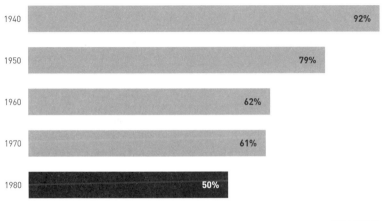

1940년생부터 1980년생까지의 자수성가 상태 비교[411]

"당신은 부모보다 더 많은 재산을 일구었는가?"를 묻는 질문에 1940년생은 92%가,
1980년생은 절반만 그렇다고 대답했다.

1940	92%
1950	79%
1960	62%
1970	61%
1980	50%

출처 : 뉴욕 타임스

부분의 사람들이 그들의 부모보다 더 많이 벌고 더 잘살았다. 지금 80세 노인 세대다. 그러나 1980년생 미국인 중에서 그렇다고 대답한 이는 절반뿐이다. 이를 두고 《뉴욕 타임스》는 아메리칸 드림을 이루는 것은 이제는 거의 "동전 던지기 coin flip" 같다고 이야기한다. 복불복이라는, 즉 노력해서 될 일이 아니라는 말이다.[412] 그것은 아메리칸 드림의 소멸을 의미한다.[413]

재산에 관한 것은 더 냉혹하다. 한마디로 요약하면 베이비 부머들은 더 부자고 나머지는 가난하다. 이런 재산의 분배는 청년들에게 더 불공평하다. 어떤 세대보다도 65세 이상의 노인 세대가 가장 괄목할 만한 순재산의 증가를 맛봤다. 그러나 청년층은 다음 도표에서 보듯 1989년 이후 순재산의 중간값의 증가로 볼 때 선배 세대보다 순재산의 증가를 보

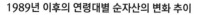

1989년 이후의 연령대별 순자산의 변화 추이

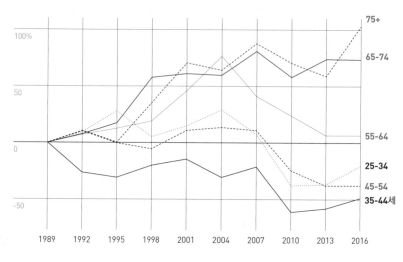

출처 : 워싱턴 포스트

지 못했다. 요약하면, 베이비 부머 세대는 그 이전 세대보다 더 부유하고, 밀레니얼 세대와 X세대는 그들의 전 세대보다 더 가난하다.[414]

밀레니얼 세대는 선배 세대보다 크게 잘못한 일이 없어도 그냥 지지리 궁상인 상황이다. 예를 들어 X세대와 베이비 부머 세대가 자기 집을 마련했을 때의 연령대에 이르렀어도 이들은 그런 것을 엄두도 못 낸다. 이들은 이전 세대와 똑같이 번다고 해도 그들처럼 여유 있게 살 수도 없고 나중을 위해 덜 쓰고 악착같이 더 모아야 한다.

그렇다면 밀레니얼들이 교육을 덜 받았나? 그렇지 않다. 그들은 이전 선배 세대들보다 대체로 가방끈이 더 길다. 그러나 더 취약해졌다. 왜 그럴까? 교육을 받으면 더 나은 직장을 얻거나 상향의 사회이동을 하는 것이 과거의 일이었다면 지금은 그 사다리가 무너져버렸기 때문이다. 그러면 교육은 오히려 독이 된다. 많이 배웠기 때문에 웬만한 직장이 아니면 잡으려 하지 않는다는 말은 사치다. 그게 아니라 실질적으로 학자금 융자라는 빚더미에 앉기 때문이다. 브루킹스 연구소의 윌리엄 게일[William Gale] 선임연구원은 "청년들이 대학 교육을 받을 때 부모나 공공기관의 재정 지원이 과거 세대보다 현저히 줄었다."라고 말하며 대학 교육으로 인한 득보다 그들의 빚이 이들을 더 짓누를 가능성이 크다고 지적한다. 이러니 아예 가난한 부모를 둔 청년들은 대학에 진학하고 싶어도 그럴 엄두도 못 내고 그러면 그럴수록 불평등은 심화될 수밖에 없다. 이러니저러니 해도 장기적으로 볼 때 대학 학위는 아직도 없는 것보단 있는 것이 낫기 때문이다.[415]

어디에고 비빌 언덕이 없는 밀레니얼 세대

서두에서 언급했듯 최근의 미국 역사에는 이정표가 될 만한 사건들이 연거푸 터졌다. 문제는 그러한 역사적 사건들의 피해를 연령대로 볼 때 청년들이 가장 많이 입었다는 것이다. 가장 최근의 것이 바로 2008년 금융위기다. 그런데 문제는 밀레니얼 세대는 금융위기의 상처가 채 아물기도 전에 코로나까지 덮쳤다는 것이다.

다음의 도표에도 보이듯이, 밀레니얼 세대들에겐 코로나는커녕 아직 금융위기도 완전히 회복이 안 된 상태다. 미국 인구조사국의 경제학자 케빈 린즈[Kevin Rinz]의 2019 보고서[416]를 보면, 2017년 현재 밀레니얼 세대의 고용은 어느 정도 회복되었으나 임금 상황은 전혀 그렇지 못하다. 그 앞선 세대들도 사정은 마찬가지지만 나이가 많을수록 사정이 조금 나은 듯 보인다. 밀레니얼 세대는 2005년과 2017년 사이의 임금은 13퍼센트

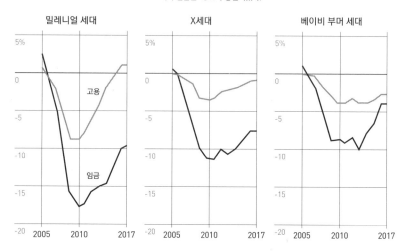

금융위기 이후의 주요 세대별 고용 및 임금 변동 상황[417]

밀레니얼 세대는 금융위기 이후 거의 10년이 지나서야 고용 상황이 회복되었다.
그러나 임금은 13%나 상실되었다.

밀레니얼 세대 | X세대 | 베이비 부머 세대

고용 / 임금

2005　2010　2017　　2005　2010　2017　　2005　2010　2017

상실됐다. X세대(9퍼센트)와 베이비 부머 세대(7퍼센트)와 비교해볼 때 확실히 사정이 안 좋다.

그런데 여기서 눈여겨봐야 할 것이 있다. 앞서 간략히 언급했던 것이다. 만약 첫 노동시장 진입을 경기침체와 같은 상황에서 했을 때와 그렇지 않을 때 진입했을 때의 차이가 전 생애를 놓고 볼 때 엄청난 결과를 낳는다는 것이다. 결혼과 출산, 그리고 주택 마련에 이르기까지 모든 게 차질을 빚게 된다.[418]

이런 상황에서 청년들에게 코로나마저 덮쳐버렸다. 그것은 청년들로서는 정말로 준비가 안 된 재앙이다. 다음 그래프에서 보듯 2020년 팬데믹의 실직에서 가장 피해를 본 세대도 역시 밀레니얼 세대다. X세대

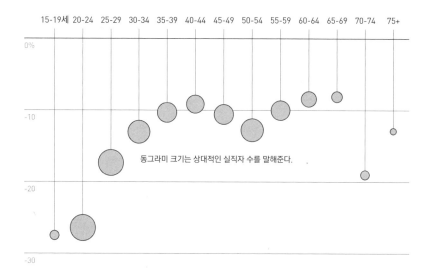

코로나 사태 이후 2020년 3월과 4월의 연령별 일자리 상실 현황

동그라미 크기는 상대적인 실직자 수를 말해준다.

출처 : 미국 노동부 / 워싱턴 포스트

가 12퍼센트, 베이비 부머 세대가 13퍼센트라면 밀레니얼 세대는 16퍼센트가 지난 3월과 4월 사이 일자리를 잃었다(그래프에서는 왼쪽에서 두 번째에서 세 번째 동그라미 추가 밀레니얼 세대, 그다음 세 개의 추가 X세대, 그다음 세 개의 추가 베이비 부머 세대이다). 물론 소위 Z세대(zoomer 세대, 15~24세)가 두 달 만에 그들의 일자리 아르바이트가 사라져 가장 타격을 입긴 했지만 이제 막 노동시장에 진입한 것이라 심각하게 고려해야 할 대상이 아니다. 문제는 밀레니얼 세대다. 2019년 현재 밀레니얼 세대는 미국에서 정규직 노동력의 가장 큰 비중을 차지했다. X세대를 능가했다. 그러나 코로나는 이들을 핀셋처럼 정밀 강타했다. 그 결과, 다음 그래프에서 보듯 절벽에서 떨어져버렸고 그 자리를 X세대가 차지했다. 즉, 코로나의 타격을 밀레니얼

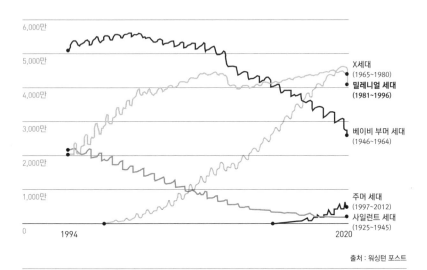

미국의 세대별 정규직 노동력 현황(1994~2020년)

X세대
(1965~1980)
밀레니얼 세대
(1981~1996)

베이비 부머 세대
(1946~1964)

주머 세대
(1997~2012)
사일런트 세대
(1925~1945)

출처 : 워싱턴 포스트

세대가 가장 크게 입었다는 뜻이다. 이러니 비록 청년들이 이런 통계치에 대해서 알지 못한다고 하더라도 실제 생활에서 체감하고 있을 것이니 청년들의 불만이 쌓일 수밖에 없지 않겠는가 말이다.[419]

밀레니얼들은 초기 노동시장에 진입할 시기에 9·11사태가 터져서 일자리를 얻는 데 고전했다. 그래서 경제와 일자리가 회복될 때까지 기다리느라 인고의 세월을 견뎌야 했다. 그러곤 조금 회복되는가 싶을 때 또 2008년 금융위기가 터졌다. 그리고 10여 년이 지나 회복되는가 싶을 때 이제는 코로나다. 지지리도 운도 없는 세대. 그게 바로 미국 밀레니얼 세대다. 아메리칸 대학교American Univ. 경제학과의 그레이 킴보로Gray Kimbrough 교수는 여기서 문제가 단지 경기침체가 아니라고 말한다. 문제는 그 타격을 청년들이 더 많이 입는다는 사실이다. 거기다 밀레니얼 세대들이 안고 있는 더 큰 문제는 앞에서 언급했듯이 이미 타격을 받았는데 거기다 이중 삼중의 타격을 입는다는 사실이다.[420]

불평등의 끝은 세습사회

이러니까 청년들에겐 미래가 안 보일 수밖에. 아메리칸 드림은 개뿔. 아무리 노력을 해도 부모 세대나 조부모 세대가 누렸던 것들을 자신들은 향유할 수 없다는 것을 인식하고 실제로 체감하면서 청년들은 사회가 부조리하다는 것을 절감하고 있을 가능성이 높다. 그런 체감과 절감을 넘어 사회과학 공부를 좀 더 한 청년들이라면 그 거대한 부조리의 결과가 불평등이라는 것과 자신들이 그 불평등하고 불공정한 체계의 피해자임을 간파하게 될 공산이 크다. 그러나 나라나 나이 든 사람들은 이런 구조적 부조리함을 시정할 생각은 없어 보이고 오히려 청년들의 고통과 좌절을 외면 또는 무시하거나 심지어 타박만 할 뿐.

그런 와중 플로이드 사건이 터진 것이다. 바싹 마른 불쏘시개에 불똥이 튀었다. 거창하게 불평등이라는 문제의식을 가졌든 안 가졌든 상관없이 좌절은 절망을, 절망은 분노를 자아낼 자양분이 되기에 충분했다. 그런데 이 대목에서 놓치지 말아야 할 것이 있다. 바로 모든 불평등의 끝은 세습사회의 도래라는 것이다.

극심한 불평등은 청년들을 진취적이기보다는 소극적으로 만든다. 지독한 복지부동과 안전 지향 성향을 띠게 한다. 왜냐하면 자칫 실수를 범하는 순간 그나마 현재 손에 쥔 것마저도 홀랑 날릴 수 있기 때문이다. 청년들이 보일 이런 경향의 끝에는 결국 세습사회밖에 남을 게 없다. 청년들은 안전성만을 지향하면서 매사에 이런 사고를 할 공산이 크다. '노력이 뭐가 필요 있나? 실력이 뭐가 필요 있나? 부모가 고관대작이 아니고 재산 없으면 난 개털인데. 이제 기댈 것은 부모의 배경과 돈밖에 없는데. 잘난 부자 부모를 두면 게임 끝. 별 볼일 없는 나는 인생 끝.'[421] 그런데 이런 자조는 불평등이 양산할 세습사회의 도래를 더욱 앞당길 뿐만 아니라 이미 현실화된 그것을 더욱 공고화한다.[422]

무너진 실력주의의 신화

어쨌든, 미국이 능(실)력주의^{meritocratic} 사회? 웃기는 소리. 실력주의는 신화가 되어버렸다.[423] 능력 위주의 사회는 비교적 기회가 평등한 사회이고, 그래서 사회적으로 상향 이동이 가능한 사회다. 이런 사회에선 충분히 노력만 하면 자수성가할 가능성이 높다. 미국에 적용하면 아메리칸 드림이 살아 있는 시기다. 반면, 능력과 실력으로 사람이 평가받지 못하는 사회는 신분 이동이 불가능한 세습사회다. 이런 사회는 아메리칸 드림이 작동하지 않는다. 다음의 그래프가 이와 관련된 미국의 상태를 여실히 보여주고 있다.

보스턴의 주간지 《애틀랜틱》이 여러 학자들의 자료를 취합해 분석한 그래프로, 사회적 불평등^{inequality}과 계급 간 이동불가성^{class immobility}의 관계를 나타낸다. 이름은 '위대한 개츠비 곡선^{The Great Gatsby Curve}'이다. F. 스콧 피츠제럴드^{F. Scott Fitzgerald}의 소설 제목에서 따온 이름이다. 소설의 배경이 되는 이른바 "광란의 20년대^{Roaring Twenties}"라 불린 1920년대의 경제적 번영 속에서 벌이는 인간의 탐욕과 황금만능주의를 꼬집은 이 소설이 불평등과 연결된 것은 바로 그 경제적 번영 시기가 극도의 불평등을 보여준 시기라 그렇다.[424] 그 시기 다음엔 대공황이 따랐다. 파국이었다.

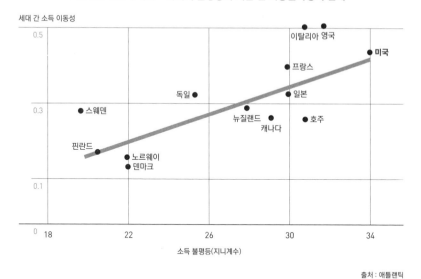

위대한 개츠비 곡선 – 사회적 불평등과 계급 간 이동불가성의 관계

세대 간 소득 이동성

출처 : 애틀랜틱

어쨌든, 이 그래프에서 미국은 다른 선진국들에 비해 불평등하고 사회적 이동이 가장 불가능한 국가로 자리매김하고 있다. 물론 어느 나라든 완전히 평등한 나라는 존재하지 않는다. 그래서 사회계층 현상이 있는 것이다. 말하자면 계단식 체계tiered system이다. 그 극단엔 계층과 계급 간의 사회적 이동이 불가능하게 완전히 차단된 사회, 요지부동의 카스트제도caste system가 있다. 지금 그래프에서 보이는 미국의 현실은 바로 단순한 계단식 체계가 아닌 카스트제도에 가까워졌다는 것을 말해준다. 그것은 바로 신분제 사회와 귀족사회의 도래를 말한다. 그것은 부모의 것이 자식에게 그대로 대물림되는 세습사회를 의미한다. 그리고 미국은 그것이 도처에서 목도되고 선언된 지 오래다. 미국 사회의 능력주의 폐기는 자수성가를 의미하는 아메리칸 드림의 폐기 처분을 의미하고, 그것은 그저 머릿속에만 존재하는 신화가 되어버렸다. 그리고 별 볼일 없는 부모를 둔 미국 청년들의 실생활에 엄습한 것은 아메리간 나이트메어(악몽)이다. 꿈dream은 꿈인데 악몽nightmare ! 425

트럼프 왕조

어쩌다 미국이 이렇게 변해버렸나? 그래서 클린턴은 자기 부인이 대통령 후보로 나왔고, 그 딸을 대통령 만들려 불철주야 돈 모으고 애쓰고 있는 것을 보라. 한 집안에서 돌아가며 대통령이 나오고, 나와도 되는 그런 나라가 되어버렸나. 미국이 어쩌다 대통령이 자기 딸 이방카와 사위를 백악관의 고문으로 떡하니 앉히고 나랏일에 훈수를 두는 족벌주의nepotism로 정치를 해도 아무 말도 안 나오는 그런 세습사회가 되어버렸나. 어쩌다 이방카를 비롯한 오누이가 감히 차기 대권을 노리며 권력 암투를 벌이는, "트럼프 왕조Trump Dynasty"라는 말이 회자되는 그런 거지 같은 나라가 되었나?426

신귀족사회의 탄생 – 상위 10퍼센트의 빛나는 미래가 결국 나머지 모든 이들의 기회 종식을 의미한다는 커버스토리를 실은 주간지 《애틀랜틱》의 표지. 금수저가 매우 인상적이다.

문제는 이것이 단지 트럼프에서 끝나는 게 아니라는 사실이다. 트럼프뿐만 아니라 돈과 권력이 많다고 재세하는 자들이, 즉 제국들이 죄다 자식들에게 모든 것을 물려주려 한다는 것이다. 그것이 모든 제국들의 트렌드다. 자기 자식만큼은 너무나 특별하고 독특해서 자기가 가진 것을 자식들이 다 누릴 자격이 있다고 생각하는 것이다. 물론 이것은 제국들의 욕망의 발로다. 하지만 그들이 속한 나라의 시스템 자체가 그렇게 굴러가도록 이미 만들어져 있어서 그것이 가능하다(물론 제국들이 그렇게 만들었다). 하여 가만히만 있어도 저절로 아무렇지도 않게 모든 일이 그런 식으로 술술 굴러간다. 그렇게 모든 것이 자식들에게 전승되고 그러면 자식들은 아무런 노력 없이, 그리고 아무런 자질이 없어도 승승장구한다.

이것은 어쩔 수 없는 자연스러운 귀결이다. 극심한 불평등이 활개를 치는 사회에서는 극히 당연한 결말이다. 불평등은 사람들을 둘로 나눈다. 귀족과 노예로! 그리고 그 선은 절대로 넘어갈 수 없다. 그 경계를 넘어갈 수 없는 신분제 사회, 그게 바로 세습사회다. 부모의 것이 자식에게 그대로 대물림되는 사회. 그리하여 있는 놈만 결혼하고 있는 놈만 집 사고, 있는 놈만 좋은 대학 가고, 있는 놈만 좋은 직장 갖고, 있는 놈만 부와 높은 소득 얻는다.[427] 그것은 뒤집을 수 없다. 어쩌다 이런 사회가 되었는가? 그러니 아메리칸 드림은 없어졌다. 아메리칸 드림의 진수는 자수성가니까. '빽' 없이도 노력만 하면 뭔가를 성취하는 것을 말하는 것이니까.

그러나 불행하게도 기울어지다 못해 거의 90도의 수직 낙하된 운동장은 한번 삐끗하면(주로 부모 잘못 만나면) 도저히 헤어 나오지 못하는 그런 절망의 늪이 되어버렸다. 한번 이긴 자는 승자독식에 이어 계속해서 승자가 되는 연승의 게임. 반면, 그곳에서 옴짝달싹할 수 없는 이들은 서서히 익어가는 끓는 물속 개구리처럼 그렇게 익어가고 나중엔 단말마의 비명조차 지를 수 없는 운명을 맞이하게 된다.[428]

이처럼 세습사회, 신분제 사회는 한번 고착되면 어지간해서는 헤어 나올 수 없는 지하의 감옥과 같은 것이라 그 조짐이 보일 때 바로 척결

하는 게 답이다. 정녕 그것은 민주주의 사회의 적이기에 그 싹이라도 보이면 바로 제거해야 마땅하다. 사소한 하나라도 우습게 알고 용인했다가는 큰코다치고 만다. 그러나 지금 미국 사회는 그 도를 넘어버렸다. 무슨 짓을 자행해도 아무도 토를 다는 이 없는, 서방에 위치한 고요한 아침의 나라, 그런 순응의 나라가 되어버렸다. 법이고 나발이고, 오직 닥치고 돈과 권력이 최고인 세상. 서로 야합하고 서로 뒷배를 봐주고 세세토록 해먹는 빌어먹을 세상이 되어버렸다. 나머지는 시궁창과 같은 삶 속에서 헤어 나올 엄두도 감히 내지 못하는 세상이 되어버렸다.

겉으론 그 잘나빠진 능력주의, 개인주의와 세계 제1의 국가 시민이라는 미명 아래 도끼자루 썩는 줄 모르고 돈을 숭배하며 살다 결국 저 꼴이 나버렸다. 계층의 상향 이동이 도저히 일어날 수 없는 꽉 막혀버린 세상. 그것이 바로 아메리칸 드림이 사라진 세상이며, 청년들이 좌절하는 세상이며, 있는 자와 가진 자(제국)가 천하를 호령하며 자손대대로 가진 것을 향유하고 부모가 하던 짓거리를 자식 대에도 그대로 해대는 그런 나라가 돼버린 것이다.

그렇다면 한국은?

그러나 미국이 그런 나라가 되든 말든 지금 무슨 상관이랴. 내 코가 석자인데……

신분제 사회와 세습사회. 이게 미국만의 일일까? 우리나라는? 세습사회의 특징은 뭔가? 그것은 온갖 특권과 반칙의 난무이다. 자식에게 부와 권력과 명예까지 넘겨주기 위해 기를 쓰다가 그래도 혼자 힘으로 버거울 때는 기득권 세력(제국)들끼리의 서로 봐주기까지 동원하는 센스.

품앗이, 작당, 상부상조 등이 전형적으로 동원되는 방식이다. 거기엔 그들만의 리그를 공고히 하기 위한 불법과 탈법도 서슴없이 자행된다. 그래서 세습사회의 특징을 한마디로 요약하면 법치의 파탄이다. 법치란 무엇을 말하는가? 그것은 법 앞에 만인이 평등한 것을 말한다. 죄지은 자는 법대로 신분고하, 재산과 권력의 많고 적음을 막론하고 죗값을 물어야 한다. 그게 안 되면 그건 법치가 무너진 것이고 민주주의와 능력주의가 사라지고 신분에 의한 세습사회가 된 것을 의미한다.

그런 면에서 지난 6월 삼성 이재용 부회장의 구속영장 기각은 시사하는 바가 크다. 물론 세습사회의 도래를 보여주는 우리 사회 도처에서 벌어지는 제국들의 무도한 난행과 그것이 발각되었을 때 적반하장 격으로 우기기와 덮어씌우기 하는 것에 대해서 구구절절이 짚어 이야기할 거리조차 안 된다. 그래서 여기서는 그런 무도한 잔챙이 제국들이 진정으로 도달하고 싶어 안달하는 종착점에 선 제국, 즉 그들의 대표 격인 이재용 건만 언급하기로 한다.

각설하고, 이재용은 참 좋겠다. 소위 보수도, 진보도, 그 진영을 대표한다는 정권도 죄다 자기편을 들어줘서. 이전 정권, 현 정권 가리지 않고 이재용에게 친화적이어서. 고백건대 난 솔직히 법에 대해 '1'도 모른다. 그래서 이렇게 말하는 것이 정말 무식하게 들릴지도 모르겠지만, 집행유예로 중간에 풀어주는 것도 이상하고, 그렇게 풀려난 자를 수차례 대통령이 만나는 것도 이상하다. 증거가 확실히 잡힌 다른 건으로 다시 기소되어 재판을 받는 자에게 재판부가 준법감시위원회를 만들라고 권유하는 것도 이상하고, 난생처음 들어보는 수사심의위라는 걸 열어 거기서 불기소 권고를 했다는 것도 이상하고, 공장 바닥에 컴퓨터를 박아 두는 증거 인멸을 했는데도 구속영장을 기각하는 것도 정말 이상하다. 더더욱 이상한 것은 이재용의 부친 이건희 회장이 죽었는지 살았는지 국가 기관이 아직도 확인하지 않는다는 것이다. 그것은 이재용의 경영권 승계와 관련된 불법 행위 여부 판단에 더없이 중대한 사안이라고 생각되기에 그렇다. 전 정권에서 안 했다면 그렇다고 치자. 그런데 왜 정의와 공정의 기치를 내세운 문재인 정권에서는 하지 않는가?

삼성 앞에만 서면 왜 정권과 정치권과 사법부는 한없이 작아지는가? 아니 왜 삼성의 이씨 일가 앞에서만 서면 그렇게 민망할 정도로 쪼그라지는가. 대한민국에 무슨 '신新이씨 왕조'라도 있단 말인가? 이런 걸 용인하는 세습사회의 도래를 인정하겠다는 뜻인가? 만일 그렇다면 정치를 할 자격이 없는 것이고, 사법부 법정에 앉아 재판할 자격이 없는 것이며, 입법부에 앉아 법을 제정할 자격이 없는 것이다. 다들 물러나라. 왜? 세습사회는 근본적으로 법치를 부정하는 사회이기 때문이다. 민주주의적인 법치의 파탄을 가져오는 사회이기 때문이다. 법치의 파탄을 방치하거나 유발한 자들이 어찌 법을 제정하고, 법에 의거해 판단을 내리고, 법에 의해 정치를 한다는 말인가? 실로 역겹다.

왕조를 넘어 절대로 넘어지지 않는 제국으로 우뚝 선 기득권 세력들. 감시와 제재, 그리고 저항은커녕 그들을 방치하고 그러다 못해 물심양면으로 조력하는 사이 한국의 청년들은 미국의 청년들처럼 깊은 곳에서 나오는 신음을 토해내고 있다. 헬 조선! 2020년 5월 현재 청년 체감실업률은 26퍼센트로 청년 4명 중 1명은 백수다. 실제는 더 심하다. 미국과 똑같이 2008년 금융위기 이후 경력직 위주의 취업 시장 재편으로 한국의 밀레니얼 세대들은 피를 보았고, 엎친 데 덮친 격으로 이번 코로나 사태로 청년들은 또다시 직격탄을 맞았다. 오늘도 그들은 마스크를 끼고 알바 장소로, 독서실로 향하고 있다. 누가 그들의 어깨를 활짝 펴줄 것인가? 그 관건은 세습사회의 싹수를 초장에 잘라버리는 것이다. 그러려면 만인은 법 앞에 평등하다는 원칙부터 서릿발처럼 다시 세울 일이다. 그러지 않고서는 백약이 무효. 남을 것은 청년들의 분노와 신음, 그리고 국가 미래의 부재다. 나아가, 그것보다 청년들의 정신마저 썩어버릴까 더 걱정스럽다. 이들에게 법과 정의에 대해 무엇을 가르치고 지키라 할 것인가? 왜곡된 법과 정의 개념이야말로 그들을 진정으로 망하게 하는 것이다. 망조가 든 대한민국을 미래 세대에게 물려줄 수는 없다.

19

유나이티드 스테이츠에서
언유나이티드 스테이츠로
- 불평등의 심화가 불러온 분열

캘리포니아 주지사가 건드린 뇌관 - 캘리포니아는 국가이고 싶어!

영국의 역사학자 제임스 브라이스James Bryce(1838~1922) 자작子爵은 1887년에 쓴 『미연방The American Commonwealth』에서, 캘리포니아는 "많은 측면에서 전체 연맹 중에서 가장 월등하고, 그 어떤 주보다 세계에서 홀로 우뚝 설수 있는 위대한 나라의 성격을 지녔기에 내가 기꺼이 거주하고픈 주"라고 썼다.

그런 존재감과 자신감의 발로인지는 모르겠으나 코로나19 이후 캘리포니아가 미심쩍은 행보를 보이고 있다. 주지사인 개빈 뉴섬Gavin Newsom의 입에서 미합중국주의자라면 귀에 거슬릴 만한 말이 자주 오르내리고 있기 때문이다. 그는 캘리포니아를 '주state'가 아닌 '국nation'이라고 입버릇처럼 되뇐다. 그의 표현으로는 '캘리포니아국California nation-state'이다. 원래부터 트럼프와 각을 세우고 있는 뉴섬 주지사가 코로나 이후 무능하

개빈 뉴섬 캘리포니아 주지사
〈출처 : Amir Aziz / Shutterstock.com〉

고 무책임한 트럼프의 코로나 대처에 열불이 나서 트럼프에게 더 날을 세우려 그러는 것인지는 확실치 않으나 어쨌든 주지사가 저런 말을 자주 입에 오르내린다는 것에 많은 매체가 주목하고 있다. 이것이 부담스러웠는지 뉴섬 지사는 4월 13일 자신의 발언은 세계 5위의 경제와 미국의 20여 개 주를 합한 수보다 많은 인구를 지닌 캘리포니아의 '규모와 범위'를 감안해 한 발언이라며 확대 해석을 경계하며 한발 물러섰다.[429]

그러나 바로 그 규모와 범위에서 존재감 있는 캘리포니아 주지사가 한 발언이기에 아무렇지 않게 넘길 수만은 없는 것 또한 사실이다. 게다가 이것을 필두로 해서 불길한 조짐들이 여기저기서 보이고 있는 미국이기에 그렇다. 그 불길한 조짐이란 바로 분열이다. 미합중국The United States of America라는 말이 무색해질 정도로 분열된 모습이 현재의 미국이다. 그래서 나는 이 모든 것을 고려해 미국을 '미분열국The Un-united States of America'

으로 부르고 싶은 강한 유혹을 느낀다.

이참에 갈라서자

2001년부터 《로스앤젤레스 타임스》의 칼럼니스트로 활동하고 있는 스티브 로페즈Steve Lopez는 지난 4월 다음과 같은 인상적인 제목의 칼럼을 썼다. "코로나로 한 가지 분명해진 사실 : 이참에 갈라서자"[430]라는 글의 요지는 간단하다. 코로나 사태가 터지고 미국의 민낯이 드러났다. 그런데도 아직 정신 못 차리는 지도자(트럼프를 가리킴)와 미국인들이 즐비하다. 그걸 계속 보는 것도 이젠 지긋지긋하다. 더는 못 버티겠다. 참는데도 한계가 있다. 이젠 때가 된 것 같다. 연방을 해체하고 각자 갈라서자. 50개 주를 성향에 따라 3개 또는 2개로 나누자. 3개의 국가로 나눈다면 다음과 같이 이름 지으면 될 것 같단다. '미국우선공화국The Republic of America First(트럼프의 외교정책 노선 '미국우선주의'를 빗댄 것)', '신과 총의 연방The Commonwealth of God and Guns(보수주의자들을 지칭한 것)', 나머지 하나는 '오합지졸 연합 피난처The Federated Sanctuary of Huddled Masses(구심점 없는 진보주의자들을 일컬음)'로 맨 뒤는 자신이 살고 있는 캘리포니아에 수도가 위치했으면 좋겠다고 피력했다. 어쩌면 이렇게도 이름을 그럴듯하게 지었을까. 그러면서 당장 3개로 나누는 것이 어려우면 이른바 '레드 스테이트(공화당 지지 우세 주)'와 '블루 스테이트(민주당 지지 우세 주)'로라도 나뉘었으면 좋겠다며 이참에 확실히 이혼장에 도장을 찍자고 역설한다. 그러면서 뉴섬 캘리포니아 주지사가 변죽을 울리고 슬쩍 빠졌던 그 '캘리포니아국'을 아예 공식화하자며 칼럼을 맺는다. 미 연방으로부터 독립을 선언해서 따로 살자는 것이다.

유력 매체의 사설이 저렇게 나왔다는 것은 무엇을 말하는가? 지금 미국이 정치적으로 상대방을 완전히 적으로 규정할 정도로 감정의 골이 깊이 파여 있다는 것을 의미한다. 상대방에 대해서는 신물이 날 정도가 되었다는 것이다. 그러니 아예 '쿨'하게 갈라서자는 말이 나올 터.

뭉치면 죽고, 흩어지면 산다! – 마스크가 가른 미국 정치 지형

1768년, 필라델피아의 변호사이자 정치가였던 존 디킨슨^{John Dickinson} (1732~1808)이 남긴 유명한 말이 바로 "뭉치면 살고, 흩어지면 죽는다^{by uniting we stand, by dividing we fall}."이다. 그 뒤 독립운동의 웅변가인 패트릭 헨리 ^{Patrick Henry}(1736~1799)와 에이브러햄 링컨^{Abraham Lincoln}(1809~1865)이 그 말을 인용해 유명한 연설을 한 뒤, 경구가 되다시피 한 저 문구는 250여 년이 지난 지금 거꾸로 사용될 정도로 색이 바래버렸다. 왜냐하면 이제는 "뭉치면 죽고, 흩어져야 산다^{Divided we stand, united we fall}."라는 말이 더 많이 회자되고 있기 때문이다.

그 정도로 지금 미국은 절망적으로 분열되었다. 물론 미국은 여러 인종이 모여 사는 소위 '인종의 도가니^{melting pot}'이니만큼 생각이 다르고 문화가 다르고 정치색이 달라 서로 갈등하고 증오하고 싸우는 게 당연하다. 그러나 그때마다 디킨슨이 남긴 저 말처럼 통합해서 위기의 고비를 넘기곤 했다. 그러나 앞서 내가 여러 번 지적했다시피 이번엔 양상이 많이 다른 것 같다.

어쨌든, 역사적으로 볼 때 미국은 대선을 끼고 크게 세 번의 거대한 분열 양상을 보였다. 1860년 대선을 앞두고 미국은 노예제의 장래를 두고 싸웠다. 그것은 남북전쟁으로 이어졌다. 1932년 대선에서는 대공황의 대처 방안을 놓고 진영 간의 대립이 격화되었다. 1980년 대선에서는 경제에서 정부의 역할을 두고 진영 간의 심한 갈등이 있었다. 그리고 이제 2020년 대선이다. 이번엔 무엇을 놓고 진영 간 대립이 벌어지고 있을까? 힌트는 코로나다. 눈치 빠른 독자라면 대번에 답을 댈 수 있을 것이다. 답은 마스크다.

그런데 그 이야기에 앞서, 어떤 이들은 코로나 사태와 조지 플로이드 사망 사건으로 많은 사람들이 시위에 나오는 걸 보면 미국의 정치적 양극화(진영 간의 극심한 대립)가 깨진 것 아니냐는 견해를 피력할 수도 있다. 미국의 정치 매체《더 힐The Hill》이 그런 분석을 냈다. 전통적인 트럼프 지지층인 백인 가톨릭교도들의 지지가 지난 3월엔 60퍼센트였는데 코로나를 거치면서 37퍼센트로 떨어진 것을 두고 코로나가 혹시나 정치적 양극화라는 거대한 빙산에 금이 가게 했을 수도 있다는 분석이다.[431] 그러나 내가 볼 때 이런 진단은 섣부른 것이다.

그렇게 보는 이유는 이렇다. 정치 진영 간의 골은 코로나 이전에도 이미 깊이 파여 있었다. 즉, 하루 이틀 문제가 아니라는 것이다. 이미 과거에도 "확실히 갈라서자. 그게 우리가 사는 길!"이란 말이 계속해서 나왔던 게 저간의 미국 사정이다.[432] 양쪽 진영끼리의 증오와 반목도 소외와 허탈을 느낄 정도로 극에 달해 있었다.[433]

물론 코로나로 트럼프 선호도가 약간 떨어진 듯 보인다. 하지만 여전히 트럼프의 국정 수행 지지도는 45퍼센트로 정권 초기의 44퍼센트에 비하면 변함이 없다. 오히려 코로나가 더 양극화를 심화시켰음을 보여주는 조사도 존재한다. 이번에 양쪽을 가르는 것은 마스크에 대한 것이다. 카이저재단Kaiser Family Foundation 여론조사 결과를 보면 5월 현재 민주당 지지자 89퍼센트가 집 밖에서 마스크를 착용했고 공화당 지지자는 58퍼센

트만 착용했다.[434]

어쨌든, 코로나 이전이든 이후든 분열된 정치적 지형은 더욱 공고화
되고 있다. 내가 볼 때 이러한 갈등의 골은 시간이 갈수록 고조되면 됐
지 사그라들지는 않을 것이다. 그것은 전례가 없는 것으로 격화되고 있
다.[435] 이를 두고 여론조사기관 시빅사이언스^{CivicScience}의 존 딕^{John Dick}은
"정치적 종족주의^{political tribalism}"가 미국을 지배하고 있다며 "정치적 종족
주의야말로 미국에서 무슨 일이 벌어질지를 거의 다 예측할 수 있는 가
장 강력한 힘"라고 분석한다.[436] 한마디로 '정치적 종족주의'는 미국이
갈기갈기 찢어져 분열되었다는 것을 상징적으로 압축하는 용어인 것이
다. 그러니 트럼프가 끝까지 마스크를 쓰지 않고 등장하고, 성공회 교회
앞에서 안에 들어가지도 않고 성경을 들고 사진 찍고 오는 장면을 대중
에게 노출하고 있는 것이다. 철저히 종족화된 정치 지형에서 자기 진영
의 지지자들을 결집시키기 위한 전략적 행위의 일환이다.

아직도 끝나지 않은 남북전쟁

미국의 남북전쟁(1861~1865)은 아직도 진행 중이다. 조지 플로이드 사
망 사건을 계기로 일어난 항의 시위가 남부연합을 역사에서 지우는 역
사 전쟁으로 번지고 있기 때문이다. 노예제를 고수하려 했던 남부연합의
대통령과 장군들의 동상이 철거되거나 훼손되어 땅바닥에 나뒹굴고 있
다.[437]

남부연합군의 깃발인 연합기도 퇴출될 운명에 놓여 있다.[438] 미 해병
대는 부대 내에서 연합기의 게양을 금지했다.[439] 미 육군도 모든 부대 내
에서 게양을 금지하는 명령을 발동할 것으로 알려지고 있다. 이와 아울

러 마크 에스퍼 Mark Esper 국방부 장관은 남부연합의 지도자 이름을 딴 미군기지 열 군데의 명칭을 변경할 용의가 있음을 시사했다.[440]

이런 일이 지금도 벌어진다는 것은 역설적으로 아직도 남북전쟁이 지속되고 있다는 것을 의미한다. 저렇게 남부연합기가 사라지고, 남부연합군 지도자와 병사들의 동상과 상징물이 철거되고 훼손되는 것을 보면서 환호하는 이들도 있지만, 속이 부글부글 끓고 있는 사람들도(이런 이들에게 요샛말로 '샤이' 자를 붙여야 하나? 물론 대놓고 불만을 표하는 KKK단 같은 극렬 백인 우월주의자들도 있지만 말이다.) 적지 않게 있다. 그러니 연합기가 퇴출되고 동상들이 쓰러뜨려진다고 해서 미국인이 모두 한목소리를 내고 있으며 동화되고 있다고 생각하면 크나큰 오산이다. 이것은 그런 이들의 대표자인 트럼프가, 에스퍼 국방부 장관이 미군 기지의 명칭 변경 의사를 표명하기 무섭게 단박에 제동을 건 것을 보면 확실해진다.[441]

심지어 현대 미국에서는 매우 보기 힘들었던 일도 벌어지고 있다. 시위대가 자치구 autonomous zone (카즈 CHAZ 라고 불림)를 선포한 곳도 있다. 워싱턴 주 시애틀이다. 이들은 경찰을 몰아내고 경찰서를 점거한 뒤 '시애틀 경찰서 Seattle Police Dept.' 현판을 '시애틀 시민서 Seattle People Dept.'로 바꿨다. 사실상 무정부 상태인 것은 맞지만 실질적으로 그 내부는 그렇게 무질서했던 것 같아 보이지는 않는다. 약간의 긴장감은 돌았지만 대체로 축제 분위기였다고 한다.[442] 분열의 끝에 이런 일종의 해방구까지 등장했고 해당 지역의 주지사와 시장은 이들의 역성을 들고 있으니 실로 난세는 난세다.[443] 시애틀 자치구는 한 달이 넘은 7월 1일 경찰이 마침내 해산시켰다.[444]

분열 중인 미국

이런 분열은 단지 정치적·인종적으로만 일어나는 게 아니다. 지역적으로도 일어나고 있다. 물론 이런 분열과 갈등은 코로나 이전부터 점증되고 있었다. 지금은 거의 임계점에 달하고 있다. 앞서 언급했듯이 미국을 공간적으로 크게 나누어볼 때, 레드 스테이트와 블루 스테이트로 분할해 볼 수 있다.[445] 그런데 이런 지형적 분류는 솔직히 장님이 코끼리 다리 만지기 식이다. 현재 미국의 지역적 갈등 양상과 지형은 보다 더 복잡하다. 그리고 복잡성은 최근 수십여 년에 걸쳐 더욱 현저해졌다. 그럼에도 불구하고 공간적·지리적인 분열과 갈등의 양상은 몇 가지 특징을 보인다.

첫째, 파편화의 편재성이다. 분열과 갈등은 미국 전 지역에 고루 편재해 있다. 심지어 동일 지역 내에서조차 그러하다. 같은 주 안에서도 농촌과 도시 지역 간의 양극화가 심화되었다. 서로가 시로를 증오하고 있다.[446] 도시 외곽인 농촌 지역 내에서도 지역 간에 양극화 현상이 보인다. 반목과 시기의 정서가 팽배하다.[447] 또한 도시들 간에도 양극화가 진행 중에 있고,[448] 같은 도시 내에서조차 분열과 갈등은 고조되고 있다.[449] 가히 홉스 Thomas Hobbes가 말한 '만인 대 만인의 투쟁 Bellum omnium contra omnes'이란 유령이 미국을 집어삼킨 것처럼 보일 만큼, 그렇게 미국은 현재 분열 중이다.

둘째 특징은, 대체로 그런 분열이 정치색과 맞물리는 경향이 더욱더 짙어진다는 것이다. 예를 들어 도시와 농촌 간의 분열을 보자. 이러한 분열은 사실 과거에도 존재했다. 그러나 최근의 경향은 그 강도가 더 세며, 정치적으로도 훨씬 더 강한 동조화 현상을 보인다. 다음 도표를 보면, 농촌 지역과 도시 지역이 갈수록 각각 공화당과 민주당 지지로 갈리고 있음을 알 수 있다. 심지어 농촌 지역은 공화당과 민주당 지지가 서로 엇비

더욱 뚜렷해지는 도시와 농촌 간 정치색

도시 지역은 갈수록 민주당 지지가, 농촌 지역은 공화당 지지가 강해지고 있다.

농촌

도시

출처 : 뉴욕 타임스

숫하게 엎치락뒤치락하다가 2008년 이후 공화당 지지로 완전히 돌아섰음을 알 수 있다.[450]

분열 뒤에 숨은 으스스한 그림자, 불평등

그렇다면 왜 미국에서 분열이 이렇게 극대화되고 극렬해지는가? 나는 그 기저에 불평등의 심화가 자리 잡고 있기 때문이라고 본다.

앞서 언급했듯 미국은 여러 민족과 인종이 모여 사는 '도가니'다. 그만큼 이질적 사회다. 그런데 그런 이질적 요소를 통합시키는 뭔가가 반드시 있어야 서로 공존할 수 있다. 사회학자 탤콧 파슨스^{Talcott}

Parsons(1902~1979)는 이것을 "가치의 일반화^{value generalization}"라고 말했다.[451] 그것은 상이한 여러 가치들을 뭉뚱그리고 한데 아우르는 상위의 가치를 말한다. 예를 들면, 인종과 성별보다는 인간이라는 개념을 더 우위에 두는 가치를 말한다. 더 구체적인 예를 들어보자. 미국에는 한국계, 일본계, 독일계 등의 다양한 민족적 배경의 범주가 있다. 그러나 그것보다는 뉴요커(뉴욕 시민), 보스터니언(보스턴 시민)이 더 상위의 범주와 개념이다. 그리고 이들을 다 아우르는 일반화된 가치를 지닌 포괄적 개념과 범주가 있으니 그것은 바로 미국 시민이다. 미국인들은 이 포괄적이고 일반화된 개념으로 하나가 될 수 있었다. 물론 자기의 민족적 배경은 희생하고서 말이다.

그렇다면 미국인들이 각자의 민족적 뿌리를 고집하지 않고 희생하면서 얻으려 했던 것은 무엇일까? 바로 '아메리칸 드림'이다. 그런데 이제 그렇게 '희생해봐야 나만 손해'라는 생각이 미국인들에게 팽배하다. 그 명확한 증거가 바로 극심한 불평등이다. 그러니 통합과는 거리가 먼 분열된 미국으로 향하고 있는 것이다. 상위 1퍼센트(제국)에게만 가능한 아메리칸 드림. 나머지는 아메리칸 드림이 뭔지 모르는 비참한 상태에 놓인 것이 바로 분열의 주된 동력이다. 그러니 그 애지중지 간직하고 자랑스러워하던 미국 시민임을 내팽개쳐버려도 상관없다는 듯 미국을 해체하고 각자 갈라서자는 말까지 공공연하게 나오고 있는 것이다. 실로 격세지감이다.

향후 관전 포인트

여기서 주의할 점 세 가지가 있다.

더 벌어지는 격차 - 소득 불평등의 지니계수

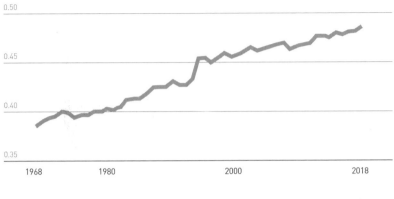

출처 : 미국 인구조사국 / 블룸버그

2007년(금융위기) 이후 인플레이션을 감안한 소득 분위별 재산의 변동 추이

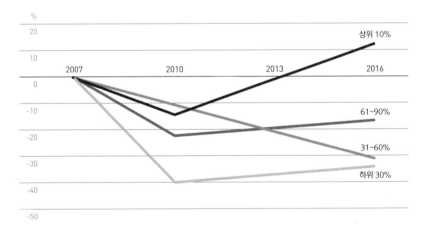

하위 90%는 2007년보다 더 가난하다. 상승곡선을 탄 것은 상위 10%로, 그들의 승승장구는 곧 불평등의 심화를 의미한다.

출처 : 워싱턴 포스트

첫째, 상식과는 달리 어떤 사람이 처한 위치와 정치적 선호의 대칭이 안 맞을 수 있다. 말하자면, 잘사는 이가 보수, 못사는 이가 진보, 이런 식이 아니라 거꾸로일 수 있다는 점을 명심해야 한다. 이것을 이해하는 것은 그리 어렵지 않다. 마치 우리나라에 강남좌파가 있고, 오히려 저소득층에서 보수 성향인 사람이 많은 것과 같은 이치다. 단, 여기서 놓치지 말아야 할 것은 미국에서 벌어지고 있는 분열의 양상, 반목과 갈등의 고조, 불만과 좌절의 급증은 불평등의 심화와 궤를 같이한다는 점이다. 그리고 그 불평등의 원인이 모두 상대편 진영에서 비롯된다고 생각하기에 그 문제에 대한 진단과 처방이 그릇될 수 있다는 사실 또한 분명히 인식해야 할 필요가 있다.

둘째, 분열 뒤에 따를 전쟁 발발 가능성이다. 그것은 당연하다. 집단 내에서 갈등이 고조될 때 그것을 해소하는 방법 중 하나는 전쟁이다. 내부 또는 외부의 적과 싸우는 것이다. 미국은 과거 남북전쟁이라는 내전과 제2차 세계대전이라는 전쟁을 치른 전력이 있다. 이번에도 모르는 일이다. 그래서 촉각을 곤두세우고 지켜볼 일이다.

마지막으로, 이러한 '극심한 분열의 최후 승리자는 누구인가?' 하는 점이다. 한 가지 분명한 것은 분열의 당사자들은 승자가 될 수 없다는 점이다. 그들은 모두 처절한 피해자가 될 뿐이다. 그럼 일반 대중(국민)들이 서로 분열하면서 반목하고 증오하며 갈등하는 사이, 그 뒤에서 웃을 이들은 누구인지 정확히 파악하는 지혜가 필요하다. 나는 그들이 극심한 불평등을 유발한 자들이며, 이러한 분열(단순한 시위만을 말하는 게 아니다.)을 뒤에서 교묘히 기획, 조정, 부추기는 자들이라고 추정한다. 그들은 겉으론 이런 모든 일에서 아무런 관련이 없는 것처럼 보이나 사실은 자신들에게 돌아올 화살을 저런 분열을 통해 다른 곳으로 돌린다. 그러곤 자신들의 탐욕을 마음껏 충족한다. 나는 그들을 '제국'이라 부른다. 그들의 철칙이 있다. 이름하여, 분할 통치divide and rule!

그런 제국엔 월가가 우두머리로 군림한다. 그런 월가의 하수인 역할을 하고 있는《월스트리트 저널》의 사설을 소개하면서 글을 맺고자 한다. 6월 8일 자 사설의 제목은 "적들은 미국을 약하고 분열된 것으로 본다. 그러나 그것은 오산이다. 작금의 시위는 미국이 지속적인 강점을 지녔다는 것을 보여준다"였다.[452] 미국의 시위를 그저 고질적인 인종차별의 문제로만 축소 왜곡하며 동시에 장점으로 치켜세우고, 적에 대한 경고도 날리는 애국으로 살짝 분칠한 이 사설. 나는 여기서 제국들이 현재 미국의 분열을 관망하는 태도를 본다. 이것은 그야말로 무책임한 유체이탈 화법의 태도다. 미국이 이 지경이 되는 데 혁혁한 공을 세운 주범과 그 하수인들이 자신들은 아무 상관 없는 양 유체 이탈 화법을 쓰고 있는 데서 나는 그들의 간악무도함을 본다. 그 말할 수 없는 간교함을······.

20

바이든의 본거지 델라웨어는
어떻게 돈세탁의 천국이 되었나

'중산층 조Joe'가 어쩌다 갑자기 부자가 되었나

다음 미국 대선에서 바이든과 트럼프 중 누가 될 거 같으냐고 묻는 이들이 주위에 많다. 현직에 있는 트럼프를 비판하는 글을 많이 내보내서 그런지 트럼프보다는 바이든이 더 낫지 않겠느냐며 바이든이 될 가능성을 내게서 확인받고 싶어 하는 이들이 요새 부쩍 는 게 사실이다. 그러나 한 마디로 말하겠다. 나는 누가 되든 아무 관심이 없다. 그 이유는 누가 되든 현재로서는 별반 다를 게 없기 때문이다.

조 바이든Joe Biden 이야기로 시작을 해보자. 바이든은 스스로 자신을 "중산층 조Middle class Joe"라고 부를 정도로 재산이 별로 없었다. 상원의원 일 당시 의원들 중 재산 신고를 하면 늘 꼴찌 언저리였다.[453] 그랬던 그가 2017년 1월 부통령 자리에서 물러나고 난 뒤 2년 만에 상류층으로 올라설 만큼 엄청나게 재산이 늘었다. 2년 동안 1,560만 달러(약 187억 원)

를 벌어들였다. 2016년 재산 신고 때는 자산보다 부채가 더 많아서 그야 말로 깡통이었는데 퇴임 후 2년 뒤에 빚은 온데간데없고 재산이 폭발적 으로 증가했다. 모두 고액 강연과 저서 출간으로 인한 인세 수입이었다. 그런데 바이든은 그런 고액의 수입을 올렸으면서도 그가 속한 델라웨어 주엔 단 한 푼의 세금도 내지 않았다.[454] 물론 합법적으로 말이다. 어떻게 이런 일이 가능했을까?

파나마는 잊어라, 델라웨어가 있으니!

파나마는 케이만군도와 함께 조세 회피처로 유명하다. 바이든의 본거지 인 미국의 델라웨어주도 그 반열에 들어선 지 오래됐다. 조세 회피 천국 이 된 델라웨어주의 환경을 십분 활용해 바이든이 세금은 안 내고 부를 쌓았다. 도대체 무슨 말일까?

바이든의 구체적인 절세 방식은 조금 복잡하다. 그러나 단순화해 이 야기하면 그리 복잡할 것도 없다. 바이든이 실제적으로 면세를 받기 위 해 작동시킨 것이 바로 셀 컴퍼니shell company, 즉 우리식으로 이야기하면 페이퍼 컴퍼니 설립이다. 그것을 통해 돈이 들어갔다 나오면 세금을 안 내도 된다. 페이퍼 컴퍼니는 껍데기만 회사 형식을 띠었을 뿐 실제로 회 사가 아닌 유령회사다. 그런 유령회사를 바이든은 두 개를 만들었다. 이 름은 셀틱카프리CelticCapri와 지아코파Giacoppa로 일명 "S-법인"으로 불린 다.[455]

바이든과 부인은 이 페이퍼 컴퍼니를 뚝딱 만들어서 강연료와 인세 를 그곳에 집어넣고, 거기서 배당(급료)을 받는 방식으로 사회보장세Social Security Tax와 메디케어세Medicare Tax를 한 푼도 안 냈다(둘 다 합쳐 15.3퍼센트의 세

자신의 부는 페이퍼 컴퍼니를 통해 은밀히 숨기면서 금융 투명성을 역설하는 조 바이든
〈출처 : Oscar Ivan Lopez / Shutterstock.com〉

금). 그런 유령회사를 세워서 거기에 돈을 넣었다가 돈을 빼(받)는 방식을 취하면 세금을 안 내는 것이 허용되는 게 델라웨어주법이니 어찌하겠는가?[456] 그런 법을 만드는 데 바이든이 크게 일조했다. 말하자면 그런 걸 모르고 그렇게 못 하는 사람만 바보인 게다. 덧붙여 그런 페이퍼 컴퍼니를 만들면 수입원도 추적이 불가능하다. 왜냐하면 그 페이퍼 컴퍼니의 실소유주 이름을 등록하지 않아도 되기 때문이다. 그 회사(실제로는 돈)의 실소유주, 업계 용어로는 수익 소유주beneficial ownership를 밝히지 않게 되어 있다.

델라웨어주는 이런 소유주가 익명인 유령회사를 1시간 안에 뚝딱 만들 수 있으며, 아무런 증명 서류를 낼 필요가 없다. 운전면허증과 도서관 출입증을 만드는 것보다 더 쉽다. 이것을 허가해주는 법원은 밤 12시까지 문을 연다. 그래서 '파나마를 잊어라!' 하며 새로운 조세 회피처tax haven로 델라웨어주가 등극한 것이다.[457] 조세정의네트워크Tax Justice Network

에 따르면 2015년 현재, 자산 은닉과 동시에 세금을 피하고 싶은 이들의 최고 피난처 순위는 스위스, 홍콩에 이어 미국이 3위를 차지했다.[458]

델라웨어 구멍

델라웨어주 인구는 2019년 현재 약 97만 명이다. 그러나 델라웨어주에는 인구보다 더 많은 회사가 들어서 있다. 2018년 말 현재 140만 개 회사가 등기를 해놓고 있다. 해당 연도에만 21만 6,005개 회사가 등기를 새로 했다. 전년 대비 8.8퍼센트 증가했다. 미국 주요 기업 500개 중 67.2퍼센트가 델라웨어주에 등기했다.[459] 미국 공개 기업의 50퍼센트 이상이 델라웨어가 법적 고향이다.[460] 이런 수치는 해가 갈수록 증가하고 있는 추세다. 애플, 월마트 등의 내로라하는 기업들이 앞다투어 델라웨어에 회사를 설립하려는 데는 다 이유가 있다.

그 이유는 델라웨어주에 붙은 별명에서 힌트를 얻을 수 있다. 별명은 다름 아닌 "델라웨어 구멍 Delaware Loophole"이다. 루프홀 loophole 은 구멍, 허점, 맹점 등을 가리키는 말이다. 도대체 무슨 구멍일까? 한마디로 말하면 돈 많은 이들과 뒤가 구린 이들이 찾을 수밖에 없는 구멍을 말한다. 떳떳한 이들은 눈도 돌리지 않을 곳이란 이야기이다. 그럼 델라웨어 구멍에선 도대체 무슨 일이 일어나고 있는 것인가?

첫 번째는 조세 회피다. 이것은 앞서 바이든이 취한 절(탈)세 방식에서 그것이 실제적으로 어떻게 작동하는지를 살펴봤다. 명목상 델라웨어주 법인세율은 8.7퍼센트이다.[461] 그러나 회사가 주 안에서 사업을 하지 않는다면 법인세를 부과하지 않는다. 또 무형자산 intangible assets (특허권, 상표권, 상호권, 실용디자인권 같은 산업재산권, 광업권, 저작권 등의 자산)에도 과세를 하지 않는다.[462] 그래서 구멍이라는 것이다. 이런 허점을 이용해서 개인과 회사들이 절(탈)세를 위해 너도나도 델라웨어에 회사(본사 혹은 자회사)를 설립하고자 쇄도하는 것이다. 그리고 이렇게 델라웨어주에서 법인세를 한 푼도 안 내는 회사들은 다른 주에서도 세금을 덜 낸다. 델라웨어주에 회사를 설립함으로써 이중으로 절세 혜택을 누리는 것이다. 예를 들면 이렇다. 어떤 회사가 델라웨어에 자회사를 차린다. 그리고 거기에 무형자산을 이전한다. 예를 들면 상표 같은 것이다. 이 회사는 델라웨어주 이외의 다른 지역에서 해당 상표를 사용하기 위해 델라웨어의 자회사에 로열티 비용을 지불한다. 무형자산은 델라웨어주에서는 과세 대상이 아니니 세금 한 푼 안 낸다. 그리고 다른 지역(주)의 회사에서는 로열티 비용을 공제받고 절세하는 식이다. 이래서 듀크 대학교[Duke Univ.] 경영대학의 스콧 디렝[Scott Dyreng] 교수는 "델라웨어는 역내 세금 피난처"라고 단언한다.[463]

돈세탁

두 번째로 델라웨어 구멍에선 온갖 부정한 돈[illicit money]의 세탁이 이루어진다. 그래서 전 세계의 검은돈이 모인다. 전 세계의 더러운 돈들의 저수지인 셈이다. 그러곤 세탁이 되어서 나간다. 미 재무부에 따르면 매해 미국서 약 3,000억 달러(약 360조 원)가 세탁되는 것으로 알려졌다. 그러나 이것은 그냥 어림짐작일 뿐 실제는 몇 배에 이를 것으로 추산된다.[464] 돈세탁은 대개가 이런 페이퍼 컴퍼니를 통해 이루어진다. 그런 돈이 실제로 누구의 것인지 아무도 모른다. 그러니 그런 부정한 돈이 속속 저수지로 흘러들 수밖에.

어떻게 이런 일이 벌어질까? 그런데 그 이유를 알고 나면 아연실색할 수밖에 없다. 이것은 단지 델라웨어만의 문제가 아니기 때문이다. 왜냐하면, 델라웨어주뿐만 아니라 미국 법 자체가 수익 소유자의 공개를 요구하지 않는다. 델라웨어주는 거기에 매우 충실할 뿐만 아니라 페이퍼 컴퍼니 설립을 아무런 조건 없이 수수료 조금 받고 뚝딱 해주고, 거기다 면세까지 해주니 페이퍼 컴퍼니를 통한 돈세탁용 불법 자금이 미국은 물론 전 세계 각지에서 몰려들고 있는 것이다. 물론 은행의 비밀 유지는 곁다리로 제공된다.

그런데 웃기는 게 뭔지 아는가? 미국 은행은 모든 의심스러운 돈의 흐름이 포착될 경우 즉각 사법 당국에 보고하게 되어 있다. 단, 예외가 있다. 로펌(법률회사), 부동산회사, 미술상, 주식회사, 비은행 금융기관의 돈 흐름은 보고를 안 한다. 그러니 더러운 돈의 천국이 된 것이다. 이런 쪽에 관심 있는 자들이라면 자신의 정체를 노출시키지 않고 은밀하게 돈세탁을 할 수 있으며 게다가 면세까지 받는 곳을 어느 누가 마다할 것인가. 일반 국민들의 푼돈은 단 한 푼도 그 흐름을 소상히 꿰뚫고 추적하면서, 돈 많은 부자들의 돈 흐름에는 눈도 꿈쩍 안 하는 저 치밀한 부당함!

래니 브로어 Lanny A. Breuer 법무부 범죄 담당 검사는 다음과 같이 말한다.

> 페이퍼 컴퍼니는 불법 자금을 세탁하고 범죄 수익을 거둘 수 있는 최고의 수단이다. 이것은 범죄 정의에 있어 심히 중대한 문제이다. 어떻게 범죄자가 백주에 페이퍼 컴퍼니를 세우고 은행 시스템을 쉽사리 이용할 수 있단 말인가. 우리는 이것을 반드시 중지시켜야만 한다. "465

이렇게 델라웨어에는 불법 자금들이 흘러들어 돈세탁이 되고 새로운 투자처나 뇌물, 정치 자금, 로비 자금, 그리고 해외 등으로 다시 흘러나가거나 잠시 멈추어 있다. 그러니 미국은 물론 전 세계의 독재자들과 부정 축재자들의 돈이 이리로 흘러드는 것이다. 그들에게 세상천지에 이곳보다 더 안전한 곳이 있을까. 가히 그들에게는 천국이 따로 없을 것이다.[466]

물론 범법자들 외에 쓰레기 정치인들도(물론 그들도 합법의 탈을 쓴 범법자들이긴 마찬가지다.) '델라웨어 구멍'으로 엄청난 부당 이익을 보고 있다. 왜냐하면 슈퍼팩(한도가 없는 정치 기부금)의 돈도 유령회사를 내세워 정치인에게 주면 누가 기부한 것인지 모르기 때문에 이런 방식이 마구 악용되고 있다. 그것은 명색만 정치 기부금일 뿐, 눈먼 돈, 즉 뇌물이나 다름없다. 그리고 페이퍼 컴퍼니의 소유주가 드러나지 않기에 들통나기도 어렵다.[467] 또 그것을 받는 정치인은 또 나름의 페이퍼 컴퍼니를 만들어 자기 재산을 불리고(바이든처럼 세금 한 푼 안 내고) 부정 축재한 재산을 노출시키지 않게 된다. 소유주가 알려지지 않은 익명의 유령회사가 델라웨어에 그렇게 많은 이유가 여기에 있는 것이다. 뒤가 구린 자들에겐(정치인 포함) 누이 좋고 매부 좋은 게 바로 '델라웨어 구멍'이다. 세상에 이런 것을 미국 동부에 합법적으로 떡하니 만들어놓았으니 말문이 막힐 뿐이다. 이러니 온라인 잡지 《글로벌리스트》는 바이든의 고향 델라웨어가, 여태껏 범법자들이 이용할 수 있게 해 비난을 받았던 스위스 은행조차도 아주 깨끗해 보일 정도로 온갖 범죄자들과 독재자들을 위한 최적의 장소가 되었다고 지적하고 있는 것이다.[468]

이런 식으로 기업을 유치하고 불법자금을 끌어들여서 얻은 델라웨어의 수익은 2011년 현재 8억 6,000만 달러(약 1조 320억 원)로 주 전체 예산의 4분의 1에 해당하는 엄청난 액수다. 페이퍼 컴퍼니를 다른 주보다 얼렁뚱땅 쉽게 설립하게 해주고 각종 수수료와 약간의 세금으로 얻는 수익이다. '델라웨어 구멍'으로 기업이 본사를 옮기거나 자회사를 차려서 절세를 하는 통에 다른 주가 피를 보게 되는 것은 당연한데, 그 피해액은 2012년 현재 기준으로 과거 10년 동안 95억 달러(약 11조 4,000억 원)에 달했다. '델라웨어 구멍' 때문에 다른 주에서 그만큼 걷을 수 있는 세수가 증발한 것이다.[469] 그 뒤 나온 자료를 백방으로 찾아보니, 2019년 6월 말 현재 '델라웨어 구멍'으로 올린 세수는 13억 달러(약 1조 5,600억 원)로 껑충 뛰었다. 델라웨어의 부당한 장사 수완이 가히 물이 올랐다는 것을 의미한다.[470]

기업들이 델라웨어로 갈 경우 세금 부담을 15~24퍼센트나 더는데 가지 않을 기업이 어디 있는가?[471] 이렇게 되니 다른 주의 피해가 막심한 것이다. 예를 들어 펜실베이니아주의 경우, 1972년 주 세수의 28퍼센트를 법인세로 충당했으나 2016년 현재 18퍼센트로 감소했고, 2020년에는 14.9퍼센트로 더 하강할 것으로 추정된다.[472] 말인즉슨, 원래 각 주에서 마땅히 거둬들일 세수가 델라웨어 때문에 새어버린 것이다. 따라서 각 주는 그만큼 재정 악화에 시달릴 수밖에 없다.

그렇다면 왜 이렇게 델라웨어 때문에 물을 먹고 있는 다른 주들은 이런 부조리한 상황의 시정을 요구하지 않고 국으로 입을 다물고 있는가? 그 첫 번째 답은, 자칫 저항의 액션(법인세 상승을 포함해서)을 취하다가 자기 주에 있는 기업마저 다 빠져나갈까 봐 걱정돼서다. 그러면 그나마 있

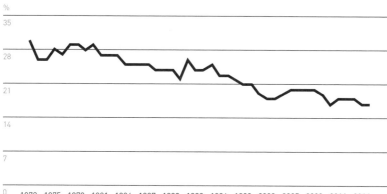

펜실베이니아주의 세수 중 법인세가 차지하는 비중의 변화 추세

출처 : 펜실베이니아 예산 및 정책 센터

는 세수입원 조차 잃게 되고, 게다가 더 큰 문제는 일자리 상실이 뻔해서
다. 두 번째는, 싱크탱크 '예산 및 정책 우선순위 센터'Center on Budget and Policy
Priorities'의 마이클 마제로프Michael Mazerov 선임연구원이 지적하듯이, 해당
주의 정치인들이 원래부터 죄다 기업 친화적business-friendly이어서 그렇다.
그러니 기업들이 '델라웨어 구멍'은 구멍대로 이용하고 다른 지역에선
세금을 감면받고 이중으로 혜택을 누릴 수 있는 것이다. 마지막은, 이른
바 다국적 기업의 무지막지한 로비다. 자신들의 탐욕을 채울 수 있는 제
도 시행을 로비를 통해서 이루었는데 그것의 시정을 가만히 보고 있을
기업들이 아니다. 이들은 '델라웨어 구멍'을 철폐하라는 요구를 철저히
압살한다. 그러니 이런 기업들과 돈세탁을 원하는 무도한 세력들은 현상
유지를 절대적으로 원하면서 동시에 이를 위해 로비스트를 고용해 지금
도 열일하는 중이다.[473] 사정이 이러하니 델라웨어 때문에 피를 보는 다

른 주들이 울며 겨자 먹기 식으로 끌려갈 수밖에 없는 것이다. 아니면 정치인들의 농간에 그리 되든지……

조세 회피 천국이 불러온 불평등의 심화

1980년대 후반 이후 미국 연방정부는 기업의 법인세 명목 세율인 35퍼센트를 변경하지 않았다. 그러나 트럼프 정부 들어 21퍼센트로 내려갔다. 기업 친화 정책 때문이다. 그러나 그것만이라도 기업들이 낸다면 그나마 다행이겠다. 그것도 안 낸다는 말이다. 앞에서 말한 조세 회피처에 회사를 세우는 등의 꼼수로 실제로 기업이 내는 법인세는 그 반으로 떨어진다. 기업이 납부해야 할 세금과 실제 징수액 간의 차이를 '택스 갭^{tax} ^{gap}'이라 한다. '공정 세 마크$^{Fair\ Tax\ Mark}$' 보고서에 따르면, 2010~2019년 10년 동안 세계 굴지의 IT 기업인 페이스북, 애플, 아마존, 넷플릭스, 구글, 마이크로소프트 등 6개 사의 택스 갭은 총 1,002억 달러(약 120조 2,400억 원)다. 그중 최악은 아마존이다. 아마존의 경우 실질 세율은 12.7퍼센트밖에 안 된다.[474]

이렇게 대기업이 내야 할 세금을 내지 않는다면 어떤 일이 벌어지는가? 그것은 바로 불평등을 더욱 가중시키는 결과를 낳는다. 우선, 기업이 내지 않는 세금을 누군가는 벌충해줘야 한다. 그 당사자는 소위 유리지갑으로 알려진 중산층들이다. 이들이 소득세, 판매세, 재산세 등의 명목으로 더 내게 돼 있다. 중산층만의 증세는 불평등의 심화와 직결된다. 만일 더 내지 못하는 상황이 되면, 주 재정이 악화되어 공공 영역, 이를테면 공립학교의 교육 등이 열악해질 수밖에 없다. 공립학교에 중산층 이하의 저소득층 자녀가 다닌다는 것을 감안할 때 이것도 불평등의 심화와 맥이 닿아 있다.

둘째로, 법인세는 자본에 과세하는 것이다. UC버클리 경제학과 교수 가브리엘 주크만$^{Gabriel Zucman}$에 따르면, 현재 미국에서 자본 과세에서 법인세가 차지하는 비중은 3분의 1에 해당한다. 나머지는 재산세 및 자본 이득에 대한 개인 과세다. 이런 상황에서 법인세를 회피하게 되면 결국 자본을 가진 소유주들만 좋은 셈이 된다. 자본 과세의 감소는 자본 소유자의 수익률 증대를 의미하고, 그것은 곧 부의 불평등 심화와 궤를 같이한다. 그래서 주크만은 "불평등이 우리 시대의 가장 큰 문제인 상황에서, 왜 우리는 그렇게 탐욕스럽고 공정치 못한 조세 회피 천국을 용인하는가?"라며 울분을 토한다.[475]

델라웨어주 윌밍턴시 노스 오렌지 스트리트 1209번지

1209, North Orange Street, Wilmington, Delaware. 이 주소엔 다음 사진에 보듯 조그만 2층짜리 건물이 있다. 놀라지 마시라. 이 주소에 세계 굴지의 기업들이 다 소재해 있으니까. 아메리칸항공, 애플, 뱅크 오브 아메리카, 버크셔 해서웨이, 카길, 코카콜라, 포드, 제너럴 일렉트릭, 구글, JP모건 체이스, 월마트, 이베이, 버라이존 등 무려 30만 개 회사가 같은 주소를 공유하고 있다. 대행사 CT 코퍼레이션$^{CT Corporation}$을 통해서다. 2012년 《뉴욕 타임스》에는 그 주소에 등기를 한 회사가 28만 5,000개였으나[476] 2018년 현재 30만 개로 늘었다는 기사가 실렸다.[477]

그런데 그뿐만이 아니다. 그 주소엔 서류상 같이 사는 이들이 더 있다. 누군지 아는가? 힐러리 클린턴(물론 남편인 전 대통령 빌 클린턴 포함)과 도널드 트럼프다.[478] 2016년 대선에서 속된 말로 머리 터지도록 싸우던 그들이 동거인이었다니. 기가 막히지 않은가?(물론 나는 당시에 이 사실을 알고 있었다.) 바이든과 마찬가지로 힐러리는 국무장관직을 그만둔 뒤 8일 만에 저 주소에 등기한 페이퍼 컴퍼니 ZFS홀딩스를 통해 2014년 한 해에만 1,600만 달러(약 192억 원)의 강연료와 인세 등을 처리해 세금 한 푼 안 내고 부자 대열에 합류한다. 물론 남편 빌 클린턴의 페이퍼 컴퍼니 WJC도 이미 2008년 같은 주소에 등기를 했다. 이런 걸 보고 부창부수라 하던가?

백인의 희망이요 자랑인 트럼프는 어떤가? 자신의 회사 515개 가운데 378개가 페이퍼 컴퍼니로 바로 저 주소지에 등기되어 있다. 대표적으로 트럼프국제경영회사^Trump International Management Corp.와 허드슨 워터프론트^Hudson Waterfront Associates 같은 회사가 힐러리와 같은 주소지를 공유한다.

멜라웨어주 윌밍턴시 노스 오렌지 스트리트 1209번지. 이 건물에 애플, 구글 등 미국의 30만 개 회사가 등기를 해두고 있다는 《뉴욕타임스》 기사 화면. 힐러리 클린턴과 도널드 트럼프도 이 주소를 공유하고 있다. 조 바이든의 주소는 이 건물 바로 옆 1201번지다.

2016년 델라웨어주 선거 유세장에서 페이퍼 컴퍼니 이야기가 나온 끝에 트럼프가 다음과 같이 이야기했다. "나는 378개 회사를 델라웨어에 법인 등기했다. 그 말은 내가 당신들 주에 세금을 엄청 많이 낸다는 뜻이다. 내가 뭘 잘못했나? 난 거리낄 게 하나도 없다."[479] 참으로 뻔뻔하다. 그런데 실제로 저 말을 곧이곧대로 믿는 순진한 이들이 미국엔 정말로 많다는 것이 더 큰 문제다.

노 호프^{no hope}! 미국 정치

그럼 바이든의 페이퍼 컴퍼니는 어디 있을까? 트럼프, 힐러리와 같은 주소는 아니지만 같은 블록 내에 있는 바로 옆 건물이다. 주소는 번지수만 다른 1201번지.[480] 힐러리와 트럼프가 서로 죽일 것처럼 악다구니를 쳤지만 자신들이 주소를 같이 공유한다는 것만큼은 건드리지 않은 것처럼, 이번 대선에서도 바이든과 트럼프는 자신들의 치명적 치부를 결코 서로 들추어내려 들지는 않을 것이다. 만일 바이든이 델라웨어에 세계 어느 지역의 조세 회피처보다 더 좋은(?) 파라다이스를 만들지 않았다면 트럼프는 절(탈)세를 할 수 없는 것은 물론이고 재산도 많이 불리지 못했을 테니까. 예를 들어 플로리다의 트럼프 타워 분양자 80퍼센트가 델라웨어에 둥지를 튼, 익명의 소유주가 소유한 페이퍼 컴퍼니이기 때문이다.[481] 이러니 나한테 바이든과 트럼프 둘 중에 누가 될지 묻지 말라는 것이다. 초록이 동색. 이렇게 썩은 이들에게 생명의 색 초록을 비유하는 게 영 못마땅하지만 말이다.

국민을 대표한다는 자들이 저렇게 썩을 대로 썩어빠졌는데 무엇을 더 기대한단 말인가. 민주당과 공화당, 진보 대 보수? 웃기지 마시라. 누가 되든 다 똑같다. 국민은 안중에 없고 오직 자신들의 안위와 배만 불릴 궁리뿐인데. 그들이 하는 것은 오직 쇼, 쇼, 쇼! 바이든과 같은 민주당 소속인 힐러리가 저랬다면, 오바마는 어땠는가? 파나마와 기타 조세 회피 지역에 대해 맹공을 펼치면서 바이든과 함께 델라웨어를 합법적인 조세 회피 천국으로 만들어 전 세계 검은돈들이 델라웨어로 흘러들게 하는

데 일조한 게 바로 오바마다. 겉과 속이 다른 전형적인 제국(극소수 부자들)의 앞잡이! 대부분의 사람들이 그를 민주주의, 그것도 흑인을 대변하는 민주주의의 사도로 알고 있으니 한심하기 그지없다.[482] 엘리자베스 워런조차도 이것에 대해 이전엔 비판하는 듯했으나 이번 민주당 대선 후보 경선에 나와선 끽소리도 하지 않았다. 계속 밀어붙였다가는 정치가들과 기업으로부터 왕따를 당할 테니 꼼수를 쓴 것일 게다.[483] 그녀에 대해 좋은 인상 갖고 있던 내가 이번에 그녀에게서 돌아선 이유다. 진정 양심이 있는 자라면, 진정 미국을 바로 세우고 싶은 자라면, 더러운 돈에 레드카펫을 깔아주고 있는 이런 미국의 조세 회피처 시스템 자체를 혁파할 것을 주장하고 실현해야 하는데 그런 이를 아무리 눈을 씻고 찾아봐도 찾을 수 없는 이 허망함.

결국 이렇게 부패한 정치권에 의해 피를 보는 것은 오로지 국민이다. 게다가 전 세계의 손가락질을 받는 부패한 나라로 낙인찍히는 오명까지 덤터기를 쓰는 것은 덤. 그런데 미국은 우스꽝스럽게도 전 세계의 독재자를 꾸짖고 마치 정의의 사도인 양 행세를 한다. 정녕 그러고 싶거든 델라웨어를 비롯한 미국 내의 모든 조세 회피처, 철통 보안의 비밀 유지[484]로 그들에게 각광을 받는 은행 방침부터 없애라. 그것을 통해 독재자들의 실명과 정체를 밝히고, 검은돈의 흐름을 만천하에 드러내는 게 그들을 향해

트럼프와 힐러리 클린턴이 델라웨어의 같은 주소에 페이퍼 컴퍼니를 두고 있음을 폭로한 《가디언》 기사 화면

엄포를 놓는 것보다 더 큰 효력이 있을 것이 분명하다. 《파이낸셜 타임스》의 사설처럼 "신형 항공모함 5척을 갖고 무력시위를 벌이는 것보다 그게 더 약발이 먹힐 테니" 미국의 민주주의를 회복하려면 돈세탁의 천국, 조세 회피의 천국인 델라웨어 구멍부터 파헤쳐 그 구멍을 메우라.[485]

그러나 미국의 정치인은 그렇게 하지 않을 게 분명하다. 그러면 자신들의 뱃속을 채울 수 없기에 국민이야 죽어나가든 말든 신경 안 쓸 것이 뻔하다. 그래야 자신들에게 온갖 뇌물과 정치 기부금을 주는 제국들의 반열에 자신들도 들어설 수 있을 테니까. 그러니 나에게 다시는 묻지 마시길. 바이든과 트럼프 중 누가 될 것 같으냐고. 나의 대답은 시종일관 같다. '어느 놈이 되든 똑같다. 그래서 난 신경 안 쓴다!' 그러나 이것 한 가지는 나도 정말 궁금하다. 우리나라의 어떤 놈들이 델라웨어에 페이퍼 컴퍼니를 세웠는지 말이다. 단 한 가지 분명히 짚이는 것은, 추정컨대 한국도 미국과 별반 다르지 않을 터.

주

프롤로그

1 "Jeff Bezos reportedly just dropped $165 million on a Beverly Hills mansion —.
here's a look at his lavish properties across the US," *Business Insider*, Feb. 13,
2020; "Jeff Bezos shatters California record with $165-million purchase of Geffen
mansion," *Los Angeles Times*, Feb 13, 2020; "Commentary: Trump's 2021 Budget
Explains Jeff Bezos' Monster House Deal and LA's Homeless Crisis," *Los Angeles
Times*, Feb 26, 2020.

2 Forbes Profile: Jeff Bezos(https://www.forbes.com/profile/jeff-
bezos/#385f98061b23).

3 "What's your net worth, and how do you compare to others?," *MarketWatch*, Jan.
23, 2020.

4 "The Many Places Amazon CEO Jeff Bezos Calls Home," *Wall Street Journal*, Jan. 9,
2019.

5 National Center For Homeless Education, *Federal Date Summary: School Years
2015-16 Through 2017-18*, UNC Greensboro, Jan. 2020; "Number of Homeless
Students Rises to New High, Report Says," *New York Times*, Feb. 3, 2020.

6 "Amazon paid a 1.2% tax rate on $13,285,000,000 in profit for 2019," *Yahoo
Finance*, Feb. 6, 2020.

7 "Amazon paid a 1.2% tax rate on $13,285,000,000 in profit for 2019," *Yahoo
Finance*, Feb. 6, 2020.

8 "U.S. deficit to eclipse $1 trillion in 2020, CBO says, as fiscal imbalance continues
to widen," *Washington Post*, Jan. 29, 2020.

9   "Businesses Fret Over Potential Bernie Sanders Presidency," *Wall Street Journal*, March 2, 2020; "Silicon Valley Leaders' Plea to Democrats: Anyone but Sanders," *New York Times*, March 2, 2020.

10   "Silicon Valley Leaders' Plea to Democrats: Anyone but Sanders," *New York Times*, March 2, 2020.

11   김광기, 『부자는 어떻게 가난을 만드는가』(21세기북스, 2016).

1. 아이티를 '봉'으로 삼은 클린턴 재단의 민낯

12   Giridharadas, Anand, *Winners Take All: The Elite Charade of Changing the World*(New York, NY: Alfred A. Knopf, 2018), 아난드 기리다라다스(정인경 역), 『엘리트 독식 사회: 세상을 바꾸겠다는 그들의 열망과 위선』(생각의 힘, 2019).

13   Clinton Foundation.(https://www.clintonfoundation.org/about).

14   "An Award for Bill Clinton Came With $500,000 for His Foundation", *New York Times*, May 29, 2015.

15   "US election 2016: What really happened with the Clintons in Haiti?", *BBC News*, Nov. 2, 2016.

16   김광기, "힐러리, 수상한 재단, 박근혜", 《경향신문》, 2016. 9. 25.

17   "The Shelters That Clinton Built," *The Nation*, Aug.11, 2011; "Why Did the Clinton Foundation Fund Dangerous, Unhealthy Trailers in Haiti?" *The Nation*, Aug.12, 2011.

18   "How the Clinton Foundation Got Rich off Poor Haitians," *National Review*, July 18, 2016; "Clintons Facilitated Donor's Haiti Project That Defrauded U.S. Out of Millions," *Washington Free Beacon*, July 17, 2015.

19   "Miami businessman Claudio Osorio gets 12 years in prison for fraud conviction," *Miami Herald*, Feb. 28, 2015; "Jeb Bush dogged by decades of questions about business deals," *Washington Post*, Jun 28, 2015.

20   "Jeb Bush dogged by decades of questions about business deals," *Washington Post*, Jun 28, 2015.

21   "Miami businessman Claudio Osorio gets 12 years in prison for fraud conviction," *Miami Herald*, Feb. 28, 2015.

22 미국 증권거래위원회는 이를 두고 오소리오가 부시라는 정치 거물을 이사진에 올림으로써 "이노비다에 정당성의 입김을 불어넣으려 했다."라고 비판했다. "Jeb Bush missed red flags in Florida business scandal," *CNN*, March 30, 2015.

23 "How the Clinton Foundation Got Rich off Poor Haitians," *National Review*, July 18, 2016; "The Clinton Foundation and Haiti Contracts," *Wall Street Journal*, March 8, 2015.

24 "US election: Why is Clinton's foundation so controversial?," *BBC*, Aug. 23, 2016; "Bill Clinton Cashed In When Hillary Became Secretary of State," *ABCNews*, April 23, 2015; "How the Clinton Foundation Got Rich off Poor Haitians," *National Review*, July 18, 2016.

25 "Role of Hillary Clinton's brother in Haiti gold mine raises eyebrows," *Washington Post*, March 20, 2015.

26 "How the Clinton Foundation Got Rich off Poor Haitians," *National Review*, July 18, 2016.

27 "How the Clinton Foundation Got Rich off Poor Haitians," *National Review*, July 18, 2016.

28 "Former Haiti government official shoots himself in the head in Miami-area hotel," *Miami Herald*, July 12, 2017.

29 "The Clinton Foundation and Haiti Contracts," *Wall Street Journal*, March 8, 2015; "How the Clinton Foundation Got Rich off Poor Haitians," *National Review*, July 18, 2016.

30 김광기, "저커버그 기부의 불편함",《경향신문》, 2015. 12. 13.

2. 기울어진 운동장

31 Wilmott, Paul and David Orrell. *The Money Formula: Dodgy Finance, Pseudo Science, and How Mathematicians Took Over the Market*. (Hoboken, NJ: John Wiley & Sons Inc, 2017).

32 "Quants: the maths geniuses running Wall Street," *Telegraph*, July 23, 2013.

33 O'neil, Cathy, *Weapons of Math Destruction: How Big Data Increases Inequality and Threatens Democracy*, (New York, NY: Crown Publishers, 2016). 캐시 오닐(김

정혜 역), 『대량살상 수학무기』(흐름출판, 2017).

34 샌더스는 2016년 1월과 2월 초 힐러리와의 후보 토론에서 "월가의 사업 모델은 사기"라
며, "탐욕, 사기, 부정직, 그리고 오만이 오늘날 월가의 실체를 묘사하는 가장 최적의 단
어"라고 월가를 신랄하게 비판했다. "Bernie Sanders' fraudulent Wall Street claims,"
Chicago Tribune, Feb. 10, 2016.

35 "Accommodation Angst," *New York Times*, November 19, 2010.

36 "Many More Students, Especially the Affluent, Get Extra Time to Take the SAT,"
Wall Street Journal, May 21, 2019; "Paying For Disability Diagnosis To Gain Time
on College Boards", *New York Times*, 2002. September 26; "New Test-Taking
Skill: Working the System," *Los Angeles Times*, Jan. 9, 2000.

37 "Need Extra Time on Tests? It Helps to Have Cash," *New York Times*, July 30,
2019.

38 "Nearly 40% of Americans can't cover a surprise $400 expense," *CBSNews*, May
23, 2019.

39 "Need Extra Time on Tests? It Helps to Have Cash," *New York Times*, July 30,
2019.

40 "Why Students At LA's Richest Public Schools Are Far More Likely To Get Extra
Time On The SAT," *Los Angeles Times*, Aug. 29, 2019.

41 "Many More Students, Especially the Affluent, Get Extra Time to Take the SAT,"
Wall Street Journal, May 21, 2019.

42 "Why Students At LA's Richest Public Schools Are Far More Likely To Get Extra
Time On The SAT," *Los Angeles Times*, Aug. 29, 2019.

43 "Need Extra Time on Tests? It Helps to Have Cash," *New York Times*, July 30,
2019.

44 Reeves, Richard V., *Dream Hoarders: How the American Upper Middle Class Is
Leaving Everyone Else in the Dust, Why That Is a Problem, and What to Do About
It*, (Washington, D.C.: Brookings Institution Press, 2017).

3. 미국 대학입시와 우리

45 "College Cheating Ringleader Says He Helped More Than 750 Families With

Admissions Scheme," *NBC News*, March 13, 2919.

46 "Need Extra Time on Tests? It Helps to Have Cash," *New York Times*, July 30, 2019.

47 Frank Bruni, "Bribes to Get Into Yale and Stanford? What Else Is New?," *The New York Times*, March 13, 2019.

48 "Actress, Business Leaders and Other Wealthy Parents Charged in U.S. College Entry Fraud," *New York Times*, March 12, 2019.

49 "Actress, Business Leaders and Other Wealthy Parents Charged in U.S. College Entry Fraud," *New York Times*, March 12, 2019.

50 https://www.andover.edu/

51 https://en.wikipedia.org/wiki/Eight_Schools_Association

52 William S. Dietrich II, "The WASP ascendancy," *Pittsburgh Quarterly*, Winter 2010.

53 "Here's What It Really Takes To Get Into The Ivy League These Days", *USA Today*, April 26, 2017.

54 "Ivy League's Proving Grounds," *MarketWatch*, August 26, 2002.

55 "College admissions scam rekindles scrutiny of Kushner's Harvard acceptance, $2.5M pledge", *USA Today*, March 12, 2019.

56 김광기, 『우리가 아는 미국은 없다』(동아시아, 2011); "Panel To Investigate Admissions At U. Of Illinois," *New York Times*, June 11, 2009; "How VIPs Lobbied Schools: Duncan's Office Tracked Politicians and Others," *Chicago Tribune*, March 23, 2010; "In Chicago, Obama Aid Had V.I.P. List For Schools," *New York Times*, March 23, 2010; Golden Daniel, *The Price of Admission: How America's Ruling Class Buys Its Way into Elite Colleges and Who Gets Left Outside the Gates* (New York, NY: Broadway Books, 2007).

57 김광기, "〔동아쟁론〕 자기소개서 대필로 도마 오른 입학사정관제", 《동아일보》, 2012. 8. 24; "주요 15개 대학 입시, 학생부 교과는 6%뿐," 《한겨레신문》, 2019. 9. 23; "조국 딸 10년 전 입시 문제로… 된서리 맞는 '학종'", 《한겨레신문》, 2019. 8. 28.

58 "고려고 상위권 학생에 시험문제 유출 의혹… 징계 요구," 《파이낸셜뉴스》, 2019. 9. 24.

59 교육의 대한 더 자세한 필자의 논의는 졸저 『대한민국의 정의를 묻다』(21세기북스,

2017)의 8장을 참조할 것.

60 김광기, "〔경향시평〕내신·수능 위주 입시 단순화를", 《경향신문》, 2013. 3. 25.

61 "교육부, '정시 30% 확대' S·K·Y 등 75개 대학에 700억 지원," 《중앙일보》, 2020. 5. 28.

4. 미국의 도시들이 사라지고 있다

62 "San Francisco Restaurants Can't Afford Waiters. So They've Putting Diners to Work," *New York Times*, June 25, 2018.

63 "It's no laughing matter—SF forming Poop Patrol to keep sidewalks clean," *San Francisco Chronicle*, August 14, 2018.

64 "SF Mayor: 'There's More Feces ... Than I've Ever Seen'," *NBCNews*, July 13, 2018.

65 "San Francisco human feces map shows waste blanketing the California city," *FoxNews*, April 23, 2019.

66 "Column: Rats at the police station, filth on L.A. streets — scenes from the collapse of a city that's lost control," *Los Angeles Times*, June 1, 2019.

67 "Los Angeles' homeless crisis reaching third world country levels, local residents say", *FoxNews*, June 19, 2019.

68 "Why California Keeps Making Homelessness Worse," *Forbes*, Sep. 12, 2019; "Mountains of trash in LA could cause bubonic plague outbreak: expert", *New York Post*, May 22, 2019.

69 "June gloom, dirty streets limit SF restaurants' outdoor dining options," *San Francisco Chronicle*, June 11, 2020.

70 "Hotel San Francisco," *Wall Street Journal*, July 1, 2020; "How to fix San Francisco's poop problem," *San Francisco Examiner*, Dec. 4, 2019.

5. 미국의 집값 폭등과 노숙자 대란

71 "San Francisco's dirtiest street has an outdoor drug market, discarded heroin needles, and piles of poop on the sidewalk," *Business Insider*, Sep 20, 2019.

72 "SF resumes push for drug injection site after judge's ruling," *San Francisco Chronicle*, October 2, 2019.

73 "Life on the Dirtiest Block in San Francisco," *New York Times*, October 8, 2018.

74 "He was a Yale graduate, Wall Street banker and entrepreneur. Today he's homeless in Los Angeles", *CNN*, September 18, 2019.

75 "San Francisco Restaurants Can't Afford Waiters. So They're Putting Diners to Work", *New York Times*, June 25, 2018.

76 "San Francisco Restaurants Can't Afford Waiters. So They're Putting Diners to Work", *New York Times*, June 25, 2018.

77 "California homeless crisis: San Francisco tackles costly waste problem with poop patrol", *FoxNews*, August 20, 2019.

78 "San Francisco's Homeless Population Is Much Bigger Than Thought, City Data Suggests," *New York Times*, November 19, 2019.

79 "Homeless Populations Are Surging in Los Angeles. Here's Why.", *New York Times*, June 5, 2019.

80 "California mayor says high cost of living is root of homeless crisis," *FoxNews*, June 26, 2019.

81 "Homeless Populations Are Surging in Los Angeles. Here's Why.", *New York Times*, June 5, 2019.

82 "Shrinking Middle Class By Numbers", *Fortune*, Dec. 20, 2018.

83 "California mayor says high cost of living is root of homeless crisis," *FoxNews*, June 26, 2019.

84 City and County at San Francisco(https://sfgov.org/scorecards/safety-net/homeless-population)

85 "Overcrowding on San Francisco's Tenderloin streets — a bad scene getting worse in the coronavirus crisis," *San Francisco Chronicle*, April 13, 2020.

86 "What social distancing? Inside San Francisco's overcrowded tent city where 8,000 homeless people live in dire conditions amid the coronavirus pandemic as one shelter sees 90 infections," *DailyMail*, April 14, 2020; "'A true emergency': Covid-19 pushes homeless crisis in San Francisco's Tenderloin to the brink," *The Guardian*, May 19, 2020.

87 "'A true emergency': Covid-19 pushes homeless crisis in San Francisco's Tenderloin to the brink," *The Guardian*, May 19, 2020.

88 "SF cleans up Tenderloin — dramatic, 65% drop-off in homeless tent camps," *San Francisco Chronicle*, July 3, 2020.

89 "Homelessness jumped 13% in L.A. County, 14% in the city before pandemic," *Los Angeles Times*, June 12, 2020.

90 "Homelessness jumped 13% in L.A. County, 14% in the city before pandemic," *Los Angeles Times*, June 12, 2020.

6. 미국 집값 폭등의 주범, 사모펀드

91 "Life on the Dirtiest Block in San Francisco," *New York Times*, October 8, 2018.

92 "Protesters arrested during Santa Monica rally over rejection of Prop 10," *ABCNews7*, November 8, 2019.

93 "How California public employees fund anti-rent control fight unwittingly," *The Guardian*, October 23, 2018.

94 "Blackstone is now 'the largest owner of real estate in the world'," *Business Insider*, November 16, 2015.

95 "The Future of Housing Rises in Phoenix: High-tech flippers such as Zillow are using algorithms to reshape the housing market," *Wall Street Journal*, June 19, 2019.

96 "The Future of Housing Rises in Phoenix: High-tech flippers such as Zillow are using algorithms to reshape the housing market," *Wall Street Journal*, June 19, 2019.

97 "A massive buy-to-rent scheme is hitting the housing market," *Business Insider*, Aug. 28, 2018.

98 "A massive buy-to-rent scheme is hitting the housing market," *Business Insider*, Aug. 28, 2018.

99 "Warren Calls Out Blackstone for 'Shameless' Profits From Housing," *Bloomberg*, Nov. 19, 2019.

100 "A massive buy-to-rent scheme is hitting the housing market," *Business Insider*, Aug. 28, 2018; "'IT WAS UNBEARABLE': Home renters allege landlord ignored repairs, rushed evictions," *Las Vegas Review Journal*, Dec. 4, 2019; "Warren Calls

Out Blackstone for 'Shameless' Profits From Housing," *Bloomberg*, Nov. 19, 2019; "Investors Flock To Housing, Looking To Buy Thousands Of Homes In Bulk," *Forbes*, April 3, 2012; "Investors Are Looking to Buy Homes by the Thousands," *New York Times*, April 2, 2012.

101 "Investment strategy: The new property barons," *Financial Times*, April 4, 2016.

102 "Investment strategy: The new property barons," *Financial Times*, April 4, 2016; "Jonathan Gray: The Man Who Revolutionized Real Estate Investing On Entrepreneurship In A Big Company," *Forbes*, October 18, 2016.

7. 악덕 집주인, 사모펀드 블랙스톤

103 "Slumlord Millionaires: Wall Street's new scheme to profit off poor people.", *The New Republic*, July 24, 2014.

104 "Slumlord Millionaires: Wall Street's new scheme to profit off poor people.", *The New Republic*, July 24, 2014.

105 "Blackstone unit Invitation Homes sued over rental house's condition," *Los Angeles Times*, MAY 5, 2014.; "Billion-dollar landlords: Rental-home giant under fire for unsavory conditions," *ABC7*, Nov. 18, 2017; "Renter says mold at St. Petersburg home forced him to have sinus surgery," *ABCNews*, April 15, 2019.

106 "Hedge Funds: The Ultimate Absentee Landlords (Fall Preview)," *The American Prospect*, Sep 29, 2015.

107 "What Happens When Wall Street Is Your Landlord?," *LAWeekly*, Nov. 29, 2017.

108 "Reuters Investigates: Spiders, Sewage, and a Flurry of Fees: the Other Side of Renting a House from Wall Street," *Reuters*, July 27, 2018; "Former tenants share horror stories of renting from real estate investment firm Invitation Homes," *NewsChannel5Nashville*, Feb. 4, 2019; "'IT WAS UNBEARABLE': Home renters allege landlord ignored repairs, rushed evictions," *Las Vegas Review Journal*, Dec. 4, 2019.

109 "Court Declares that Landlords Can't Circumvent Rent Limits by Charging Extra for Water," *Santa Monica Daily Press*, August 30, 2018.: "Rent By Another Name," *The Texas Observer*, Sept. 12, 2019.

110 "The Fido fee: Landlords increasingly charge extra rent for pets", *The Mercury News*, Oct. 22, 2014.

111 "Reuters Investigates: Spiders, Sewage, and a Flurry of Fees: the Other Side of Renting a House from Wall Street," *Reuters*, July 27, 2018.

112 "Former tenants share horror stories of renting from real estate investment firm Invitation Homes," *NewsChannel5Nashville*, Feb. 4, 2019.

113 "Rent By Another Name," *The Texas Observer*, Sept. 12, 2019.

114 "Slumlord Millionaires: Wall Street's new scheme to profit off poor people," *The New Republic*, July 24, 2014.

115 "'Billion Dollar Landlords' allegedly quick to threaten eviction, slow to repair," ABC7, Nov. 17, 2017.

116 "Slumlord Millionaires: Wall Street's new scheme to profit off poor people,", *The New Republic*, July 24, 2014.

117 https://capitol.texas.gov/tlodocs/85R/billtext/html/SB00873F.HTM

118 "Rent By Another Name," *The Texas Observer*, Sept. 12, 2019.

119 "Slumlord Millionaires: Wall Street's new scheme to profit off poor people,", *The New Republic*, July 24, 2014.

120 "Company bought hundreds of houses. Now, poor are getting 'priced out,' critics say," *Charlotte Observer*, Dec. 5, 2018.

121 "Slumlord Millionaires: Wall Street's new scheme to profit off poor people,", *The New Republic*, July 24, 2014.

122 "A massive buy-to-rent scheme is hitting the housing market," *Business Insider*, Aug. 28, 2018; "Investors Are Looking to Buy Homes by the Thousands," *New York Times*, April 2, 2012; "Investors Flock To Housing, Looking To Buy Thousands Of Homes In Bulk," *Forbes*, April 3, 2012; "'IT WAS UNBEARABLE': Home renters allege landlord ignored repairs, rushed evictions," *Las Vegas Review Journal*, Dec. 4, 2019; "Warren Calls Out Blackstone for 'Shameless' Profits From Housing," *Bloomberg*, Nov. 19, 2019.

123 "Stephen Schwarzman Makes Anchor Gift For New $1 Billion School Of Artificial Intelligence At MIT," *The Forbes*, Oct 15, 2018.

124 "How California Public Employees Fund Anti-Rent Control Fight Unwittingly," *The Guardian*, Oct. 23, 2018; "Blackstone Spends Huge to Kill California Rent Control," *The American Prospect*, October 23, 2018; "California's rent control initiative was crushed in the election. Don't expect the issue to go away," *Los Angeles Times*, November 8, 2018.

125 "How California Public Employees Fund Anti-Rent Control Fight Unwittingly," *The Guardian*, Oct. 23, 2018.

126 "How California Public Employees Fund Anti-Rent Control Fight Unwittingly," *The Guardian*, Oct. 23, 2018.

127 "A 'tsunami of eviction's threatens to strike Boston," *Boston Globe*, June 28, 2020; "Renters remain left out in the cold despite coronavirus eviction protection," *Salon*, April 24, 2020; "Renters In Crisis: Housing Experts Say Canceling Rent Isn't The Best Answer," *Forbes*, April 23, 2020; "'This is about survival': California tenants plan rent strikes as Covid-19 relief falls short," *The Guardian*, March 31, 2020; "31% Can't Pay the Rent: 'It's Only Going to Get Worse'" *New York Times*, April 8, 2020.

128 "Before pandemic, homelessness jumped 13% in L.A. County, 14% in the city," *Los Angeles Times*, June 12, 2020.

129 "Analysis on unemployment projects 40-45% increase in homelessness this year," Community Solutions, May 11, 2020; The U.S. Department of Housing and Urban Development, *The 2019 Annual Homeless Assessment Report (AHAR) to Congress*, January 2020.

130 "A $60 Billion Housing Grab by Wall Street," *New York Times*, March 4, 2020; "Goldman Sachs Forecloses On 10,000 Homes for 'Consumer Relief'", *New York Times*, May 22, 2020; "Mortgage Relief That Comes With a $4,000 Bill," *New York Times*, May 15, 2020; "The Government's Mortgage Forbearance Policies Exclude 61% of Americans," *Fortune*, May 14, 2020; "You can skip mortgage payments for

up to a year. Many fear what comes after that," *Los Angeles Times*, April 30, 2020.

131 "How Billionaire Trump Adviser Evades Ethics Law While Shaping Policies That Make Money For His Wall Street Firm," *International Business Times*, April 19, 2017; "Major Trump donor plans private fundraiser with Romney," *CNN*, Oct. 22, 2019.

132 "Schwarzman Parties at 70 With Camels, Cake and Trump's Entourage," *Bloomberg*, Feb. 13, 2017; "A Billionaire's Party Is a Lens on Wealth in the Trump Era," *New York Times*, Feb. 13, 2017.

133 "Trump signs the biggest rollback of bank rules since the financial crisis," *CNBC*, may 24, 2018.

134 "How Billionaire Trump Adviser Evades Ethics Law While Shaping Policies That Make Money For His Wall Street Firm," *International Business Times*, April 19, 2017.

135 "How Billionaire Trump Adviser Evades Ethics Law While Shaping Policies That Make Money For His Wall Street Firm," *International Business Times*, April 19, 2017.

136 "Tom Barrack, a Trump ally with fingers in many pies," *Financial Times*, Aug. 2, 2019.

137 "Trump cuts off one of his closest friends," *Politico*, Aug. 19, 2019.

138 "Billion-dollar landlords: Rental-home giant under fire for unsavory conditions," *ABC7*, Nov. 18, 2017.

139 "The Recession Hits An Already Hollowed-Out Middle Class," *Forbes*, April. 2020; "A massive buy-to-rent scheme is hitting the housing market," *Business Insider*, Aug. 28, 2018; "'IT WAS UNBEARABLE': Home renters allege landlord ignored repairs, rushed evictions," *Las Vegas Review Journal*, Dec. 4, 2019; "Warren Calls Out Blackstone for 'Shameless' Profits From Housing," *Bloomberg*, Nov. 19, 2019; "Investors Flock To Housing, Looking To Buy Thousands Of Homes In Bulk," *Forbes*, April 3, 2012; "Investors Are Looking to Buy Homes by the Thousands," *New York Times*, April 2, 2012.

140 "States With Highest and Lowest Property Taxes," *New York Times*, March 15,

2018.

141 "Property taxes: Which states have the highest and which have the lowest?," *USAToday*, Jan. 17, 2020.

142 "6·17 대책 열흘 만에 곳곳에서 집값 최고 기록. 정부, 규제 확대 공식화", 《한국일보》, 2020. 6. 29.; "집값 못 잡는 대책에 집단 반발만. 땜질 처방 그만", SBS, 2020. 6. 29; "문 정부서 서울 아파트 값 53% 올라… MB-박 정부의 2.5배", 《조선일보》, 2020. 6. 23.

143 송기균, "180석 집권세력은 진정 서울 집값 하락을 바랄까?", 《프레시안》, 2020. 5. 30; "與 의원 진성준 "그래봤자 집값 안 떨어져", 《한국경제》, 2020. 7. 17.

144 "집값 상승이 한국의 불평등 심화…부동산 세금 강화해야", 《동아일보》, 2020. 6. 29.

145 남기업은 2030년까지 1%까지 인상하자고 주장한다. 나는 그 이상이 되어야 한다고 생각 한다. 그러나 이 시점에서 중요한 것은 지속적으로 보유세율을 강화한다는 시장에 주는 신호다. "〔토론회〕실효 세율 낮은 종부세 없애고, 비과세·감면 없이 인별 합산 토지보유 세 신설해야", 《세정일보》, 2020. 7. 10.

146 "참여연대 '부동산 정책 실패했다… 고위공직자 다주택 처분하라'", 《프레시안》, 2020. 6. 29; "집 팔던 노영민도, 먼저 판다던 은성수도 다주택… 고위직의 역행", 《서울신문》, 2020. 7. 1; "1채만 남기고 팔라 그 후 반년. 재산 공개 내역 보니", JTBC, 2020. 06. 29; "'다주택 고위 공무원이 누굴 규제하나' 무주택 젊은 층의 분노", 《서울신문》, 2020. 6. 21.

147 송기균, "180석 집권 세력은 진정 서울 집값 하락을 바랄까?", 《프레시안》, 2020. 5. 30; "경실련이 본 '문재인 정부에서 집값 오르는 이유는", 《한국일보》, 2020. 7. 1; "'직접 투자 보다 낫다'…국내 운용 리츠 지난해 평균 수익률 8.19%", 《한국경제》, 2020. 6. 29.

148 "문 대통령 '한국판 뉴딜 재원에 민간 펀드 활용'", 《오마이뉴스》, 2020. 7. 16.

149 "與 의원 진성준 '그래봤자 집값 안 떨어져'", 《한국경제》, 2020. 7. 17.

150 "Luxury Apartment Sales Plummet in New York City," *Wall Street Journal*, Aug. 20, 2018; "The Housing Boom Is Already Gigantic. How Long Can It Last?" *New York Times*, Dec. 7, 2018; "Tough Times Ahead for Housing," *Wall Street Journal*, Sept. 19, 2018.

151 "America's Biggest Cities Were Already Losing Their Allure. What Happens Next?," *New York Times*, April 19, 2020; "Real Estate Prices Fall Sharply in New York," *New York Times*, July 2, 2020; "Is Another Exodus Ahead for U.S. Cities?," *Wall Street Journal*, June 18, 2020; "So long, New York: pandemic and protests

spark new exodus to suburbs," *The Guardian*, June 12, 2020; "SF, Silicon Valley rents plunge amid downturn: 'Never seen anything like it'," *San Francisco Chronicle*, June 1, 2020; "'I'm finally leaving': Stories of Bay Area residents moving because of the pandemic," *San Francisco Gate*, July 9, 2020).

152 "靑, '서울 그린벨트 해제 검토' 재확인…'당정 이미 의견 정리'", SBS 뉴스, 2020. 7. 17.

153 이것에 대해서는 다음 장부터 다룰 것이다.

9. 코로나19를 대하는 미국의 민낯

154 "Older Americans are more worried about coronavirus — unless they're Republican," *The Washington Post*, March 15, 2020.

155 "Kept at the Hospital on Coronavirus Fears, Now Facing Large Medical Bills," *New York Times*, Feb. 29, 2020.

156 "Cruise passengers under coronavirus quarantine say they lack food, basic medical attention," *USAToday*, March 14, 2020.

157 "'I live on the street now': how Americans fall into medical bankruptcy," *The Guardian*, Nov. 14, 2019.

158 "Kept at the Hospital on Coronavirus Fears, Now Facing Large Medical Bills," *New York Times*, Feb. 29, 2020.

159 "Kept at the Hospital on Coronavirus Fears, Now Facing Large Medical Bills," *New York Times*, Feb. 29, 2020.

160 "Reagan, Deregulation and America's Exceptional Rise in Health Care Costs," *New York Times*, June 4, 2018; "Medical Mystery: Something Happened to U.S. Health Spending After 1980," *New York Times*, May 14, 2018.

161 "Kept at the Hospital on Coronavirus Fears, Now Facing Large Medical Bills," *New York Times*, Feb. 29, 2020.

162 "Worst-Case Estimates for U.S. Coronavirus Deaths," *New York Times*, March 13, 2020.

163 "A Complete List of Trump's Attempts to Play Down Coronavirus," *New York Times*, March 15, 2020.

164 코로나 초반엔 주식은 수직 낙하했다. 그러나 트럼프는 코로나는 막지 않고 돈을 찍어서

주식시장의 붕괴를 틀어막았다.("How the current stock market collapse compares with others in history," *USAToday*, March 21, 2020; "Crashing Economy, Rising Stocks: What's Going On?," *New York Times*, April 30, 2020).

165 "Infighting, missteps and a son-in-law hungry for results: Inside the Trump administration's troubled coronavirus response," *The Washington Post*, March 15, 2020.

166 "Infighting, missteps and a son-in-law hungry for results: Inside the Trump administration's troubled coronavirus response," *The Washington Post*, March 15, 2020.

167 "So We're Working From Home. Can the Internet Handle It?," *New York Tiems*, March 16, 2020; "Avoiding Coronavirus May Be a Luxury Some Workers Can't Afford," *New York Tiems*, March 1, 2020; 'If We Don't Work, We Don't Get Paid.' How the Coronavirus Is Exposing Inequality Among America's Workers, Time, March 4, 2020.

168 "Coronavirus could hit homeless hard, and that could hit everyone hard," *Salon*, March 16, 2020; "Inequalities of US health system put coronavirus fight at risk, experts say," *The Guardian*, Feb. 28, 2020.

169 "As Coronavirus Deepens Inequality, Inequality Worsens Its Spread," *New York Times*, March 15, 2020.; "The coronavirus pandemic is heightening the class divide in the Bay Area," *Salon*, March 16, 2020; "Bernie Sanders: 'If you're a multimillionaire … you're going to get through' the coronavirus pandemic," *CNBC*, March 16, 2020.

170 "Coronavirus survival comes with a $1.1 million, 181-page price tag," *Seattle Times*, June 12, 2020.

171 "Coronavirus survival comes with a $1.1 million, 181-page price tag," *Seattle Times*, June 12, 2020.

10. 코로나 사태, 월가가 바라 마지않던 책임 전가의 호재

172 "Bernie Sanders: 'If you're a multimillionaire … you're going to get through' the coronavirus pandemic," *CNBC*, March 16, 2020.

173 "To combat virus, L.A. will let homeless encampments stay up throughout the day," *Los Angeles Times*, March 17, 2020.

174 "'If I get it, I die': homeless residents say inhumane shelter conditions will spread coronavirus," *The Guardian*, March 19, 2020. ; "For the homeless, coronavirus is a new menace in a perilous life," *Washington Post*, March 21, 2020.

175 "'Wash your hands' is tough advice for Americans without soap or water," *The Guardian*, March 23, 2020.

176 "Coronavirus and Poverty: A Mother Skips Meals So Her Children Can Eat," *New York Times*, March 20, 2020.

177 "Many Americans's Biggest Worry Right Now is April 1 Rent and Mortgage Payments," *Washington Post*, March 22, 2020.

178 "Coronavirus Recession Looms, Its Course 'Unrecognizable'," *New York Times*, March 21, 2020.

179 "Morgan Stanley, Goldman See Virus Causing Greater Economic Pain," *Bloomberg*, March 23, 2020.

180 "Coronavirus Recession Looms, Its Course 'Unrecognizable'," *New York Times*, March 21, 2020.

181 "Coronavirus Recession Looms, Its Course 'Unrecognizable'," *New York Times*, March 21, 2020.

182 "Unemployment Spikes 33% Amid Coronavirus Pandemic," *US News and World Report*, March 19, 2020.

183 "Coronavirus Live Updates: U.S. Jobless Claims Are Highest Ever; House to Take Up $2 Trillion Stimulus," *New York Times*, March 26, 2020.

184 "Coronavirus Recession Looms, Its Course 'Unrecognizable'," *New York Times*, March 21, 2020; "Morgan Stanley, Goldman See Virus Causing Greater Economic Pain," *Bloomberg*, March 23, 2020; "As layoffs skyrocket, the holes in America's safety net are becoming apparent," *Washington Post*, March 19, 2020.

185 "As layoffs skyrocket, the holes in America's safety net are becoming apparent," *Washington Post*, March 19, 2020.

186 금융화(financialization)는 산업에서 금융 부분이 비대해지는 것을 의미한다. 필자의

『부자는 어떻게 가난을 만드는가?』 참조.

187 노벨 경제학상 수상자 폴 크루그먼(Paul Krugman)은 "주식 가격의 경제적 함의를 고려할 때 유의해야 할 것 3가지가 있다. 첫째, 주식시장은 경제가 아니다. 둘째, 주식시장은 경제가 아니다. 셋째도 주식시장은 경제가 아니다."라고 말했다. "Crashing Economy, Rising Stocks: What's Going On?," *New York Times*, April 30, 2020.

188 "Economists Think the Next U.S. Recession Could Begin in 2020," *Wall Street Journal*, May 10, 2018; "U.S. Economy Flashes Signs It's Downhill From Here," *Wall Street Journal*, Oct. 29, 2018; "The Economy Faces Big Risks in 2019. Markets Are Only Now Facing Up to Them.", *New York Times*, Dec. 7, 2018.

189 "Coronavirus Could Spark a Global Recession," *U.S. News & World Report*, March 16, 2020.

190 "Bill Ackman claims firm made $2.6bn betting on coronavirus outbreak," *The Guardian*, March 25, 2020.

191 "Washington lobbyists in frenzied battle to secure billion-dollar coronavirus bailouts," *The Guardian*, March 20, 2020.

192 "Any Coronavirus bailout must put workers first: Sen. Elizabeth Warren," *USA Today*, March 20, 2020.

193 Callahan, David, *The Cheating Culture: Why More Americans Are Doing Wrong to Get Ahead*(New York: NY: Havest Book, 2004); Giridharads, Anand, *Winners Take All: The Elite Charade of Changing the World*(New York, NY: Alfred A. Knopf, 2018); Milanovic, Branko, *Global Inequality: A New Approach for the Age of Globalization*(Cambridge, MA: Harvard University Press, 2016).

194 "As Coronavirus Crisis Unfolds, Sanders Sees a Moment That Matches His Ideas," *New York Times*, March 26, 2020; "The coronavirus is hurting millions of people. But there's one person who could benefit," *Washington Post*, March 26, 2020.

195 "The Middle Class Faces Its Greatest Threat Since the 1930s," *Brookings*, March 20, 2020.

196 "'No heart. No understanding': During coronavirus, renters face eviction uncertainty," *MSNBCNews*, March 20, 2020.

197 "Facing eviction as millions shelter in place," *Washington Post*, March 22, 2020.

198 "Facing eviction as millions shelter in place," *Washington Post*, March 22, 2020;
"Most renters won't receive eviction protections amid coronavirus pandemic
under Trump proposal," *Fortune*, March 20, 2020.

199 "Facing eviction as millions shelter in place," *Washington Post*, March 22, 2020.

200 "Small Businesses Seek a Crisis Lifeline Beyond Loans," *New York Times*, March
23, 2020; "Checks to Americans will ease the coronavirus slump, but they may
not be much of an economic stimulus," *Los Angeles Times*, March 18, 2020.

201 "Coronavirus Tests Are Now Free, but Treatment Could Still Cost You," *New York
Times*, March 19, 2020.

202 "Why are the rich and famous getting coronavirus tests while we aren't?," *The
Guardian*, March 21, 2020.

203 "If Americans are better off than a decade ago, why doesn't it feel that way?," *The
Guardian*, Nov. 5, 2019.

11. 코로나에 준비 안 된 미국, 그 이유는?

204 "Nurses Die, Doctors Fall Sick and Panic Rises on Virus Front Lines," *New York
Times*, March 30, 2020.

205 "Nurses Die, Doctors Fall Sick and Panic Rises on Virus Front Lines," *New York
Times*, March 30, 2020.

206 "Trump Suggests Lack of Testing Is No Longer a Problem. Governors Disagree,"
New York Times, March 30, 2020.

207 "A Ventilator Stockpile, With One Hitch: Thousands Do Not Work," *New York
Times*, April 1, 2020.

208 "Trump Officials Tell Desperate Hospitals That Patients Can Share Ventilators,"
Politico, March 31, 2020.

209 "Hospitals Tell Doctors They'll Be Fired If They Speak Out About Lack of Gear,"
Bloomberg, March 31, 2020; "A Bay Area Hospital Desperately Need Supplies,
Including Masks," *Los Angeles Times*, March 31, 2020.

210 "Trump invokes Defense Production Act for ventilator manufacturing," *Reuters*,
April 3, 2020.

211 "Trump Said He Was the President of Manufacturing. Then Disaster Struck," *New York Times*, March 29, 2020.

212 "He Has 17,700 Bottles of Hand Sanitizer and Nowhere to Sell Them," *New York Times*, March 14, 2020.

213 "Fraud follows coronavirus spread; fake vaccines, testing, investment scams are exacting a toll," *USAToday*, April 3, 2020.

214 "New York's Andrew Cuomo decries 'eBay'-style bidding war for ventilators," *The Guardian*, March 31, 2020; "N.Y.C. Death Toll Tops 1,500 as Cuomo Warns on Ventilators," *New York Times*, April 2, 2020; "Swept Up by FEMA: Complicated Medical Supply System Sows Confusion," *New York Times*, April 6, 2020.

215 "As U.S. Hospitals Face Shortages, Trump Vows to Send Ventilators —to Europe," *Vanity Fair*, March 31, 2020.

216 "A Bay Area Hospital Desperately Need Supplies, Including Masks," *Los Angeles Times*, March 31, 2020.

217 이러한 예상에 부응이라도 하듯 얼마 안 있어 조지 플로이드(George Floyd) 사망 사건이 발생한다. 이에 대해서는 뒷장에서 살펴보기로 한다.

218 "US sales of guns and ammunition soar amid coronavirus panic buying," *The Guardian*, March 16, 2020.

219 "Pentagon Confirms It's Seeking 100,000 Body Bags in Virus Crisis," *Bloomberg*, April 2, 2020.

220 필자의 『부자는 어떻게 가난을 만드는가?』(21세기북스, 2016) 참조.

221 필자의 2016년 경향신문 칼럼 참조. 김광기, "월가 규제 샌더스의 도전", 《경향신문》, 2016. 1. 10; 김광기, "안 통할 수 없지! 샌더스", 《경향신문》, 2016. 2. 14; 김광기, "샌더스가 그립다", 《경향신문》, 2016. 10. 23.

222 *The Guardian*, March 31, 2020; "Coronavirus ventilators supply botched just like lack of testing. Now, 3 urgent priorities," *USAToday*, April 2, 2020.

223 "A Sewing Army, Making Masks for America," *New York Times*, March 25, 2020.

224 "A 'Wartime Factory' in Brooklyn Is Fighting Coronavirus," *New York Times*, March 31, 2020.

225 "Manufacturing a coronavirus defense: companies like L.L. Bean transition to

medical gear production," *Boston Globe*, April 1, 2020.

226 "Like 'a Bus Accident a Day': Hospitals Strain Under New Flood of Covid-19 Patients," *New York Times*, July 9, 2020.

227 "'I Couldn't Do Anything': The Virus and an E.R. Doctor's Suicide: Dr. Lorna Breen was unflappable — until she faced a new enemy," *New York Times*, July 11, 2020.

12. 제약회사의 횡포

228 "A New Front for Nationalism: The Global Battle Against a Virus," *New York Times*, April. 10, 2020.

229 Daniel Hemel and Lisa Larrimore Ouellette, "Pharmaceutical Profits and Public Health Are Not Incompatible," *New York Times*, April 8, 2020.

230 "A New Front for Nationalism: The Global Battle Against a Virus," *New York Times*, April. 10, 2020.

231 "Coronavirus: Are we getting closer to a vaccine or drug?," *BBC News*, April 2, 2020.

232 "Report: Covid-19 patients recovering quickly after getting experimental drug remdesivir," *CNN*, April 17, 2020.

233 Daniel Hemel and Lisa Larrimore Ouellette, "Pharmaceutical Profits and Public Health Are Not Incompatible," *New York Times*, April 8, 2020.

234 "Trump draws ire after retreat on drug prices pledge," *The Hill*, Nov. 24, 2019.

235 "Drug Goes From $13.50 a Tablet to $750, Overnight," *New York Times*, Sept. 20, 2015.

236 "How Trump and the Democrats Parted Ways on Lowering Drug Prices," *Politico*, Dec. 11, 2019.

237 "Grogan and Philipson: We can lower drug prices and spur medical innovation. Pelosi's H.R. 3 is not the answer," *Fox Business News*, Dec. 6, 2019.

238 "PhRMA CEO warns Pelosi bill to lower drug prices would be 'devastating' for industry," *The Hill*, Oct. 10, 2019.

239 "PhRMA says Pelosi bill will trigger 'nuclear winter,' CBO projects $345B savings,"

S&P Global, Oct. 14, 2019.

240 김광기, 『부자는 어떻게 가난을 만드는가』(21세기북스, 2016).

241 Pfizer, Amgen, Lilly spent most to lobby Congress, study finds, *Biopharma Dive*, March 4, 2020; Olivier J. Wouters, "Lobbying Expenditures and Campaign Contributions by the Pharmaceutical and Health Product Industry in the United States, 1999-2018," *JAMA Internal Medicine*, March 3, 2020.

242 "The top 3 House Democrat leaders have pocketed millions from pharma," *FiercePharma*, Nov. 29, 2018.

243 "Pharma cash donations target 'vulnerable' lawmakers as industry tries to defend itself," *USAToday*, Aug. 26, 2019.

244 "Pharma Donations Flow to GOP Lawmakers Fighting Curbs on Prices," *Bloomberg Law*, Dec. 31, 2019.

245 "Pharma cash donations target 'vulnerable' lawmakers as industry tries to defend itself," *USAToday*, Aug. 26, 2019.

246 "The top 3 House Democrat leaders have pocketed millions from pharma," *FiercePharma*, Nov. 29, 2018.

247 "How Trump and the Democrats Parted Ways on Lowering Drug Prices," *Politico*, Dec. 11, 2019.

248 "He Raised Drug Prices at Eli Lilly. Can He Lower Them for the U.S.?" *New York Times*, Nov. 26, 2017.

249 "Grogan and Philipson: We can lower drug prices and spur medical innovation. Pelosi's H.R. 3 is not the answer," *Fox Business News*, Dec. 6, 2019; "He Raised Drug Prices at Eli Lilly. Can He Lower Them for the U.S.?" *New York Times*, Nov. 26, 2017.

250 "Trump puts five-year lobbying ban on his political appointees," *Reuters*, Jan. 29, 2017.

251 Stigler, George J., "The Theory of Economic Regulation," *The Bell Journal of Economic and Management Science*, Vol. 2, Issue 1 (1971): 3-21; Stigler, George J., *The Citizen and the State: Essays on Regulation*(Chicago, Il: University of Chicago Press, 1975).

252 김광기, 『우리가 아는 미국은 없다』(동아시아, 2011).

253 "Rumsfeld's growing stake in Tamiflu," *CNNMoney*, Oct. 31, 2005.

254 "Trump is playing a deadly game in deflecting Covid-19 blame to China," *The Guardian*, April 19, 2020; "Trump fans flames of Chinese lab coronavirus theory during daily briefing," *The Guardian*, April 16, 2020.

255 "Trade Adviser Warned White House in January of Risks of a Pandemic," *New York Times*, April 6, 2020.

256 "White House Economists Warned in 2019 a Pandemic Could Devastate America," *New York Times*, March 31, 2020.

257 "Trump Announces Potential 'game changer' on Drugs to Treat Novel Coronavirus, but FDA Says More Study is Needed," *ABCNews*, March 19, 2020.

258 "Gilead stock surges, market rallies behind COVID-19 treatment remdesivir," *CBSNews*, April 17, 2020.

259 "Here's why a covid 19 vaccine could end up costing you a small fortune," *Los Angeles Times*, April 21, 2020.

260 "Remdesivir, the First Coronavirus Drug, Gets a Price Tag," *New York Times*, June 29, 2020.

13. 불평등을 보는 공간의 사회학

261 "Covid-19 Reinforces an Economist's Warnings About Inequality," *ABCNews*, April 26, 2020.

262 "The Great American Divide," *New York Times*, April 20, 2020.

263 "Covid-19 Reinforces an Economist's Warnings About Inequality," *ABCNews*, April 26, 2020.

264 "'A perfect storm': poverty and race add to Covid-19 toll in US deep south," *The Guardian*, April 12, 2020; The other COVID-19 risk factors: How race, income, ZIP code can influence life and death, *USAToday*, April 22, 2020.

265 "'A perfect storm': poverty and race add to Covid-19 toll in US deep south," The *Guardian*, April 12, 2020.

266 "First pollution, now coronavirus: Black parish in Louisiana deals with 'a double

whammy' of death," *NBCNews*, April 14, 2020.

267 "Why Georgia Isn't Ready to Reopen, in Charts," *New York Times*, April 24, 2020.

268 "High-income Philadelphians getting tested for coronavirus at far higher rates than low-income residents," *Philadelphia Inquirer*, April 6, 2020.

269 Lubix Life Sciences, "Covid-19 and Minority Health Access," *Infectious Disease Insights*, March 2020.

270 "'A crisis within a crisis': Black Americans face higher rates of coronavirus deaths," *Los Angels Times*, April 7, 2020; "'It's a racial justice issue': Black Americans are dying in greater numbers from Covid-19," *The Guardian*, April 8, 2020; "The coronavirus is infecting and killing black Americans at an alarmingly high rate," *Washington Post*, April 7, 2020.

271 "'A perfect storm': poverty and race add to Covid-19 toll in US deep south," The *Guardian*, April 12, 2020; "First pollution, now coronavirus: Black parish in Louisiana deals with 'a double whammy' of death," *NBCNews*, April 14, 2020.

272 "Black Americans Face Alarming Rates of Coronavirus Infection in Some States," *New York Times*, April 7, 2020.

273 "Black Americans Face Alarming Rates of Coronavirus Infection in Some States," *New York Times*, April 7, 2020.

274 *NBCNews*, April 14, 2020; "The other COVID-19 risk factors: How race, income, ZIP code can influence life and death," *USAToday*, April 22, 2020; "Why is coronavirus taking such a deadly toll on black Americans?" *The Guardian*, April 25, 2020

275 "First pollution, now coronavirus: Black parish in Louisiana deals with 'a double whammy' of death," *NBCNews*, April 14, 2020.

276 "Inequalities of US health system put coronavirus fight at risk, experts say," *The Guardian*, Feb. 28, 2020.

277 "Why Georgia Isn't Ready to Reopen, in Charts," *New York Times*, April 24, 2020.

278 "Why Georgia Isn't Ready to Reopen, in Charts," *New York Times*, April 24, 2020; "Georgia Leads the Race to Become America's No. 1 Death Destination," *Washington Post*, April 21, 2020.

279 https://medium.com/ro-co/how-ro-increases-healthcare-access-in-96-of-primary-care-deserts-2f9fd6db1902

280 "Millions of Americans live nowhere near a hospital, jeopardizing their lives," *CNN*, Aug. 3, 2017.

281 "2019 was worst year for US rural hospital closures in a decade, report finds," The *Guardian*, Feb. 19, 2020.

282 "Closed Hospitals Leave Rural Patients 'Stranded' as Coronavirus Spreads," *New York Times*, April 26, 2020.

283 "The Coronavirus Class Divide: Space and Privacy," *New York Times*, April 12, 2020.

284 "The Coronavirus Class Divide: Space and Privacy," *New York Times*, April 12, 2020.

285 "The Coronavirus Class Divide: Space and Privacy," *New York Times*, April 12, 2020.

286 "My Retirement Plan Is You," *New York Times*, May 2, 2020.

287 Pevalin, David J. and Reeves, Aaron and Baker, Emma and Bentley, Rebecca, "The Impact of Persistent Poor Housing Conditions On Mental Health: A Longitudinal Population-based Study," *Preventive Medicine*, 2017.

288 "The Coronavirus Class Divide: Space and Privacy," *New York Times*, April 12, 2020.

289 "They Can't Afford to Quarantine. So They Brave the Subway," *New York Times*, March 31, 2020; "The Bronx, long a Symbol of American Poverty, is Now New York City's Coronavirus Capital," *Washington Post*, April 21, 2020; "'If We Don't Work, We Don't Get Paid.' How the Coronavirus Is Exposing Inequality Among America's Workers," *Time*, March 4, 2020; "Avoiding Coronavirus May Be a Luxury Some Workers Can't Afford," *New York Times*, March 1, 2020.

290 "Amid the pandemic, public transit is highlighting inequalities in cities," Washington Post, May 15, 2020.

291 "They Can't Afford to Quarantine. So They Brave the Subway," *New York Times*, March 31, 2020.

292 "'Never Seen Anything Like It': Cars Line Up for Miles at Food Banks," *New York Times*, April 8, 2020; "It's 'People, People, People' as Lines Stretch Across America," *New York Times*, April 12, 2020.

293 Erving Goffman, "The Interaction Order: American Sociological Association, 1982 Presidential Address," *American Sociological Review*, 48(1): 1-17, 1983.

294 "Avoiding Coronavirus May Be a Luxury Some Workers Can't Afford," *New York Times*, March 1, 2020; "For Most Food Stamp Users, Online Shopping Isn't an Option," *New York Times*, May 1, 2020.

295 "Georgia Leads the Race to Become America's No. 1 Death Destination," *Washington Post*, April 21, 2020.

296 "Restarting America Means People Will Die. So When Do We Do It?" *New York Times*, April 10, 2020.

297 "1 in 5 New Yorkers May Have Had Covid-19, Antibody Tests Suggest," *New York Times*, April 13, 2020.

298 "68% Have Antibodies in This Clinic. Can a Neighborhood Beat a Next Wave?" *New York Times*, July 9, 2020.

299 "국민 3천55명 대상 코로나19 항체검사···1명만 양성, 0.03%," 《연합뉴스》, 2020. 7. 9.

300 "진주의료원 사라진 자리, 코로나 환자들은 123km를 달렸다," 《한겨레신문》, 2020. 6. 22.

301 "Where New Yorkers Moved to Escape Coronavirus," *New York Times*, May 17, 2020.

302 "New York City Coronavirus Map and Case Count," *New York Times*, July 13, 2020.

303 "'Do I need to be here?': Some New Yorkers decide to pack up and leave," *Reuters*, June 23, 2020; "Start Spreading The News, New Yorkers Are Leaving Today," *Forbes*, June 12, 2020; "So long, New York: pandemic and protests spark new exodus to suburbs," *The Guardian*, June 12, 2020.

14. 미국 코로나 구제금융의 실상

304 "14 years in 14 days: Inside the chaotic rollout of the SBA's PPP loan plan to save

America's small businesses," *Fortune*, April 30, 2020.

305 "Who Will Pay For the Coronavirus Bailout? If you're under 50 and Working, You Will," *Fortune*, April 21, 2020.

306 "'This is a Time for Survival'," *Politico*, May 7, 2020.

307 "Where the Small-Business Relief Loans Have Gone," *New York Times*, May 7, 2020.

308 João Granja, Christos Makridis, Constantine Yannelis, and Eric Zwick, "DID THE PAYCHECK PROTECTION PROGRAM HIT THE TARGET?," *NBER WORKING PAPER SERIES, Working Paper 27095*, May 2020.

309 "Who Will Pay For the Coronavirus Bailout? If you're under 50 and Working, You Will," *Fortune*, April 21, 2020.

310 "'The Big Guys Get Bailed Out': Restaurants Vie for Relief Funds," *New York Times*, April 20, 2020.

311 "'The Big Guys Get Bailed Out': Restaurants Vie for Relief Funds," *New York Times*, April 20, 2020.

312 "Firms With Trump Links or Worth $100 Million Got Small Business Loans," *NBCNews*, April 25, 2020.

313 "'The Big Guys Get Bailed Out': Restaurants Vie for Relief Funds," *New York Times*, April 20, 2020.

314 "Public Companies Received $1 billion in Stimulus Funds Meant for Small Businesses," *Washington Post*, May 2, 2020; "Luxury Hotel Company Is Biggest Beneficiary of Small-Business Funds," *New York Times*, April 22, 2020.

315 "Public Companies Received $1 billion in Stimulus Funds Meant for Small Businesses," *Washington Post*, May 2, 2020.

316 "Public Companies Received $1 billion in Stimulus Funds Meant for Small Businesses," *Washington Post*, May 2, 2020.

317 "14 years in 14 days: Inside the chaotic rollout of the SBA's PPP loan plan to save America's small businesses," *Fortune*, April 30, 2020.

318 "Where the Small-Business Relief Loans Have Gone," *New York Times*, May 7, 2020.

319 "Failing to Help Those Who Need It Most," *New York Times*, April 24, 2020.

320 João Granja, Christos Makridis, Constantine Yannelis, and Eric Zwick, "DID THE PAYCHECK PROTECTION PROGRAM HIT THE TARGET?," *NBER WORKING PAPER SERIES, Working Paper 27095*, May 2020; "Where the Small-Business Relief Loans Have Gone," *New York Times*, May 7, 2020; "Public Companies Received $1 billion in Stimulus Funds Meant for Small Businesses," *Washington Post*, May 2, 2020.

321 "Fossil Fuel Firms Linked to Trump Get Millions In Cornavirus Small Business Aid," *The Guardian*, May 1, 2020; "Firms With Trump Links or Worth $100 Million Got Small Business Loans," *NBCNews*, April 25, 2020; "E.P.A. Chief Scott Pruitt Resigns Under a Cloud of Ethics Scandals," *New York Times*, July 5, 2018.

322 "Fossil Fuel Firms Linked to Trump Get Millions In Cornavirus Small Business Aid," *The Guardian*, May 1, 2020; "Firms With Trump Links or Worth $100 Million Got Small Business Loans," *NBCNews*, April 25, 2020; "Coal Snags $31 Million in U.S. Stimulus Loans for Small Business," *Washington Post*, May 5, 2020.

323 "Firms With Trump Links or Worth $100 Million Got Small Business Loans," *NBCNews*, April 25, 2020.

324 "Firms With Trump Links or Worth $100 Million Got Small Business Loans," *NBCNews*, April 25, 2020.

325 "Failing to Help Those Who Need It Most," *New York Times*, April 24, 2020.

326 "Firms With Trump Links or Worth $100 Million Got Small Business Loans," *NBCNews*, April 25, 2020.

327 "Here's How The Small Business Loan Program Went Wrong In Just 4 Weeks," *NPR*, May 4, 2020.

328 "Where the Small-Business Relief Loans Have Gone," *New York Times*, May 7, 2020.

329 "'The Big Guys Get Bailed Out': Restaurants Vie for Relief Funds," *New York Times*, April 20, 2020.

330 "Small Businesses Counting on Loan Forgiveness Could Be Stuck With Debt," *New York Times*, May 6, 2020.

331 "Denied, Deferred and Ignored: 13 Applications, and No Relief," *New York Times*, April 24, 2020.

332 "Some Small Businesses That Got Aid Fear the Rules Too Much to Spend It," *New York Times*, May 2, 2020; "For Small Businesses With High Rents, Coronavirus Aid Falls Short," *Wall Street Journal*, May 1, 2020.

333 "Hotel Group Will Return Tens of Millions in Small Business Loans," *New York Times*, May 2, 2020.

334 "'The Big Guys Get Bailed Out': Restaurants Vie for Relief Funds," *New York Times*, April 20, 2020.

15. 대마불사로 등극한 사모펀드

335 "A Big Decision: Firms Weigh Returning Federal Aid," *New York Times*, May 18, 2020.

336 "Private Equity, Lobbying the U.S. for Help, Is Mostly Hearing 'No'," *New York Times*, May 5, 2020.

337 "Does Private Equity Deserve a Public Bailout?" *New York Times*, April 14, 2020; "Private Equity Firm Pushes for Broader Access to Fed Lending Program," *New York Times*, April 4, 2020; "Coronavirus: private equity's bailout moment," *Financial Times*, April 24, 2020.

338 "Does Private Equity Deserve a Public Bailout?" *New York Times*, April 14, 2020; "Coronavirus: private equity's bailout moment," *Financial Times*, April 24, 2020.

339 "Some Companies Seeking Bailouts Had Piles of Cash, Then Spend It," *New York Times*, April 24, 2020.

340 "Some Companies Seeking Bailouts Had Piles of Cash, Then Spend It," *New York Times*, April 24, 2020.

341 "Some Companies Seeking Bailouts Had Piles of Cash, Then Spend It," *New York Times*, April 24, 2020.

342 "Failing to Help Those Who Need It Most," *New York Times*, April 24, 2020; "Harvard to Reject $8.7M In Federal Aid After Trump Cites School's Endowment," *The Guardian*, April 23, 2020.

343 "Think Twice, Mnuchin Tells Prep Schools Seeking Virus Loans," *New York Times*, May 5, 2020.

344 "Coronavirus bursts the US college education bubble," *Financial Times*, April 26, 2020.

345 "US public schools need major building repairs, report finds," *AP*, June 5, 2020.

346 "The Tax-Break Bonanza Inside the Economic Rescue Package," *New York Times*, April 24, 2020.

347 "Trump's Company Asks Federal Government to Include It in Any Rent Relief Offered to Tenants," *Washington Post*, April 21, 2020; "Trump (the Company) Asks Trump (the Administration) for Hotel Relief," *New York Times*, April 21, 2020.

348 "Democrats Press General Services Administration over Trump Hotel Payments," *Washington Post*, April 24, 2020

349 "Trump (the Company) Asks Trump (the Administration) for Hotel Relief," *New York Times*, April 21, 2020.

350 "Trump (the Company) Asks Trump (the Administration) for Hotel Relief," *New York Times*, April 21, 2020.

351 "White House, Congress have not given any hazard pay to the medical workers they call heroes," *Washington Post*, April 30, 2020; "Emergency Paid Leave Helps Some Families, Leaves Others Adrift," *New York Times*, May 18, 2020.

352 "A Big Decision: Firms Weigh Returning Federal Aid," *New York Times*, May 18, 2020.

353 "A Big Decision: Firms Weigh Returning Federal Aid," *New York Times*, May 18, 2020.

354 "Time is Running Out: Small Businesses and Households Are Burning Through What's Left of Their Cash," *Washington Post*, May 14, 2020.

355 "When Does a Small Business File for Bankruptcy? And 8 More Questions," *New York Times*, May 6, 2020; "Small Business Used to Define America's Economy. The Pandemic could Change That Forever," *Washington Post*, May 12, 2020.

356 "Coronavirus: private equity's bailout moment," *Financial Times*, April 24, 2020

357 "Socialism for investors, capitalism for everyone else," *Washington Post*, April 30, 2020

358 "America's Civil Religion is Capitalism. Trump's Cornovirus Response Proves It," *Washington Post*, March 26, 2020

359 "힘겹게 싸웠는데… 대구 내 간호사엔 '코로나 수당 0원'", JTBC뉴스, 2020. 6. 2; "정부, 대구 '코로나19 의료진' 수당 사실상 거부," 매일신문, 2020. 6. 25.

360 "'코로나 의료진' 예산 새로 편성… 대구 간호사도 수당 받는다", JTBC뉴스, 2020. 7. 4.

16. 코로나19에 준동하는 '기업 장의사' 사모펀드

361 "영덕풍력발전 매각한 맥커리는 호주의 최대 투자금융", 《영남경제》, 2019. 9. 5; "경북 영덕풍력발전 외국계 사모펀드 기업 사냥하는 동안 손 놓고 있었던 영덕군", 《영남경제》, 2019. 9. 6; "외국계 사모펀드의 고리대금에 멍든 영덕·영양풍력발전", 《영남경제》, 2019. 9. 18.

362 김광기, 『정신 차려 대한민국』(랜덤하우스코리아, 2012).

363 Bank of England, *Financial Stability Report*, Issue No. 44, November 2018; "Leveraged loans at pre-crisis levels — and I'm worried, says Carney," *The Times*, Jan. 17, 2019; "The risky 'leveraged loan' market just sunk to a whole new low," *Business Insider*, Feb. 17, 2019.

364 "The Coronavirus Is Exposing Wall Street's Reckless Gamble on Bad Debt," *New Yorker*, May 24, 2020.

365 "Neiman Marcus and the demise of the US department store," *Financial Times*, May 8, 2020; "J.C. Penney, 118-Year-Old Department Store, Files for Bankruptcy," *New York Times*, May 15, 2020.

366 "Neiman Marcus and the demise of the US department store," *Financial Times*, May 8, 2020.

367 "The Economics (and Nostalgia) of Dead Malls," *New York Times*, Jan. 3, 2015.

368 "The Pandemic Helped Topple Two Retailers. So Did Private Equity," *New York Times*, May 14, 2020; "J.C. Penney, 118-Year-Old Department Store, Files for Bankruptcy," *New York Times*, May 15, 2020.

369 "The Pandemic Helped Topple Two Retailers. So Did Private Equity," *New York*

Times, May 14, 2020.

370 "How Private Equity Buried Payless," *New York Times*, Jan. 31, 2020.

371 "The Pandemic Helped Topple Two Retailers. So Did Private Equity," *New York Times*, May 14, 2020.

372 "Scary Times for U.S. Companies Spell Boom for Restructuring Advisers," *New York Times*, March 3, 2020; "Some Big Investors Smell Profit in Virus-Plagued Companies," *New York Times*, April 3, 2020.

373 "Elizabeth Warren and AOC's Call for a Merger Ban May be a Moot Point,", *CNN*, May 5, 2020.

374 "How Private Equity Buried Payless," *New York Times*, Jan. 31, 2020.

375 "자산운용시장 '2천조 시대'… 사모·부동산 위주 성장",《연합뉴스》, 2019. 5. 1; "자산운용시장 2000조원 돌파 '사모펀드 규제 완화로 위험성↑'",《한국경제》, 2019. 5. 1.

376 "2015년 사모펀드 규제 완화 후 은행 파생상품 판매 49% 늘어",《뉴스 1》, 2019. 10. 4; "사모펀드, '고공행진'… 쏠림은 '우려'",《한국경제매거진》, 2019. 6; "사모펀드 규제완화… 한국판 '엘리엇' 생긴다",《동아일보》, 2018. 9. 28; "금융위, 코로나19발 구조조정 위해 1조 펀드 모은다",《이뉴스투데이》, 2020. 5. 28.

377 (단독) '환매 중단' 옵티머스펀드에 1,163명 물렸다",《서울경제》, 2020. 7. 8; "옵티머스 환매중단 제2라임사태 되나… 금감원 검사 착수",《동아일보》, 2020. 6. 19; "부실운용·서류조작·감독공백 '양들의 침묵' 농락한 사모펀드",《매경이코노미》, 2020. 7. 13.

378 "'감독소홀' vs '규제완화탓'… 금융위-금감원, 사모펀드사태 책임공방",《파이낸셜뉴스》, 2020. 7. 6.

379 "금감원, 라임 첫 분쟁조정… 사상 첫 원금 100% 반환 결정,"〈KBS뉴스〉, 2020. 7. 1.

380 "(SR경제&라이프) NH투자증권, '옵티머스펀드' 피해자에 '원금' 보전 논의",《SR타임스》, 2020. 7. 12.

381 "부실 사모펀드 6조 원, 금융권 전반 '지뢰밭'",《한겨레신문》, 2020. 7. 17.

382 "추미애 사전승인 없인 윤석열 특별수사단 못 꾸린다",《한국일보》, 2020. 1. 21; "또 터진 펀드사고… 증권범죄합동수사단 부활할까",《시사오늘》, 2020. 6. 25.

383 "상반기 자영업자 14만 명 문 닫았다… 금융위기 후 감소폭 최대",《연합뉴스》, 2020. 7. 16.

384 "8 Minutes and 46 Seconds: How George Floyd Was Killed in Police Custody," *New York Times*, May 31, 2020; "What Happened in the Chaotic Moments Before George Floyd Died," *New York Times*, May 29, 2020.

385 "The America We Need," *New York Times*, April 9, 2020.

386 "American Is a Tinderbox," *New York Times*, April 22, 2020.

387 "The First Invasion of America," *New York Times*, May 21, 2020.

388 "We Are Living in a Failed State," *The Atlantic*, April 20, 2020; "America Is Broken," *New York Magazine*, March 12, 2020; "America isn't breaking. It was already broken, and these are just the symptoms," *The Guardian*, June 2, 2020.

389 "The World Is Taking Pity on Us," *New York Times*, May 8, 2020; "Fintan O'Toole: Donald Trump has destroyed the country he promised to make great again," *The Irish Times*, April 25, 2020.

390 "The United States Is A Country To Be Pitied," *Washington Post*, May 14, 2020.

391 "There's No Hope For American Unless We Can Pity Ourselves," *Washington Post*, May 15, 2020; "The Decline of the American World: Other countries are used to loathing America, admiring America, and fearing America(sometimes all at once). But pitying America? That one is new," *The Atlantic*, June 24, 2020.

392 "Under Trump, American Exceptionalism Means Poverty, Misery and Death," *The Guardian*, May 10, 2020.

393 "What's Behind South Korea's COVID-19 Exceptionalism?" *The Atlantic*, May 6, 2020.

394 "We're Discovering Our Character," *The Atlantic*, May 6, 2020.

395 "Top Economist: US Cornoavirus Response Is Like Third World Country," *The Guardian*, April 22, 2020.

396 "'In Every City, There's a George Floyd': Portraits of Protest," *New York Times*, June 2, 2020.

397 "The Coronavirus Makes Our Old Culture Wars Seem Quaint," *New York Times*, April 22, 2020.

398 "Will the Coronavirus Crush the Resistance?," *New York Times*, April 21, 2020.

399 "The Double Standard of the American Riot," *The Atlantic*, May 31, 2020.

400 "Episcopal bishop on President Trump: 'Everything he has said and done is to inflame violence'," *Washington Post*, June 2, 2020; "Editorial: Trump's failure of leadership for a nation in crisis," *San Francisco Chronicle*, May 31, 2020; "Intelligence Experts Say U.S. Reminds Them of a Collapsing Nation," *Washington Post*, June 3, 2020.

401 Robert Reich, "Under Trump, American Exceptionalism Means Poverty, Misery and Death," *The Guardian*, May 10, 2020.

402 "Is This the Worst Year in Modern American History?," *The Atlantic*, May 31, 2020.

18. 밀레니얼 세대와 세습사회

403 "Across the country, young activists take different approaches in the name of justice for George Floyd," *CNN*, June 3, 2020.

404 "What Students Are Saying About the George Floyd Protests," *New York Times*, June 4, 2020; "'Apathy is no longer a choice': will the George Floyd protests energize young voters?" *The Guardian*, June 8, 2020; "Most political unrest has one big root cause: soaring inequality," *The Guardian*, Jan. 24, 2020; Joseph E. Stiglitz, "Opinion: Why young people are angry about generational injustice," *MarketWatch*, March 16, 2016.

405 "The unluckiest generation in U.S. history," *Washington Post*, June 6, 2020; "'Perfect storm': Coronavirus lockdown, joblessness fuel longstanding grievances," *NBC News*, June 6, 2020; "Why rage over George Floyd's killing is more explosive this time," *San Francisco Chronicle*, June 1, 2020; "'It was never just about Floyd': Protests reflect anger over inequality, neglect," *Bufflao News*, June 8, 2020; "The Millennial Mental-Health Crisis," *The Atlantic*, June 11, 2020.

406 "The Unluckiest Generation in U.S. History," *Washington Post*, June 6, 2020.

407 Kevin Rinz, "Did Timing Matter? Life Cycle Differences in Effects of Exposure to the Great Recession," *Working Paper*, Center for Economic Studies, US Census Bureau, Sept. 8, 2019.

408 "Generation C Has Nowhere to Turn," *Atlantic*, April 13, 2020.

409 "Millennials really are special, data show," *Washington Post*, March 16, 2019; "Middle class Americans can no longer afford to get married due to huge debts as just 50 per cent now tie the knot," *DailyMail*, March 10, 2020; "Affluent Americans Still Say 'I Do.' More in the Middle Class Don't," *Wall Street Journal*, March 8, 2020.

410 "The Unluckiest Generation in U.S. History," *Washington Post*, June 6, 2020.

411 Raj Chetty, et al., "The fading American dream: Trends in absolute income mobility since 1940," *Science* 28, Vol. 356, Issue 6336, pp. 398-406. Apr 2017.

412 "America Will Struggle After Coronavirus. These Charts Show Why," *New York Times*, April 10, 2020; "Parents's Jobs Increasingly Shape How Far Kids Get in Life," *Wall Street Journal*, Sept. 3, 2018.

413 Raj Chetty, et al., "The fading American dream: Trends in absolute income mobility since 1940," *Science* 28, Vol. 356, Issue 6336, pp. 398-406. Apr 2017; "If Americans are better off than a decade ago, why doesn't it feel that way?," *The Guardian*, Nov. 5, 2019; "American Dream collapsing for young adults, study says, as odds plunge that children will earn more than their parents," *Washington Post*, Dec. 8, 2016.

414 "America Will Struggle After Coronavirus. These Charts Show Why," *New York Times*, April 10, 2020.

415 "The Unluckiest Generation in U.S. History," *Washington Post*, June 6, 2020.

416 Kevin Rinz, "Did Timing Matter? Life Cycle Differences in Effects of Expoure to the Great Recession," *Working Paper*, Center for Economic Studies, US Census Bureau, Sept. 8, 2019.

417 Kevin Rinz, "Did Timing Matter? Life Cycle Differences in Effects of Expoure to the Great Recession," *Working Paper*, Center for Economic Studies, US Census Bureau, Sept. 8, 2019.

418 "The Unluckiest Generation in U.S. History," *Washington Post*, June 6, 2020.

419 "Young Adults, Burdened With Debt, Are Now Facing an Economic Crisis," *New York Times*, April 6, 2020.

420 "The Unluckiest Generation in U.S. History," *Washington Post*, June 6, 2020.

421 "When It's This Easy at the Top, It's Harder for Everyone Else," *New York Times*, Feb. 28, 2020.

422 "Millennials Who Are Thriving Financially Have One Thing in Common… Rich parents," *The Atlantic*, July 15, 2018.

423 "The False Promise of Meritocracy," *The Atlantic*, Dec. 1, 2015; "American Meritocracy Is a Myth: Recent scandals in politics and higher education show how the rich perpetuate inequality in the US." *The Nation*, April 2, 2019; "The Myth of American Meritocracy," *The American Conservative*, March 15, 2019.

424 김광기, 『부자는 어떻게 가난을 만드는가?』(21세기북스, 2016).

425 "When It's This Easy at the Top, It's Harder for Everyone Else," *New York Times*, Feb. 28, 2020; "The 9.9 Percent Is the New American Aristocracy," *The Atlantic*, June 2018; "Millennials Who Are Thriving Financially Have One Thing in Common… Rich parents," *The Atlantic*, July 15, 2018.

426 "The Heir: Ivanka was always Trump's favorite. But Don Jr. is emerging as his natural successor." *The Atlantic*, Oct. 2019; "Of COURSE the Trumps are planning to be a political dynasty," *CNN*, Sept. 9, 2019; "Inside Ivanka's Dreamworld," *The Atlantic*, April, 2019; "The Dynasty Ends With King Donald: There will be no President Ivanka. No President Jared. And certainly no President Donald Jr.," *Politico*, Sept. 9, 2019

427 "Millennials Who Are Thriving Financially Have One Thing in Common… Rich parents," *The Atlantic*, July 15, 2018.

428 Robert Frank and Philip Cook, *The Winner-Take-All Society*, 1996; Branko Milanovic, *Global Inequality: A New Approach For the Age of Globalization*, 2016.

19. 유나이티드 스테이츠에서 언유나이티드 스테이츠로

429 "Is California a Nation-State?," *New York Times*, April 14, 2020.

430 "Column: The coronavirus pandemic has made one thing perfectly clear: It's time to split the country," *Los Angeles Times*, April 22, 2020.

431 "Is the glacier of political polarization finally cracking?" *The Hill*, June 8, 2020.

432 "Divided We Stand: The country is hopelessly split. So why not make it official and break up?" *New York Magazine,* Nov. 14, 2018; "Most Americans Think Country is Divided, Have Unfavorable View of Trump," *U.S.News & World Report,* Feb, 21, 2019; "No Wonder America Is Divided. We Can't Even Agree on What Our Values Mean," *Time,* Oct. 26, 2018; "How the U.S. Became a Nation Divided: Political, cultural and economic gaps have hardened amid anxiety born of the financial crisis and a fundamental argument over American values," *Wall Street Journal,* Dec. 17, 2019; "America is so divided because federalism isn't working," *MarketWatch,* March 5, 2020; "Americans are Divided over everything except division," *NBCNews,* Oct. 21, 2018.

433 "Estranged in America: Both Sides Feel Lost and Left Out," *New York Times,* Oct. 4, 2018.

434 "Trump's mockery of wearing masks divides Republicans," *Washington Post,* May 27, 2020; "Face masks now define a divided America and its politics," *The Global and Mail,* May 28, 2020; "How face masks are dividing America," *The Telegraph,* June 12, 2020; "Is the glacier of political polarization finally cracking?" *The Hill,* June 8, 2020; "How the split over masks sums up America's chaotic coronavirus response," *Washington Post,* June 25, 2020; "Necessary or Needless? Three Months into the Pandemic, Americans are divided on Wearing Masks," *NBCNews,* June 17, 2020.

435 "An Unprecedented Divide Between Red and Blue America," *The Atlantic,* April 16, 2020.

436 "Face masks now define a divided America and its politics," *The Global and Mail,* May 28, 2020.

437 "Third Confederate statue toppled by protesters in Richmond in recent weeks," *Washington Post,* June 17, 2020; "Confederate statues: In 2020, a renewed battle in America's enduring Civil War," *Washington Post,* June 12, 2020.

438 "Will the Black Lives Matter movement finally put an end to Confederate flags and statues?" *USA Today,* June 12, 2020.

439 "U.S. Marine Corps Issues Ban on Confederate Battle Flags," *New York Times,*

June 6, 2020.

440 "Army reverses course, will consider renaming bases named for Confederate leaders," *Politico*, June 8, 2020.

441 "Trump won't rename Army posts that honor Confederates. Here's why they're named after traitors." *Washington Post*, June 11, 2020; "Trump Might Go Down In History As The Last President of the Confederacy," *Washington Post*, June 12, 2020.

442 "Community, Not Anarchy, Inside Seattle's Protest Zone," *Bloomberg*, June 17, 2020; "Seattle's newly police-free neighborhood, explained," *Vox*, June 16, 2020.

443 "Trump claims 'radical left' has 'taken over' Seattle as he spends birthday at golf club," *The Guardian*, June 14, 2020; "Capitol Hill Autonomous Zone becomes political flashpoint, as Durkan rebukes Trump's message to 'take back' city," *Seattle Times*, June 11, 2020.

444 "Police Clear Seattle's Protest 'Autonomous Zone'," *New York Times*, July 1, 2020.

445 "An Unprecedented Divide Between Red and Blue America," *The Atlantic*, April 16, 2020.

446 "Rural and Urban Americans, Equally Convinced the Rest of the Country Dislikes Them," *New York Times*, May 22, 2018.

447 "One County Thrives. The Next One Over Struggles. Economists Take Note," *New York Times*, June 29, 2018.

448 "In Superstar Cities, the Rich Get Richer, and They Get Amazon," *New York Times*, Nov. 7, 2018.

449 "As Bloomberg's New York Prospered, Inequality Flourished Too," *New York Times*, Nov. 9, 2019.

450 "Rural and Urban Americans, Equally Convinced the Rest of the Country Dislikes Them," *New York Times*, May 22, 2018.

451 Talcott Parsons, *Social Systems and the Evolution of Action Theory*(New York, NY: Free Press, 1977). p.53; 이에 대해서는 Kwang-ki Kim, *Order and Agency in Modernity: Talcott Parsons, Erving Goffman, Harold Garfinkel*(Albany, NY: SUNY Press, 2002), pp48-49 참조.

452 "Enemies See a Weak and Divided U.S.: But they're wrong. The protests showed some of America's enduring strengths." *Wall Street Journal*, June 8, 2020.

20. 바이든의 본거지 델라웨어는 어떻게 돈세탁의 천국이 되었나

453 "Joe Biden Is Demanding Financial Transparency While Concealing His Own Wealth," *The Intercept*, Sept. 12, 2019; "Once the poorest senator, 'Middle Class Joe' Biden has reaped millions in income since leaving the vice presidency," *Washington Post*, June, 25, 2019.

454 "Joe Biden Is Demanding Financial Transparency While Concealing His Own Wealth," *The Intercept*, Sept. 12, 2019; "Joe Biden Earned $15.6 Million in Two Years After Leaving Office," *The Wall Street Journal*, July 10, 2019; "Joe Biden earned $15.6 million in the two years after leaving the vice presidency," *Washington Post*, July 10, 2019.

455 "Joe Biden Is Demanding Financial Transparency While Concealing His Own Wealth," *The Intercept*, Sept. 12, 2019.

456 "Joe Biden used this strategy to trim his tax bill. You can, too.," *CNBC*, Aug. 6, 2019.

457 "Delaware: The US Corporate Secrecy Haven," *Transparency International*, Dec. 1, 2016.

458 "Forget Panama: it's easier to hide your money in the US than almost anywhere," *The Guardian*, April 6, 2016.

459 DelawareInc.com, "Delaware Adds Over 200,000 New Companies in 2018," Aug. 5, 2019; "Why Vice President Biden's Delaware Is A Big, Taxing Deal," *Forbes*, Oct. 12, 2012.

460 "Forget Panama: it's easier to hide your money in the US than almost anywhere," *The Guardian*, April 6, 2016.

461 https://revenue.delaware.gov/business-tax-forms/filing-corporate-income-tax/

462 "Loose Tax Laws Aren't Delaware's Fault," *The Atlantic*, Oct. 5, 2016; "Delaware – a black hole in the heart of America," *The Guardian*, Nov. 1, 2009.

463 "Loose Tax Laws Aren't Delaware's Fault," *The Atlantic*, Oct. 5, 2016.

464 "How money laundering is poisoning American democracy," *Financial Times*, Nov. 28, 2019.

465 "How Delaware Thrives as a Corporate Tax Haven," *New York Times*, June 30, 2012.

466 "Forget Panama: it's easier to hide your money in the US than almost anywhere," *The Guardian*, April 6, 2016.

467 "Why are there so many anonymous companies in Delaware?," *SunLight Foundation*, April 6, 2016.

468 "Biden's Delaware: Making Swiss Banking Look Hyper-Clean," *The Globalist*, Sep. 7, 2010.

469 "How Delaware Thrives as a Corporate Tax Haven," *New York Times*, June 30, 2012.

470 DelawareInc.com, "Delaware Adds Over 200,000 New Companies in 2018," Aug. 5, 2019.

471 Scott Dyreng, Bradley Lindsey, and Jacob Thornock, "Exploring The Role Delaware Plays As a Domestic Tax Haven," *Journal of Financial Economics*, Vol. 108, Issue 3(2013), pp.751-772; "Loose Tax Laws Aren't Delaware's Fault," *The Atlantic*, Oct. 5, 2016.

472 Pennsylvania Budget and Policy Center, "Understanding the Numbers in a Budget Crisis," Jan. 28, 2016.

473 "Loose Tax Laws Aren't Delaware's Fault," *The Atlantic*, Oct. 5, 2016.

474 "Silicon Valley giants accused of avoiding over $100 billion in taxes over the last decade," *CNBC*, Dec. 3, 2019.

475 Gabriel Zucman, "Inequality is the great concern of our age. So why do we tolerate rapacious, unjust tax havens?" *The Guardian*, Oct. 2015.

476 "How Delaware Thrives as a Corporate Tax Haven," *New York Times*, June 30, 2012.

477 "This tiny building in Wilmington, Delaware is home to 300,000 businesses," *Business Insider*, Dec. 28, 2018.

478 "Trump and Clinton share Delaware tax 'loophole' address with 285,000 firms,"

The Guardian, April 25, 2016.

479 "Trump and Clinton share Delaware tax 'loophole' address with 285,000 firms," *The Guardian*, April 25, 2016.

480 "5 Questions The Media Won't Ask Biden In The Debate," *The American Conservative*, Sept. 12, 1209.

481 "How money laundering is poisoning American democracy," *Financial Times*, Nov. 28, 2019.

482 "Obama faces criticism as US state tops secrecy table," *The Guardian*, Nov. 2009; "US overtakes Caymans and Singapore as haven for assets of super-rich," *The Guardian*, April 6, 2016.

483 "How money laundering is poisoning American democracy," *Financial Times*, Nov. 28, 2019.

484 "Obama faces criticism as US state tops secrecy table," *The Guardian*, Nov. 2009; "Delaware – a black hole in the heart of America," *The Guardian*, Nov. 1, 2009.

485 "How money laundering is poisoning American democracy," *Financial Times*, Nov. 28, 2019.